Le symptôme Le Pen

DU MÊME AUTEUR

Régions : le baptême des urnes (dir.), Pedone, 1987.

Le Front national à découvert (avec Nonna Mayer, dir.), Presses de Sciences Po, 1989 (réed. 1996).

Les Comportements politiques (avec Nonna Mayer), Armand Colin, 1992.

Le Vote éclaté. Les élections régionales et cantonales des 22 et 29 mars 1992 (avec Philippe Habert, Colette Ysmal, dir.), Presses de Sciences Po, 1992.

Le Vote sanction. Les élections législatives des 21 et 28 mars 1993 (avec Philippe Habert, Colette Ysmal, dir.), Presses de Sciences Po, 1993.

L'Engagement politique. Déclin ou mutation ? (dir.), Presses de Sciences Po, 1994.

Le Vote des Douze. Les élections européennes de juin 1994 (avec Colette Ysmal, dir.), Presses de Sciences Po, 1995.

Le Vote de crise. L'élection présidentielle de 1995 (avec Colette Ysmal, dir.), Presses de Sciences Po, 1995.

Pascal Perrineau

Le Symptôme Le Pen

Radiographie des électeurs du Front national

Fayard

À mon père

INTRODUCTION

Avec presque 15 % des suffrages exprimés aux élections législatives du 25 mai 1997 et environ 3,8 millions d'électeurs, le Front national (FN) a atteint son meilleur niveau à des législatives et a frôlé le record obtenu par Jean-Marie Le Pen à l'élection présidentielle de 1995 (15,3 % s.e. soient plus de 4,5 millions d'électeurs). Ce succès vient pourtant après une mobilisation sans précédent qui a marqué fortement tout le début de l'année 1997, débutant avec la victoire de l'épouse du n° 2 du FN, Bruno Mégret, à Vitrolles et atteignant son acmé avec la manifestation de Strasbourg du 30 mars. La courte campagne des élections législatives anticipées s'est déroulée dans l'immédiat après-Strasbourg et a largement passé sous silence le FN. Une fois de plus, après le vacarme autour du parti de Jean-Marie Le Pen, on retombait dans le silence. L'indifférence succédait à la passion. Cette attitude trouvait d'apparentes justifications dans un Le Pen, chef de parti, qui semblait avoir perdu la main, dans la polarisation du débat autour des propositions économiques et sociales du PS et de la coalition RPR-UDF et dans le fait que les thèmes d'élection du FN – immigration et sécurité – n'étaient plus au cœur de la campagne, comme si les lois Pasqua revues et corrigées par la loi Debré sur l'immigration clandestine avaient réglé le problème...

Le silence n'est pas le remède à tous les maux : au soir du premier tour des élections, jamais les électeurs français n'avaient été aussi nombreux à soutenir les candidats du FN dans des législatives. Pour le second tour le FN se maintint dans presque une circonscription sur quatre et joua un rôle décisif dans la défaite de la droite classique et le retour de la gauche au pouvoir.

Le FN est devenu un élément essentiel du système politique français. Au vu de son score électoral et de l'affaiblissement des deux composantes de la droite classique (RPR : 15,7 %, UDF : 14,2 %), certains le présentent comme le troisième parti français derrière le PS et le RPR. Nous sommes loin du début des années 80 où le chef du FN ne parvenait pas à rassembler les cinq cents signatures d'élus locaux pour se présenter à l'élection présidentielle de 1981 et, tout à son dépit, appelait à voter Jeanne d'Arc. Depuis quinze ans, la fièvre frontiste s'est installée et n'a cessé de progresser. Dans aucun pays d'Europe une force d'extrême droite n'a réussi à s'implanter à un tel niveau sur une aussi longue période. Certes, le FPÖ de Jorg Haider en Autriche caracole maintenant en tête de l'extrême droite européenne avec 27,9 % en 1996 mais sa percée ne date que de 1987, le Vlaams Blook prospère mais dans la seule partie flamande de la Belgique ; quant au MSI en Italie il a longtemps oscillé entre les 5 et 10 %, et il a fallu la « seconde révolution italienne », l'implosion de la démocratie chrétienne et sa mutation en une Alliance nationale assagie pour qu'il s'envole dans les années 90 vers les 12-16 % (13,5 % aux législatives de 1994, 15,7 % à celles de 1996). Partout ailleurs l'extrême droite est inexistante au plan électoral (Allemagne, Grande-Bretagne, Espagne,

Grèce) ou ne réussit à percer que de manière sporadique ou sous des formes-avatars antifiscalistes et antiétatistes (Danemark, Norvège, Suède).

Exceptionnalité non seulement dans l'espace mais aussi dans le temps : jamais l'extrême droite française n'avait réussi une implantation électorale de longue durée. De la naissance du suffrage universel en 1848 jusqu'aux années 1970, l'extrême droite n'obéissait sur le plan électoral qu'à la logique du « feu de paille » mise en évidence par André Siegfried[1] au début du siècle : le boulangisme à la fin du XIXe, les ligues dans l'entre-deux-guerres, le poujadisme dans les années 50 ou encore la défense de l'Algérie française dans les années 60 s'inscrivent tous dans cette logique de mouvements rapidement éclos et vite fanés. Or, avec le FN, on assiste pour la première fois à un enracinement électoral de longue durée.

Ces « exceptionnalités » valent que l'on s'interroge, que l'on analyse le phénomène bien au-delà du seul parti ou du « phénomène Le Pen ». Et ce pour plusieurs raisons. On parlerait très peu du parti, de son leader et de ses idées si des millions d'électeurs n'avaient pas pris l'habitude de les soutenir régulièrement dans les urnes. D'autre part, ce parti a été bien analysé[2], son idéologie a été remarquable-

---

1. André SIEGFRIED, *Tableau politique de la France de l'Ouest sous la Troisième République*, Genève-Paris-Gex, Slatkine Reprints, 1980 (réimpression de l'édition de Paris, 1913).

2. *Cf.* Guy BIRENBAUM, *Le Front national en politique*, Paris, Balland, 1992 ; Jean-Yves CAMUS, *Le Front national. Histoire et analyses*, Paris, Olivier Laurens, 1996 ; Géraud DURAND, *Enquête au cœur du Front national*, Paris, Grancher, 1996 ; Jonathan MARCUS, *The National Front and French Politics*, New York University Press, 1995 ; Nonna MAYER et Pascal PERRINEAU (dir.), *Le Front national à découvert*, Paris, Presses de Sciences Po, 1996 ; Birgitta ORFALI, *L'adhésion au Front national*, Paris, Kimé, 1990 ; Michel SOUDAIS, *Le Front national en face*, Paris, Flammarion, 1996.

ment décortiquée[3] et le phénomène Le Pen a fait l'objet d'enquêtes de qualité[4]. Pour le reste, il y a une littérature abondante qui hésite entre les deux pôles complémentaires de l'hagiographie[5] et de la stigmatisation[6]. Sur cet objet « brûlant » il est difficile d'éviter entièrement la logique de la conviction. Cependant, après près de quinze années de progression continue du phénomène et de débats parfois tonitruants, on peut avoir l'impression que le moment est venu de penser, loin du « bruit et de la fureur », le problème, d'analyser le profil de ces millions d'électeurs qui votent pour le FN et son leader, et d'interpréter ce phénomène atypique au regard de notre histoire électorale et de notre espace européen comme étant un symptôme[7] de l'état de notre système politique et social.

Cette analyse privilégiera donc le peuple des électeurs du FN et ne s'intéressera qu'indirectement aux cercles

---

3. Pierre-André TAGUIEFF, « La métaphysique de Jean-Marie Le Pen » et « Un programme révolutionnaire ? » pp. 73-227 dans Nonna MAYER et Pascal PERRINEAU (dir.), *op.cit.*

4. Gilles BRESSON, Christian LIONET, *Le Pen, biographie*, Paris, Le Seuil, 1994 ; Edwy PLENEL, Alain ROLLAT, *La République menaçée. Dix ans d'effet Le Pen*, Paris, Le Monde Éditions, 1992.

5. *Cf.* Roland GAUCHER, *Les Nationalistes en France, 1 - La traversée du désert, 1944-1983*, Paris, Gaucher, 1995, 2 - *La montée du FN, 1983-1997*, Paris, Ed. Jean Picollec, 1997 ; Francis BERGERON, Philippe VILGIER, *De Le Pen à Le Pen, Une histoire des nationaux et des nationalistes sous la Vᵉ République*, Grez-en-Bouère, Éd. Dominique Martin Morin, 1985.

6. *Cf.* Alain BIHR, *Pour en finir avec le Front national*, Paris, Syros, 1992 ; Blandine HENNION, *Le Front national, l'argent et l'establishment*, Paris, La Découverte, 1993 ; Guy KONOPNICKI, *Les Filères noires*, Paris, Denoël, 1996 ; Joseph LORIEN, Karl CRITON, Serge DUMONT, *Le Système Le Pen*, Anvers, EPO, 1985.

7. Définition du Petit Robert : « phénomène, caractère perceptible ou observable lié à un état ou à une évolution – le plus souvent morbide – qu'il permet de déceler ».

plus étroits que constituent les sympathisants, les adhérents, les militants ou les cadres du parti de Jean-Marie Le Pen. Parti de militants, au fonctionnement hiérarchique, rigide et à forte teneur idéologique, le FN est porteur d'une culture très typée qui n'est que très inégalement partagée par les couronnes extérieures du parti que sont les sympathisants et, *a fortiori*, les électeurs. Des éléments importants de la culture militante (culte du chef, antisémitisme, références à l'extrême droite historique, ultralibéralisme économique et social, républicanisme incertain...) sont absents ou ne se retrouvent que sur un mode mineur, dans la culture des électeurs[8]. Les conclusions tirées de l'analyse du parti ou de ses « cercles rapprochés » ne peuvent ainsi être appliquées telles quelles à la « périphérie » des électeurs. Comme tous les électorats, celui du FN renvoie davantage à la diversité de la société française qu'au monde relativement homogène des quelques dizaines de milliers d'adhérents, milliers de militants ou centaines de cadres du parti.

Après avoir pris précisément la mesure électorale du phénomène Front national et de sa progression dans l'espace national (première partie, « Histoire d'un enracinement électoral »), il faudra dresser un portrait des hommes et des femmes qui ont fait ses succès, du terrain et de l'environnement qui sont les leurs et des motivations qui les animent (deuxième partie, « Le profil des électeurs frontistes ») pour, enfin, faire le point sur l'état actuel de

---

8. Les éléments clefs de cette culture militante ont été analysés par Colette Ysmal à partir d'une enquête réalisée, en mars 1990, auprès de 1 002 cadres et militants assistant au Congrès du FN à Nice. *Cf.* « Les cadres du Front national : les habits neufs de l'extrême droite », pp. 181-197 dans Olivier DUHAMEL, Jérôme JAFFRÉ, dir., *SOFRES, L'État de l'opinion, 1991*, Paris, Le Seuil, 1991.

la puissance électorale du FN et de ses potentialités (troisième partie, « Les électorats frontistes, actualité, diversité et avenir »).

PREMIÈRE PARTIE

Histoire d'un enracinement électoral

Après la flambée poujadiste de 1956, sursaut d'une France traditionnelle devant le rythme échevelé de la modernisation sociale et économique, et son extinction par le retour du général de Gaulle au pouvoir en 1958 (*cf.* tableau 1 : les résultats électoraux de l'extrême droite sous la Ve République), l'extrême droite tente de rebondir avec le combat pour le maintien d'une France coloniale. L'enlisement du conflit algérien, les évolutions et les revirements de la politique gaullienne vont offrir un espace politique aux partisans de l'Algérie française et à nombre d'hommes qui, une décennie plus tard, porteront le FN sur les fonts baptismaux.

LA PRÉHISTOIRE

Le combat de l'Algérie française

Le général de Gaulle ayant annoncé le 16 septembre 1959 son choix en faveur de l'autodétermination de l'Al-

**Tableau 1 : Tableau général des suffrages d'extrême droite
sous la Vᵉ République (France entière)*.**

	Élections	Suffrage extrême droite	% inscrits	% exprim.
1958	Législatives (1ᵉʳ tour)	526 644	1,8	2,6
1962	Référendum (Accords d'Évian)	1 809 074	6,6	9,2
1962	Législatives (1ᵉʳ tour)	139 200	0,5	0,8
1965	Présidentielle (1ᵉʳ tour)	1 260 208	4,4	5,2
1967	Législatives (1ᵉʳ tour)	124 862	0,4	0,6
1968	Législatives (1ᵉʳ tour)	18 933	0,1	0,1
1973	Législatives (1ᵉʳ tour)	122 498	0,4	0,5
1974	Présidentielle (1ᵉʳ tour)	190 921	0,6	0,7
1978	Législatives (1ᵉʳ tour)	210 761	0,6	0,8
1979	Européennes	265 911	0,8	1,3
1981	Législatives (1ᵉʳ tour)	71 345	0,2	0,3
1984	Européennes	2 227 837	6	11
1986	Législatives	2 727 870	7,3	9,7
1988	Présidentielle (1ᵉʳ tour)	4 375 894	11,5	14,4
1988	Législatives (1ᵉʳ tour)	2 391 973	6,3	9,8
1989	Européennes	2 154 005	5,7	11,9
1992	Régionales	3 423 176	9	13,8
1993	Législatives (1ᵉʳ tour)	3 229 462	8,3	12,7
1994	Européennes	2 050 086	5,2	10,5
1995	Présidentielle (1ᵉʳ tour)	4 656 107	11,6	15,3
1997	Législatives (1ᵉʳ tour)	3 827 544	9,7	15

* Ces suffrages comprennent ceux de l'ensemble des candidats de l'extrême droite (poujadistes, Alliance républicaine puis, après 1972, Front national et autres petites formations : PFN, FON, POE, etc.)

gérie, l'extrême droite resurgit au premier plan et les organisations activistes (Mouvement populaire du 13 mai de Robert Martel, Mouvement pour l'instauration d'un ordre corporatiste du docteur Lefèvre, le Front national français du cafetier Jo Ortiz, le Front national combattant de Jean-Marie Le Pen) laissent clairement percer, au-delà de leur combat pour le maintien de l'Algérie française, leur volonté de balayer la Vᵉ République pour mettre en place un « ordre nouveau ». Fin janvier 1960, ces organisations jouent un rôle de premier plan dans l'érection de barricades à Alger. L'extrême droite est à la recherche d'un nouveau « 13 mai » dont Charles de Gaulle serait cette fois la victime. Assuré du loyalisme de l'armée, le président de la République annonce pourtant, le 24 janvier 1960, qu'il ne reviendra pas sur sa politique algérienne. Pour confirmer son autorité face aux partisans de l'Algérie française, Charles de Gaulle décide de faire approuver par la nation, le 8 janvier 1961, sa politique d'autodétermination. L'extrême droite mêle alors ses voix à celles du PC, du PSU et du Parti radical qui, pour des raisons différentes, appellent à voter « non ». Le choix de De Gaulle ayant été approuvé à 75 % des suffrages exprimés par la nation, l'extrême droite et les ultras radicalisent leur action. L'Organisation armée secrète (OAS), créée durant l'hiver 1960-1961, intègre tous les groupes de choc d'extrême droite afin d'engager un « combat révolutionnaire ». L'extrême droite joue son va-tout et cherche à emporter par la force ce qu'elle n'a pu obtenir par la conviction. Une campagne d'attentats est déclenchée en Algérie et en métropole. Le 22 avril 1961 a lieu le « putsch des généraux ». La fermeté du Général fait avorter l'opération. Après quelques hésitations, le processus de négociation avec le FLN reprend et s'accélère pour aboutir le 18 mars 1962 à la signature des accords d'Évian qui marquent la fin de la guerre et prévoient l'accès de l'Algérie à l'indépendance. De Gaulle décide de faire ratifier ceux-ci par un référendum organisé le 8 avril 1962. Seuls l'extrême droite et les ultras défendent le vote négatif alors que l'OAS se lance dans une politique de terrorisme aveugle. Avec 9,2 % des suffrages exprimés, les partisans de l'Algérie française subissent une cuisante défaite.

Cependant, au-delà d'une extrême droite pure et dure, le « non » attire en Île-de-France l'électorat des grands exploitants agricoles du Bassin parisien et un électorat de moyenne bourgeoisie encadré par des notables de tradition conservatrice entretenant des relations suivies avec les milieux nationalistes parisiens, dans les pays de Loire moyenne une partie de l'héritage poujadiste du Centre-Ouest et dans le Midi aquitain et provençal un électorat

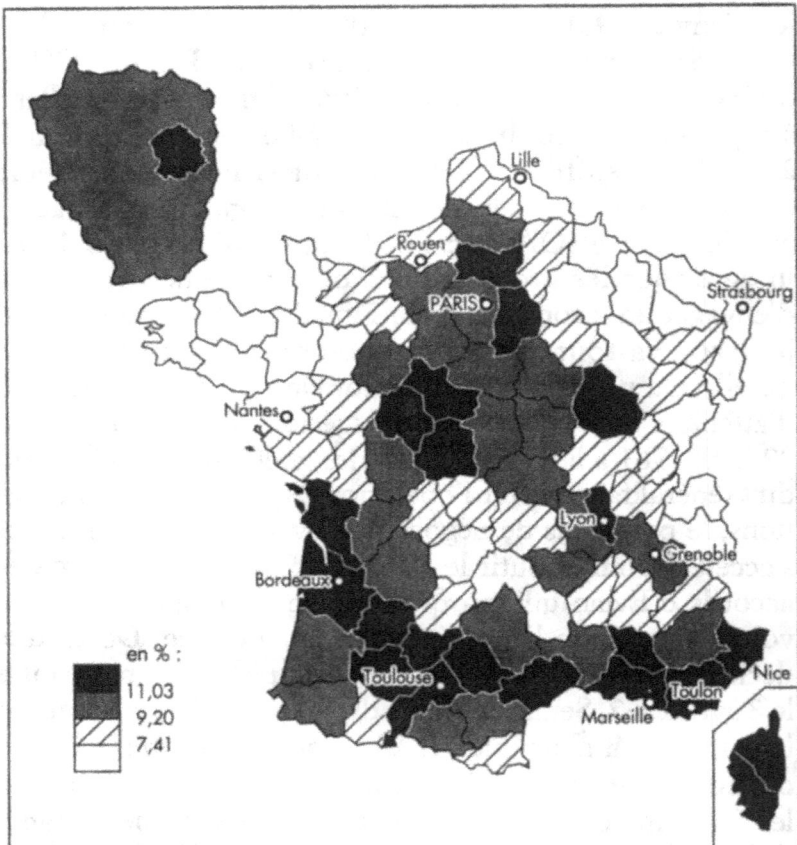

en % :
11,03
9,20
7,41

Carte 1 : Le vote « non » au référendum du 8 avril 1962.

La carte est construite sur la base de quartiles calculés à partir des résultats (en % des suffrages exprimés) de l'extrême droite dans les départements. Les cartes 2 à 16 ainsi que les cartes 21 et 23 sont construites de la même manière.

sensible à l'activisme de l'OAS et dont les liens avec la Corse (ralliée dès le 24 mai 1958 à l'insurrection d'Alger) et la population pied-noir sont importants (*cf.* carte 1). En dépit de ces soubresauts, la décolonisation fait son œuvre inéluctable et, peu à peu, l'extrême droite retourne à sa marginalité. Aux législatives de novembre 1962, extrême droite et héritiers du poujadisme ne totalisent même pas 1 % des suffrages. À l'élection présidentielle du 5 décembre 1965, Jean-Louis Tixier-Vignancour, ancien député d'extrême droite, élu en 1936 et 1956, ancien avocat du général Salan et porte-parole des nostalgiques de l'Algérie française, obtient 5,2 % des suffrages exprimés. Son implantation électorale épouse étroitement celle des rapatriés d'Afrique du Nord (*cf.* carte 2).

La dispersion

Tournée vers le passé et tout entière vouée à la nostalgie coloniale, l'extrême droite s'étiole et ne semble plus avoir aucune capacité à rebondir. Et pourtant les motifs ne manquent pas : au milieu des années 60, la guerre du Vietnam et le thème de la menace communiste, puis les événements de Mai 1968 et la nécessaire défense de « la loi et de l'ordre » et, enfin, l'arrivée de la gauche au pouvoir en 1981 et la dénonciation du pouvoir « socialo-communiste ». Aucun de ces combats ne viendra donner un second souffle à une extrême droite exsangue et traversée de multiples conflits de chapelle.

Certains, lassés de l'activisme, choisissent le combat intellectuel (la revue *Europe-action* est créée en janvier 1963 et préfigure le courant culturel de la Nouvelle Droite), d'autres mènent un combat électoral (l'Alliance républicaine pour les libertés et le progrès est fondée en janvier

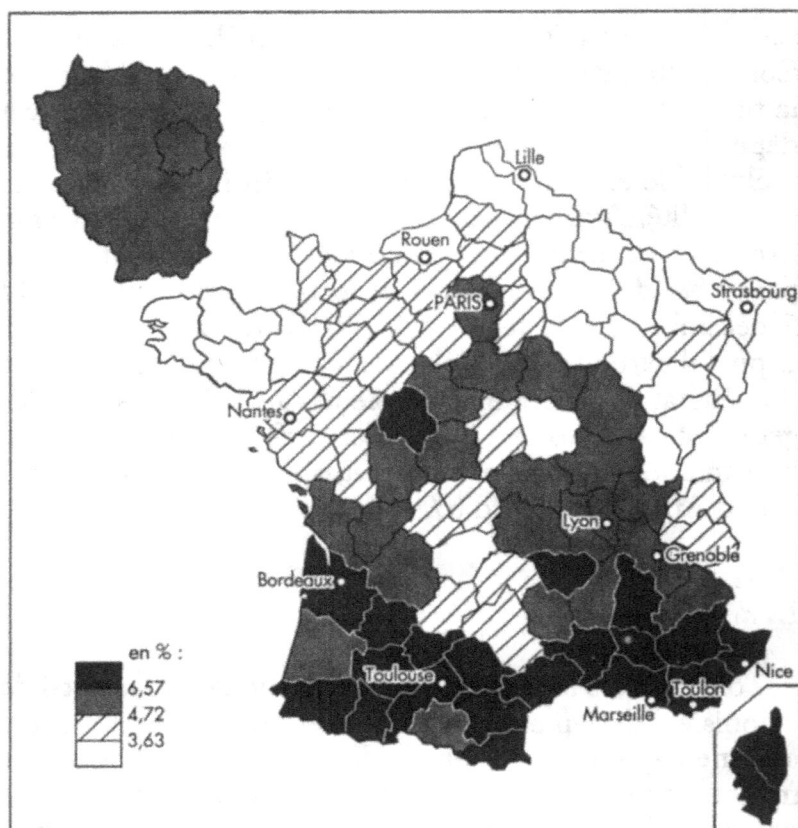

en % :
6,57
4,72
3,63

Carte 2 : Le vote Tixier-Vignancour à l'élection présidentielle de 1965.

1966 sur les décombres du tixiérisme), certains, enfin, cherchent à renouveller l'activisme (Occident créé en 1964, dissous en 1968 puis Ordre nouveau créé en 1969).

En 1972, certains responsables d'Ordre nouveau (François Duprat, François Brigneau) décident d'élargir l'organisation et de créer un front alliant – à l'image de ce qu'a réalisé le parti néofasciste italien MSI en absorbant le parti monarchiste et en adoptant le sigle « Destra nazionale » – les « nationalistes » et les « nationaux ».

La fondation et la « traversée du désert »

Le Front national est fondé le 5 octobre 1972. Ordre nouveau reste, dans un premier temps, l'axe essentiel du FN et les « nationaux », Jean-Marie Le Pen et ses amis, sont étroitement contrôlés par les « nationalistes » d'Ordre nouveau. Si Jean-Marie Le Pen est désigné président du FN, François Brigneau, ancien militant du Rassemblement national populaire de Déat et membre de la Milice de Vichy en 1944, en est vice-président. Si Roger Holeindre, vieux compagnon de Jean-Marie Le Pen, est secrétaire général adjoint, Alain Robert, haut responsable d'Ordre nouveau, est secrétaire général. L'extrême droite n'est que partiellement fédérée. Royalistes, solidaristes et nombre de « nationalistes » et de « nationaux » restent en dehors ou n'y effectuent qu'un bref passage. Cette « unité » des droites extrêmes n'a pas été totale, elle est fragile. Dès le 12 octobre 1972, Georges Bidault, dirigeant de Justice et liberté, se retire. Certains dirigeants d'Ordre nouveau (Patrice Janeau, Jean-Claude Nourry) refusent le principe du « front » et font sécession pour fonder, en 1973, le Groupe action jeunesse (GAJ). Lors des législatives du 4 mars 1973 les résultats électoraux ne sont pas à la hauteur des espérances. Malgré un effort pour présenter des candidatures en nombre important (115 contre seulement 11 aux législatives du 23 juin 1968), l'extrême droite ne rassemble que 0,52 % des suffrages exprimés. Lors du premier congrès du FN (28-29 avril 1973) les forces centrifuges sont à l'œuvre. Ordre nouveau redécouvre les charmes de l'activisme sur le terrain et ne tardera pas à être dissous après un meeting particulièrement « musclé », organisé à Paris le 21 juin 1973, sur le thème « Halte à l'immigration sauvage ». Comme le constate François Brigneau : « Le mariage se faisait mal entre le courant de la droite parlementaire de Jean-Marie Le Pen, l'activisme

21

révolutionnaire et pro-européen d'Alain Robert et de Pascal Gauchon et mes positions contre-révolutionnaires et maurassiennes[9]. »

Privé de son axe central d'Ordre nouveau, le FN va pouvoir peu à peu être pris en main par Jean-Marie Le Pen et les siens. Contestant cette tutelle, de nombreux anciens dirigeants d'Ordre nouveau (Alain Robert, François Brigneau) forment le mouvement Faire front et tentent de prendre le FN en main. Jean-Marie Le Pen démissionne Alain Robert de son poste de secrétaire général et le remplace par l'un de ses fidèles, Dominique Chaboche. Fin 1973, il y a ainsi deux FN, le premier présidé par Jean-Marie Le Pen, le second dirigé par Alain Robert. L'affaire est portée devant la justice et c'est le premier qui l'emporte. Seul il peut revendiquer l'étiquette FN, mais le parti est exsangue. Alain Robert et François Brigneau fondent, en novembre 1974, avec le soutien d'autres militants d'extrême droite (Roland Gaucher, Jean-François Galvaire, Pascal Gauchon), le Parti des Forces Nouvelles (PFN) qui, de 1974 à 1981, concurrence et éclipse, dans le petit univers de l'extrême droite, le FN.

Jean-Marie Le Pen se lance dans la compétition présidentielle du 5 mai 1974, mais ne recueille qu'un maigre 0,75 % des suffrages exprimés alors qu'Alain Robert et ses proches (regroupés dans le groupe Faire front) soutiennent Valéry Giscard d'Estaing. Jean-Marie Le Pen ne dépasse le seuil de 1 % que dans 8 des 95 départements. Même à ce très faible niveau d'implantation électorale, on retrouve une structure géographique caractéristique du vote « Algérie française » : le littoral méditerranéen, le Sud-Ouest et la grande région parisienne (*cf.* carte 3).

---

9. Ouvrage collectif, *La Droite en mouvement*, Paris, Vastra, 1981.

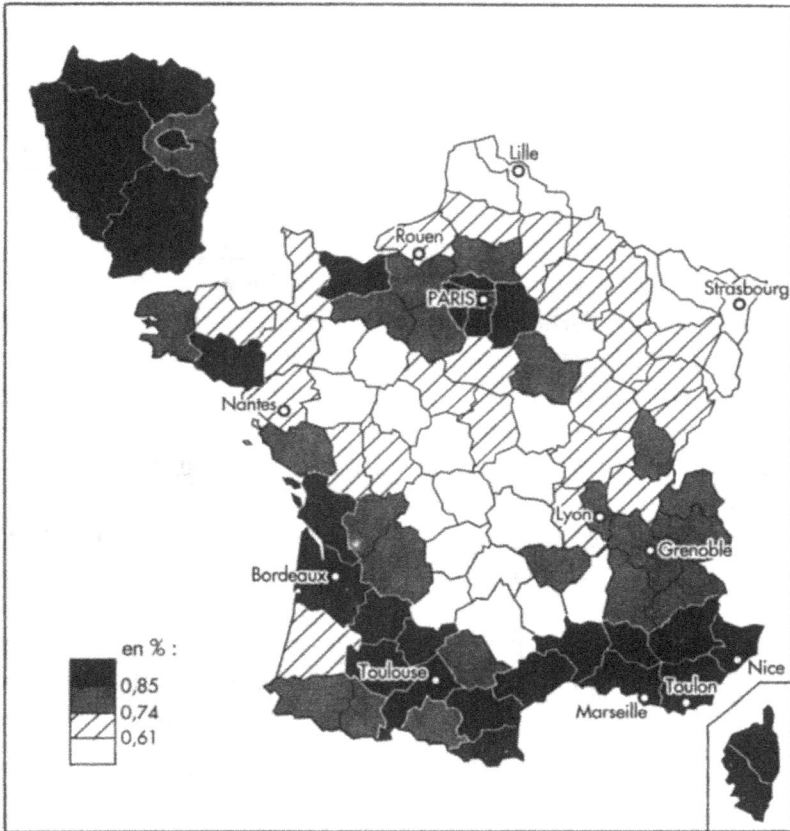

Carte 3 : Le vote Le Pen à l'élection présidentielle de 1974.

Affaiblis, le FN et son leader cherchent à lutter contre l'influence du PFN. Jean-Marie Le Pen développe ses liens avec les factions parfois les plus extrémistes et qui vont des épigones français du national-socialisme aux catholiques intégristes en passant par les néofascistes. Alors que l'ancien franciste et Waffen-SS Pierre Bousquet et sa revue *Militant* restent au FN, François Duprat et sa mouvance nationaliste-révolutionnaire y arrivent en 1974. Aux législatives de 1978, l'étiquette FN est même accordée à Mark Fredriksen, leader néonazi de la Fédération d'action nationale et européenne (FANE) qui, en 1976, a fusionné avec les groupes nationalistes-révolutionnaires de François Duprat. En 1977, le courant solidariste est intégré au FN. Enfin, le chef du FN noue au début des années 80 des contacts avec les intégristes et plus particulièrement Bernard Antony, *alias* Romain Marie, militant tixiériste puis solidariste et fondateur du Centre Henri et André Charlier et du mouvement Chrétienté Solidarité.

Malgré ces efforts de rassemblement des morceaux épars de l'extrême droite, le FN s'enfonce dans la marginalité : aux élections législatives du 12 mars 1978, alors qu'il présente 156 candidats, il ne recueille que 0,29 % des suffrages exprimés. Aux européennes de 1979, le président du FN est pris de vitesse par le PFN qui crée, avec le MSI italien, Fuerza Nueva en Espagne, le Mouvement des Forces nouvelles en Belgique et le Front national grec, l'Eurodroite. Des négociations difficiles et orageuses ont lieu avec le PFN et l'Eurodroite pour constituer une liste commune. L'accord se fait, le 28 avril 1979, sur le nom de l'écrivain Michel de Saint-Pierre comme tête de liste. Le 25 mai, les dirigeants de l'Eurodroite annoncent qu'ils renoncent à la présentation de la liste faute de moyens financiers pour payer le cautionnement. Deux jours plus tard, le PFN présente sa propre liste dirigée par Jean-Louis Tixier-Vignancour. Jean-Marie Le Pen, furieux, appelle à l'abstention et le 10 juin la liste du PFN recueille un maigre 1,31 % des suffrages exprimés.

L'Eurodroite ne dépasse, et avec peine, les 2 % que dans 4 départements : Alpes-Maritimes, Bouches-du-Rhône, Paris et Var. Le niveau global d'influence électorale reste très faible mais la structure d'implantation géographique est plus proche qu'en 1974 de celle de la droite tradition-

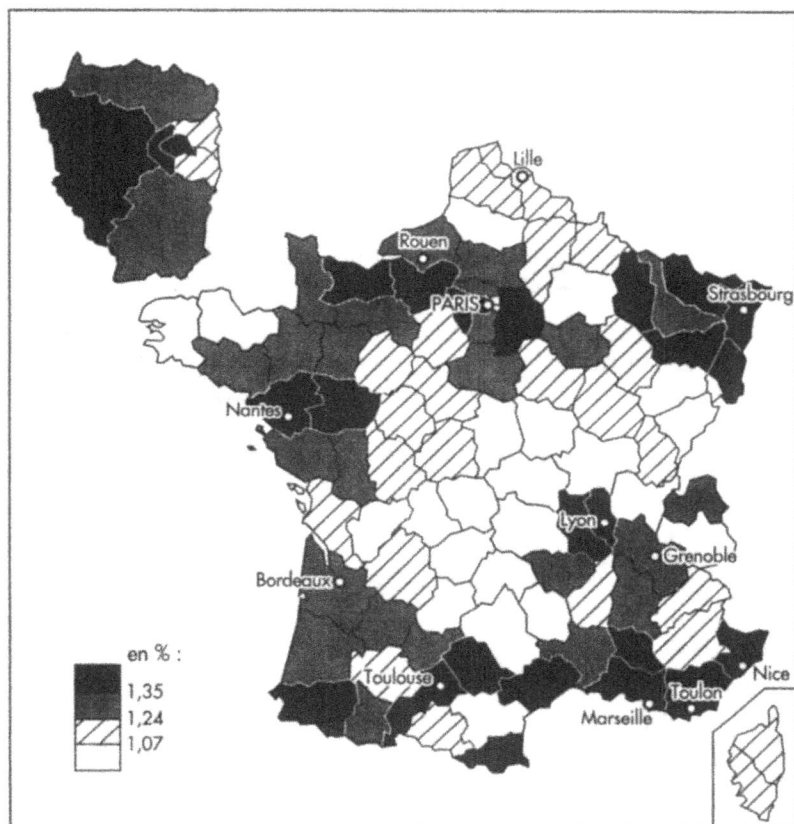

en % :
1,35
1,24
1,07

Carte 4 : La liste de l'Eurodroite aux élections européennes de 1979.

nelle (*cf.* carte 4). À la fin des années 70, l'extrême droite, quel que soit son visage politique, ne fait pas recette.

À l'intérieur du FN, les rapports de force évoluent : les « nationalistes révolutionnaires » ont perdu leur chef avec la mort de François Duprat dans un attentat en 1978, le groupe Militant trouve Jean-Marie Le Pen un peu mou et quitte le FN en 1981, les solidaristes progressent dans l'appareil alors que le chef du parti accentue le libéralisme des positions économiques de sa formation (en 1978, le FN publie *Droite et démocratie économique*[10]) et renforce ses interventions sur le thème de l'immigration et de l'insécurité.

Le duel fratricide entre PFN et FN se prolonge lors de l'élection présidentielle de 1981. Ni Jean-Marie Le Pen ni Pascal Gauchon, responsable du PFN, ne parviendront à réunir les 500 signatures d'élus locaux nécessaires pour pouvoir se présenter. De dépit, le chef du FN appelle, on l'a vu, à voter Jeanne d'Arc, alors que celui du PFN recommande de voter en faveur de Jacques Chirac. Une fois de plus, l'alternative pour l'extrême droite est entre la marginalisation groupusculaire ou l'instrumentalisation par la droite classique. Malgré l'aubaine d'une droite traditionnelle défaite et déchirée et d'une gauche unie, victorieuse et menaçante aux yeux de toute une partie de l'électorat de droite, la performance électorale de l'extrême droite aux élections législatives du 14 juin 1981 est l'une des plus médiocres de la Vᵉ République : 0,18 % pour les 74 candidats du FN, 0,11 % pour les 86 autres candidats d'extrême droite. Celle-ci semble décidément appartenir à l'histoire ancienne.

Les prodromes

Et pourtant, à la fin des années 70 et au début des années 80, plusieurs signes montrent que ce vieux courant n'est pas tout à fait mort.

Sur le plan idéologique, la « nouvelle droite » a redonné un visage neuf à de vieilles antiennes de l'extrême droite de

---

10. *Droite et démocratie économique. Doctrine économique et sociale du Front national* (1978), 2ᵉ éd., Limoges, 1984 (supplément à *National-Hebdo*, octobre 1984).

toujours (valorisation de l'inégalité, racisme, élitisme, référence à la culture européenne et à la Grèce...) et a gagné
dans les « têtes » à défaut de triompher dans les urnes. Créé
en 1969, le Groupement de recherche et d'étude pour la
civilisation européenne (GRECE) se fixe comme but la
création d'« une nouvelle culture de droite ». Après avoir
tissé un réseau de multiples organismes de réflexion, cette
nouvelle droite s'introduit dans la presse. Louis Pauwels,
ancien directeur de *Planète*, nommé en 1977 directeur des
services culturels du *Figaro*, ouvre les colonnes de son hebdomadaire *Le Figaro-Magazine* aux thèses de la « Nouvelle
Droite ». En 1974, un ancien du GRECE, Yvan Blot, fonde
le Club de l'Horloge qui réunit des hauts fonctionnaires et
des élèves des grandes écoles et cherche à devenir l'axe de
pénétration de la « nouvelle droite » dans les grands partis
de droite. Ainsi, à la fin des années 70 et au début des
années 80, alors que l'extrême droite politique est étique, se
développe une forte poussée idéologique de la droite
extrême. Tirant profit de la crise du marxisme, du délitement du gauchisme intellectuel, de l'épuisement du modèle
soviétique et des interrogations d'un Occident entré en
crise, une « nouvelle droite ultra » pousse son avantage
culturel et idéologique. Des « ponts » sont jetés vers la
droite classique et respectable et participent à la légitima-
tion de l'extrême droite. Face à la gauche conquérante du
début des années 80, la « nouvelle droite » permet d'établir
un contrefeu idéologique. Dans une perspective gram-
scienne (le marxiste italien est d'ailleurs explicitement
revendiqué par les intellectuels de la « nouvelle droite »)
cette droite extrême considère que la victoire culturelle et
idéologique prépare les conditions de la victoire politique.

Au milieu des années 70, la société française est entrée
dans une profonde crise économique et sociale. La croissance se ralentit, l'inflation s'emballe, le chômage pro-

gresse, les inégalités se renforcent et la société se fracture. La délinquance augmente et l'insécurité passe au premier plan des préoccupations. L'opinion publique se raidit et connaît certaines crispations et inquiétudes. La loi « Sécurité et liberté » est votée en 1980, la majorité des Français favorables à la peine de mort se renforce (62 % contre 33 % selon la SOFRES en 1981), les immigrés deviennent les boucs émissaires du chômage et de l'insécurité et rentrent dans le débat politique, en décembre 1980, au travers des bulldozers envoyés par la municipalité communiste de Vitry-sur-Seine contre un foyer de travailleurs immigrés. Les grandes forces politiques ne se rendent pas encore compte que, sur ce terrain d'inquiétudes et de rejets, l'extrême droite est mieux placée que d'autres.

Du point de vue des mentalités, la société française se caractérise, par rapport à ses voisines européennes, par une prise de conscience tardive mais forte de l'ampleur et de la durabilité de la crise économique et sociale. Alors que dans les années 70, la gauche (celle de la logique de « rupture avec le capitalisme ») et la droite (celle du plan de relance de Jacques Chirac en septembre 1975 et de la « sortie du tunnel » annoncée par Valéry Giscard d'Estaing) ne mettent en place aucune pédagogie de la crise, il faut attendre les années 1982-1983 pour que l'opinion intègre la dimension des difficultés économiques et sociales qui touchent la France depuis bientôt dix ans. Ayant rapidement épuisé les charmes de l'alternative socialiste et pris conscience de l'incapacité de la gauche à changer les règles du jeu social et économique, la société française se réveille « groggy » face à la triste réalité de la crise. Ce désenchantement face à la gauche et la prise de conscience que gauche et droite sont démunies de solutions miracles sont gros de fortes déceptions. La France déprime : en novembre 1983, 62 % des personnes interrogées par la

SOFRES disent que « les choses ont tendance à aller plus mal » ; ils n'étaient que 40 % deux ans plus tôt. On sait que souvent ce terreau de crise et de déceptions ne tarde pas à alimenter les logiques du « bouc émissaire », les recherches d'hommes providentiels et la tentation de solutions politiques autoritaires.

D'autant plus que la société politique est malade. La victoire de la gauche sur un programme de changement radical a soulevé de grands espoirs. Après le gaullisme, le pompidolisme, le « libéralisme avancé » de Valéry Giscard d'Estaing, les Français ont décidé d'explorer la voie du « socialisme à la française ». Cette dernière se révèle une impasse et la réaction est vive. L'ampleur de la désillusion est à la hauteur des illusions investies dans le « changement de société » de 1981. La situation est alors mûre pour que, sur un champ de ruines idéologiques, les vieilles rancœurs et les vieilles croyances « tribales » fassent leur retour.

Retour d'autant plus facile que le système des forces politiques n'est plus adapté à la demande sociale. La société française et les clivages qui la structuraient ont imperceptiblement changé. À la vieille bipolarité sociale prolétariat/bourgeoisie s'est substituée une société organisée autour de ce que Valéry Giscard d'Estaing appelait, dans son ouvrage *Démocratie française*, un « immense groupe central[11] ». Hier encore les groupes pouvaient se définir à l'intérieur d'une société polarisée par le conflit entre acteurs ouvriers et patronaux. Les couches moyennes salariées, principaux vecteurs de la poussée du PS dans les années 70, avaient par exemple lié leur sort politique à celui de la « classe ouvrière » et de ses représentants. Cependant, dès l'époque, de nombreux « cols blancs »

11. Valéry GISCARD D'ESTAING, *Démocratie française*, Paris, Fayard, 1976.

exploraient des « ailleurs » politiques en animant toute une série de nouveaux mouvements sociaux (régionalistes, féministes, écologistes, antinucléaires). Ces mouvements cherchaient dans la rupture et l'innovation culturelle ce que nombre de « cols blancs » n'attendaient plus ni de la société de consommation ni des idéologies et des partis politiques.

Avec l'approfondissement de la crise et la fracture du système social, caractéristiques du début des années 80, le mouvement ouvrier continue de se déstructurer, les nouveaux mouvements sociaux s'essoufflent et apparaît une France à deux vitesses où s'opposent « d'un côté, ceux qui participent à la vie moderne, à l'emploi, à la consommation, dont les enfants accèdent à l'éducation dans des conditions convenables ; de l'autre, ceux qui oscillent entre le chômage et le travail précaire, des familles déstructurées, des enfants mal ou sous-éduqués, le surendettement et la misère[12] ». Michel Wieviorka prolonge son analyse en concluant : « Dans la société industrielle, on était en haut ou en bas, mais chacun avait une place ; avec la dualisation de la société, on est plutôt dedans ou dehors, *in* ou *out*. »

Cette nouvelle société a souvent été interprétée comme étant celle de « l'ère du vide » (titre d'un ouvrage de Gilles Lipovetsky publié en 1983 et ayant rencontré un grand succès), de la « privatisation » élargie, de la désaffection idéologique, de la consommation *cool* et de la passion de la personnalité. C'est ignorer que ce « vide social » a été occupé par une série de mouvements identitaires, que l'identité revendiquée soit religieuse, ethnique ou nationale. Dans les années 80, se développe tout un tissu d'associations sur une base communautaire dans les milieux de l'immigration. Particulièrement touchée par les processus

---

12. Michel WIEVIORKA, *La France raciste*, Paris, Le Seuil, 1992.

de marginalisation sociale, celle-ci réagit et met en place des réseaux de solidarité sociale. Écartelées entre la voie de l'intégration et celle de l'affirmation communautaire, l'immigration et sa descendance rentrent en conflit avec le modèle français traditionnel d'intégration individuelle. Face à cela se développent des réactions tout aussi identitaires où, sur fond de crise économique et de mutation urbaine, des citoyens français ont le sentiment que leur pays, leur région ou leur quartier sont « envahis ». L'espace est libre pour que resurgisse un nationalisme populiste et xénophobe. Les anciens repères sociaux (conscience de classe, appareils syndicaux et religieux) et politiques (clivage gauche/droite, identifications partisanes) sont en crise. Les vieilles références flottent, un espace se libère pour de nouvelles identifications. La question sociale semble avoir cédé la place à la question nationale. Ou plutôt la nouvelle question sociale posée par le chômage de masse et la précarisation, faute de trouver des réponses convaincantes, laisse la place vacante pour le retour de la question nationale et des réponses identitaires.

Une fois les charmes de l'alternative socialiste et les vieux débats d'antan épuisés, toutes ces tendances viennent perturber la scène politique dans les années 1982-1983 et suivantes, et c'est dans ce contexte qu'il faut saisir le « succès politique » du Front national.

LE DÉBUT DE L'HISTOIRE :
ÉMERGENCE ET ENRACINEMENT

La percée électorale[13]

La désillusion vis-à-vis de la gauche est sensible dès le début de 1982. Aux cantonales, en mars de cette année, la gauche perd 7 points par rapport aux élections de référence de 1976. Cette décrue profite essentiellement à la droite classique RPR-UDF. Dans un scrutin local où elle n'a jamais été à l'aise, l'extrême droite ne parvient à présenter que 65 candidats (pour un nombre total de 7 491 candidats dans 1 945 cantons) et ne recueille que 0,20 % des suffrages exprimés. Ce piètre résultat national cache cependant, ici ou là, quelques bonnes performances : à Dreux-Ouest, Jean-Pierre Stirbois rassemble 12,62 % des suffrages, à Dreux-Est son épouse en attire 9,58 %, dans l'Est lyonnais l'extrême droite atteint 10,34 % à Pont-de-Cheruy, et, dans la banlieue de Dunkerque, 13,30 % à Grande-Synthe – tous ces cantons sont situés en zone urbaine et péri-urbaine. Néanmoins, cette poussée est loin d'affecter tous les cantons urbains et, par exemple, dans les quatre cantons marseillais où elle est présente, l'extrême droite oscille plus modestement entre 2 et 3 % des suffrages exprimés.

Un an plus tard, lors des élections municipales de mars 1983 qui voient la crise de confiance vis-à-vis de la gauche s'accentuer, les thèmes de l'immigration et de l'insécurité, vecteurs privilégiés de la propagande d'extrême droite,

---

13. Une partie des développements qui vont suivre a déjà été abordée dans Pascal PERRINEAU, « Les étapes d'une implantation électorale » pp. 37-58 *in* Nonna MAYER, Pascal PERRINEAU (dir.), *op. cit.*

sont repris et popularisés par le RPR et l'UDF. Avant de faire des voix, l'extrême droite gagne les esprits. Mal structurée, elle a du mal à occuper le terrain des 36 890 communes de France métropolitaine. Cependant, elle est présente dans certaines grandes villes : à Paris, le PFN a des listes dans trois arrondissements, le FN dans cinq ; à Montpellier et à Nice, le FN présente une liste ; enfin, dans d'autres villes, elle parvient à figurer sur des listes de droite traditionnelle ; tel est le cas à Dreux, Grasse, Antibes, Toulon, Béziers et Aix-en-Provence. À Roubaix et à Marseille, apparaissent des listes sécuritaires dont les préoccupations ne sont pas très éloignées de celles des listes d'extrême droite. Très mal représentée, l'extrême droite, avec 0,1 % des suffrages et 211 des 501 278 sièges de conseillers municipaux, fait une médiocre performance nationale. Mais, comme cela avait été le cas un an plus tôt, ici et là, les résultats ne sont pas négligeables : 5,9 % pour la liste Marseille-Sécurité dans le premier secteur de Marseille, 9,6 % pour la liste Roubaix aux Roubaisiens – et surtout 11,3 % pour la liste du FN menée par Jean-Marie Le Pen dans le XXᵉ arrondissement de Paris. Tous ces bons résultats sont enregistrés dans des contextes urbains à forte population immigrée et où les problèmes de sécurité sont aigus. En ce début de 1983, on a l'impression que certains terrains urbains peuvent faire sortir l'extrême droite de son isolement électoral. Pour l'heure, le mécontentement politique et social profite surtout à l'opposition de droite traditionnelle qui ravit à la gauche 30 des 220 villes de plus de 30 000 habitants. L'extrême droite n'a pas encore acquis la « visibilité » politique qui lui permettrait de capitaliser son électorat potentiel.

Les élections partielles de la fin de 1983 vont le lui permettre. Dans deux municipales partielles (Dreux, Aulnay-sous-Bois) et dans une législative partielle (2ᵉ circonscription du Morbihan), le FN s'impose comme un partenaire électoral de poids. À Dreux, il bénéficie de l'implantation militante des époux Stirbois et rassemble dès le premier tour 16,7 % des suffrages exprimés[14]. Pour battre la liste sortante de gauche, la liste RPR-UDF choisit, entre les deux tours, de fusionner avec la liste du FN. Cette alliance locale est avalisée, sauf quelques voix isolées[15], par les directions nationales du RPR et de l'UDF. Au second tour, la liste RPR-UDF-FN l'emporte largement sur la liste de gauche : plus de 55 % des suffrages ratifient l'alliance entre droite classique et extrême droite et permettent à cette dernière d'entrer dans l'exécutif d'une ville de plus de 30 000 habitants. Quelques semaines plus tard, dans une commune de la banlieue parisienne, Aulnay-sous-Bois, où les effets désintégrateurs du changement urbain sont particulièrement sensibles (chomâge, délinquance, flux migratoires), la liste du FN attire 9,3 % des suffrages exprimés. Enfin, en décembre 1983, dans la circonscription qui l'a vu naître, Jean-Marie Le Pen rassemble 12 % des suffrages.

La « victoire » de Dreux a, sans conteste, libéré un espace politique pour l'extrême droite. Celle-ci semble renaître de ses cendres, mais cette renaissance n'est alors perceptible que dans des élections partielles et des sondages. En janvier 1984, Jean-Marie Le Pen et le FN font leur entrée au baromètre Figaro-SOFRES qui mesure chaque mois la popularité des hommes et des forces politiques : 9 % des Français déclarent avoir une « bonne opi-

---

14. Jean-Pierre Stirbois avait déjà obtenu 2 % s.e. dans la circonscription législative de Dreux en 1978 et 12,6 % dans le canton de Dreux-Ouest aux cantonales de mars 1982.

15. Ces voix isolées sont celles de Simone Veil, Didier Bariani, Bernard Stasi, Olivier Stirn, ainsi que celle du Centre des démocrates sociaux, qui condamnent l'alliance locale avec le FN.

nion » du FN et 9 % également souhaitent voir Jean-Marie Le Pen « jouer un rôle important dans les mois et les années à venir ». Le 13 février, l'invitation à l'émission télévisée *L'Heure de vérité* consacre le leader du FN comme homme politique à part entière. Son image et celle de son parti en sortent renforcées : alors que la liste d'extrême droite ne recueillait que 3,5 % des intentions de vote pour les prochaines élections européennes, elle voit son score monter brusquement, en février, à 7 % des suffrages déclarés et s'y maintenir tout au long de la campagne. Cette poussée sousestime cependant la force du phénomène, et, au soir des élections européennes du 17 juin, le résultat de la liste Front d'opposition nationale pour l'Europe des patries, conduite par Jean-Marie Le Pen, avec 11 % des suffrages et plus de 2 millions d'électeurs, fait l'effet d'un coup de tonnerre. Jamais, depuis 1956, une liste d'extrême droite n'a fait un tel tabac. Cependant, malgré la ressemblance des niveaux (les listes Poujade avaient rassemblé 11,6 % aux législatives du 2 janvier 1956) et la filiation poujadiste du leader du FN, l'électorat d'extrême droite a une structure d'implantation géographique très largement différente de celle du poujadisme (*cf.* cartes 5 et 21).

En 1956, le vote Poujade était enraciné surtout dans des régions rurales : Maine, Vendée, Poitou, Berry, Bourbonnais, Quercy, Rouergue et Cévennes (*cf.* carte 21, p. 128). En 1984, dans la plupart des bastions du poujadisme, le FN réalise des scores médiocres : 7,2 % en Maine-et-Loire, 6,2 % en Mayenne, 7,9 % en Charente-Maritime, 5,3 % dans les Deux-Sèvres ou encore 7,7 % dans le Gers. Largement émancipé des anciennes terres poujadistes, le FN de 1984 l'est aussi, à un moindre degré, des terres du vote « Algérie française ». En 1962 et 1965, celui-ci était avant tout structuré par la présence des Pieds-Noirs, nombreux en Aquitaine, Languedoc-Roussillon et Provence-Alpes-

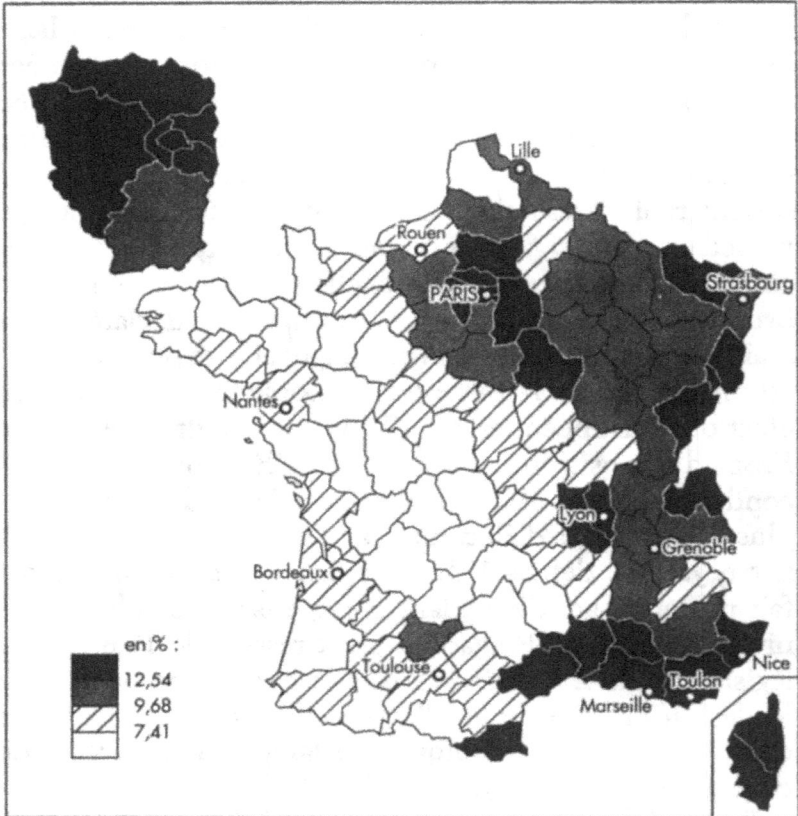

Carte 5 : La liste du Front national aux élections européennes de 1984.

Côte d'Azur. En 1984, tout en gardant le bastion de la bordure méditerranéenne (où la liste fait ses trois meilleurs scores : 21,39 % dans les Alpes-Maritimes, 19,96 % dans le Var et 19,49 % dans les Bouches-du-Rhône), l'extrême droite pousse son avantage dans la France urbaine du Sud-Est, du grand Est et de la couronne parisienne (15,86 % dans le Rhône, 14,77 % dans le Territoire de Belfort, 14,04 % en Moselle, 13,91 % dans le Haut-Rhin, 14,62 % en Seine-et-Marne, 15,98 % en Seine-Saint-Denis, 14,97 %

dans le Val-d'Oise, 14,14 % dans les Hauts-de-Seine, 14,37 % dans les Yvelines et 15,24 % à Paris). Le vote d'extrême droite ne traduit plus, comme en 1956, 1962 et 1965, la plainte d'une France du passé, mais exprime plutôt le mal de vivre d'une France urbaine et moderne touchée par la crise. La géographie de l'implantation du FN échappe pour une bonne part à l'implantation tradition-nelle de l'extrême droite. Elle recouvre à la fois des terres de gauche (Languedoc, Provence) et des terres de droite (Est, Alpes-du-Nord). La logique de l'implantation est plus sociale que politique. Les zones de force du FN appar-tiennent à la France des grandes métropoles urbaines et des importantes concentrations de population immigrée : Rou-baix-Tourcoing, Paris et la région parisienne, Nancy-Metz, Mulhouse-Belfort, Lyon-Saint-Étienne, Montpellier, Marseille-Nice. Dans nombre de communes de ces agglomérations urbaines, le FN rassemble un électeur sur cinq : 19,1 % à Roubaix, 19,2 % à Mantes-la-Jolie, 19,3 % à Dreux, 18,7 % à Mulhouse, 20,7 % à Saint-Priest (Rhône), 21,2 % à Rillieux-la-Pape (Rhône), 19,7 % à Montpellier, 21,4 % à Marseille, 22,3 % à Toulon ou encore 22,8 % à Nice. On voit bien comment le terrain des inquiétudes urbaines a été le réceptacle idéal du discours sécuritaire et xénophobe du FN. Menant campagne autour du slogan « Les Français d'abord ! », Jean-Marie Le Pen a bien peu parlé de l'Europe et s'est surtout attaché à dénon-cer les méfaits divers et variés de l'immigration et de l'in-sécurité. Dans une société urbaine où le chômage, la petite délinquance et le choc des cultures sont une réalité, la dénonciation lepéniste a fait florès.

Cependant, tout ne peut être ramené à cette exaspéra-tion sociale. Les européennes, premières grandes élections nationales depuis celles de l'alternance de 1981, sont aussi l'occasion d'exprimer une exaspération politique. Depuis

1982, la droite classique, dans sa critique de la gauche au pouvoir, s'est radicalisée à droite. Les leaders du RPR et de l'UDF ont diabolisé la gauche, dénoncé la « marxisation » de la société française dont selon eux témoignent les nationalisations, les lois Auroux sur l'expression des salariés et l'extension du rôle des syndicats dans l'entreprise, l'accroissement de la fiscalité, le recrutement de fonctionnaires, et se sont insurgés contre le « laxisme » révélé par l'abolition de la peine de mort, des juridictions d'exception et de la loi anticasseurs, la « mollesse » de la justice ou encore l'autorisation pour les étrangers de se regrouper en associations. Ce discours « musclé » et l'alliance de Dreux ont contribué à légitimer à la fois les idées et les hommes de la droite extrême. Toute une partie de l'électorat de la droite classique n'hésite pas à voter pour la droite dure : à Neuilly-sur-Seine, la liste du FN rassemble 17,62 % des suffrages et à Paris, le XVIe arrondissement accorde 16,61 % à cette même liste[16]. Ce « coup de sang » extrémiste qui saisit une partie des électeurs des beaux quartiers est rendu d'autant plus facile que les européennes sont des élections sans enjeu national, dans lesquelles l'électorat peut se défouler sans conséquence politique majeure. Enfin, le ralliement du RPR au credo européen de l'UDF et la confection d'une liste commune RPR-UDF sous la direction de Simone Veil ont ouvert, à droite, un espace politique pour une droite nationaliste et populiste. Cependant, aux lendemains des élections européennes, l'interprétation

---

16. Selon le sondage « sortie des urnes » réalisé par l'IFOP le 17 juin 1984, au niveau national 21 % des électeurs ayant voté J. Chirac au premier tour de l'élection présidentielle de 1981 et s'étant déplacés en juin 1984 ont voté pour la liste du FN, 13 % de ceux qui ont voté V. Giscard d'Estaing ont fait de même, 5 % de ceux qui avaient choisi F. Mitterrand et 3 % de ceux qui avaient voté pour G. Marchais.

dominante du succès du FN reste celle de la logique du « feu de paille ». La France aurait été saisie d'un de ces brusques mouvements d'humeur dont elle est coutumière et qu'André Siegfried décrivait à merveille quand il parlait, en 1913, de ce tempérament plébiscitaire, dont la démocratie n'a jamais éliminé le germe : « Il persiste à l'état latent dans certains milieux [...] qui, sous les étiquettes politiques les plus diverses, conservent leur personnalité initiale. Puis, dans certaines circonstances qu'il est possible d'analyser et de connaître, il surgit et s'épanouit tout à coup avec une telle puissance que tout le pays en est momentanément transformé : ses manifestations sont de l'ordre éruptif[17]. » Éruption de mécontentements, impatience, coup de semonce : tels sont les diagnostics dominants de la percée du FN. L'opposition parlementaire pense que ce vote de colère est passager et qu'après s'être aventurées à l'extrême droite, ces voix reviendront naturellement vers les rivages plus paisibles de la droite classique. Cette anticipation va être rapidement démentie.

L'enracinement[18]

Lors des cantonales de mars 1985, élections difficiles pour un mouvement extrémiste sans notables et élus locaux, l'extrême droite remporte deux victoires : la première en trouvant 1 521 candidats (contre seulement 65 aux cantonales de 1982), la seconde en attirant 8,8 % des suffrages exprimés, un record pour cette famille politique dans des élections locales. N'étant pas présent dans un

---

17. André SIEGFRIED, *op. cit.*, p. 473.
18. Pascal PERRINEAU, « Le Front national : un électorat autoritaire », *Revue politique et parlementaire*, 87(918), août 1985, pp. 24-31.

quart des cantons, le FN est en fait aux environs de 10 % des suffrages en termes d'influence nationale. Là où il présente des candidats, la plupart du temps inconnus et sans aucun enracinement politique local, il « tient » bien son électorat de 1984 et progresse même en zone urbaine. Les départements ruraux restent souvent pour lui de véritables « terres de mission ». Le Cantal, l'Aveyron et la Corrèze accordent, par exemple, moins de 1 % des suffrages au FN (d'ailleurs souvent absent dans de nombreux cantons). L'extrême droite devient en revanche une force avec laquelle il faut compter en milieu urbain et elle fait la preuve que le mode de scrutin majoritaire à deux tours ne la marginalise pas inéluctablement. Au premier tour, le « vote utile » en faveur des grandes forces politiques n'a pas profondément entamé son capital électoral, au second tour elle peut se maintenir dans plus d'une centaine de cantons en ballottage. Faute de pouvoir bénéficier d'un désistement de l'UDF et du RPR là où ses candidats sont arrivés en tête, le FN menace de se maintenir partout où il le peut, même là où son maintien risque de faire élire la gauche. Rejeté par les grands appareils de la droite classique aux yeux de laquelle il n'apparaît pas comme un partenaire convenable, le FN découvre les grandeurs et les servitudes de ce mode de scrutin de gouvernement qu'est le système majoritaire à deux tours. S'il permet aux extrêmes de témoigner et de se compter au premier tour, au second, faute d'un accord de désistement, il les marginalise et ne leur offre que le choix peu exaltant de se rallier en se soumettant ou de se maintenir en menaçant. Dans l'un et l'autre cas, les perspectives d'élection sont nulles ou maigres. Telle sera la règle au second tour des élections cantonales : ici l'extrême droite se rallie au candidat de droite classique afin de battre la gauche, là elle se maintient mais n'arrive pas (sauf dans le seul canton de Marseille 2) à rallier une majorité sous sa bannière.

Avec ces élections de mars 1985, le FN montre qu'il faut compter avec lui, mais que son pouvoir est plus un pouvoir d'empêcher ou de favoriser l'élection des candidats de la droite traditionnelle que de permettre l'élection de ses propres candidats. Le scrutin majoritaire à deux tours ne lui permet que de jouer les supplétifs. Cependant, le 3 avril, le mode de scrutin pour les élections législatives est modifié. Alors que le président de la République avait dit qu'il s'agissait juste « d'instiller la proportionnelle » dans la nouvelle loi électorale, le projet soumis au Conseil des ministres substitue la proportionnelle au majoritaire et retourne, en gros, au mode de scrutin de la IVᵉ République. Dans une période où la gauche est en difficulté, François Mitterrand et ses proches n'hésitent pas à utiliser toutes les armes susceptibles de « diviser l'adversaire[19] ».

La consécration nationale[20]

Le FN aborde donc l'échéance des élections législatives et régionales de mars 1986 dans les meilleures conditions

---

19. Dans leur enquête sur François Mitterrand et l'extrême droite, Emmanuel Faux, Thomas Legrand et Gilles Pérez font état de nombreux témoignages où l'épanouissement électoral du FN n'est pas toujours vu d'un mauvais œil par les socialistes mitterrandiens. Parmi ceux-ci, celui de Paul Quilès faisant part de ses entretiens sur le FN avec le président de la République : « Mes réflexions avec lui ont été nombreuses sur le sujet. Elles étaient plus stratégiques que politiques. Mitterrand est assez tacticien pour savoir qu'il faut diviser l'adversaire » (*La Main droite de Dieu*, Paris, Le Seuil, 1994, p. 27).

20. Pascal PERRINEAU, « Quel avenir pour le Front national ? », *Intervention*, 15 mars 1986, pp. 33-41.

institutionnelles et politiques. La représentation proportionnelle lui ouvre un espace politique autonome et ne le contraint pas à se poser le problème des alliances. Il affronte pour la première fois une échéance nationale décisive. Dans les enquêtes d'opinion, avec 8-9 % des intentions de vote, il semble connaître une légère érosion due au reclassement d'une partie de ses électeurs vers le RPR et l'UDF. Certaines « brebis » que la droite classique avait laissé s'égarer dans les années 1984-1985 semblent revenir, à l'approche des grandes échéances de pouvoir, vers leur famille d'origine. Afin d'endiguer ce mouvement, Jean-Marie Le Pen décide de « notabiliser » les candidatures aux législatives. Certes, les vieux routiers de l'extrême droite restent dominants, et Roger Holeindre, Jean-Pierre Stirbois, Roland Gaucher, Bernard Antony ou encore Pierre Sergent emmènent les listes du FN dans l'Essonne, les Hauts-de-Seine, la Somme, le Tarn et les Pyrénées-Orientales. Mais, à côté d'eux, les transfuges de la droite traditionnelle et les notables socio-économiques sont nombreux. Les anciens députés de la droite traditionnelle que sont Pascal Arrighi, Gabriel Domenech, Édouard Frédéric-Dupont, Charles de Chambrun sont présents sur les listes du FN. Les transfuges du RPR (Bruno Chauvierre dans le Nord, Georges de Cornois dans l'Oise) ou de l'UDF (Jean Durieux dans le Nord, Jean Roussel dans les Bouches-du-Rhône) sont nombreux à participer aux listes législatives et régionales. Enfin, de multiples notables sociaux et économiques pèsent de tout leur poids : François Bachelot, transfuge du RPR mais aussi délégué général des Chambres de professions libérales, dans la Seine-Saint-Denis ; Pierre Descaves, vice-président du Syndicat national de la petite et moyenne industrie (SNPMI), dans l'Oise ; Guy Le Jaouen, syndicaliste de la FNSEA, dans la Loire ; Jacques Vaysse-Tempé, président du Rassemblement des Français rapatriés et réfugiés d'Afrique du Nord et d'outre-mer (RANFRAN-OM) et élu municipal, dans la Haute-Garonne ; Bruno Mégret, ancien du RPR et dirigeant de la confédération des associations républicaines (CODAR). Cette stratégie de « notabilisation » tous azimuts entraîne d'ailleurs une réaction d'une partie de l'appareil militant qui fait scission pour créer, le 23 novembre 1985, le Front d'opposition nationale (FON). Le FN espère sans doute que les quelques pertes de militants de la première heure seront largement compensées par l'arrivée de nouveaux électeurs rassurés par le *lifting* de l'extrême droite.

Au soir des élections du 16 mars 1986, avec plus de 2,5 millions d'électeurs et près de 10 % des suffrages exprimés, le FN entre massivement à l'Assemblée nationale (où il constitue un groupe parlementaire avec 35 députés) et dans les conseils régionaux (avec 137 conseillers régionaux). Alors que, depuis deux ans, le FN a enregistré de bons résultats mais uniquement dans des élections intermédiaires sans enjeu national ni sanction, l'extrême droite atteint, pour la première fois sous la Ve République, un niveau élevé dans une élection distributrice de pouvoir national. Touché par le phénomène de « vote utile » au profit de la droite classique, le FN parvient malgré cela à se maintenir aux alentours de 10 % car les « brebis égarées de la droite traditionnelle » sont remplacées par de nouveaux électeurs moins politisés et en provenance (dans la proportion d'un sur deux) de l'abstention ou de la non-inscription. Ce chassé-croisé permet à ses listes législatives de rassembler 2,7 millions d'électeurs qui pèsent de tout leur poids, étant donné le caractère proportionnel du mode de scrutin. Avec 9,7 % des suffrages, il obtient 6,1 % des sièges à l'Assemblée nationale. La droite classique dépassant à elle seule, de deux sièges, la majorité absolue, le

groupe FN de l'Assemblée nationale est rejeté dans son isolement. En revanche, dans six des vingt-deux régions
métropolitaines, la droite classique a besoin des suffrages
de tout ou partie de l'extrême droite pour garder ou
conquérir l'exécutif régional. Des alliances plus ou moins
explicites sont passées, et le FN fait son entrée dans plusieurs exécutifs régionaux en obtenant une vice-présidence
dans trois régions (Haute-Normandie, Picardie, Languedoc-Roussillon) et deux en Provence-Alpes-Côte d'Azur.
Cette implantation électorale renforcée a les mêmes assises
géographiques qu'en 1984 et 1985. La polarisation entre la
France située à l'est d'une ligne Le Havre-Valence-Perpignan et la France située à l'ouest s'est même accrue
(*cf.* carte 6).

Tous les départements où le FN enregistre un renforcement électoral par rapport à 1984 sont à l'est de cette ligne.
L'arrière-plan de l'urbanisation et de l'immigration alimente continûment l'électorat du FN. C'est maintenant sur
un terrain urbain et populaire que le FN réussit ses meilleures performances. L'enracinement de l'extrême droite
dans les villes populaires atteste la prolétarisation de son
électorat. Nombre d'électeurs des « beaux quartiers » sont
revenus vers les notables RPR et UDF : le FN n'attire plus
que 10,60 % et 11,02 % des suffrages dans le XVIᵉ arrondissement de Paris et à Neuilly-sur-Seine. De nombreux
électeurs de milieu populaire les ont remplacés : à Roubaix
et Tourcoing, le FN rassemble 21,18 % et 22,17 % des suffrages. Installé dans les assemblées de la République, il
s'incruste dans la société française.

Crise des vieux appareils
et naissance d'une nouvelle organisation

Au milieu des années 80, les grandes organisations politiques et sociales sont en crise. Les effectifs des partis et des

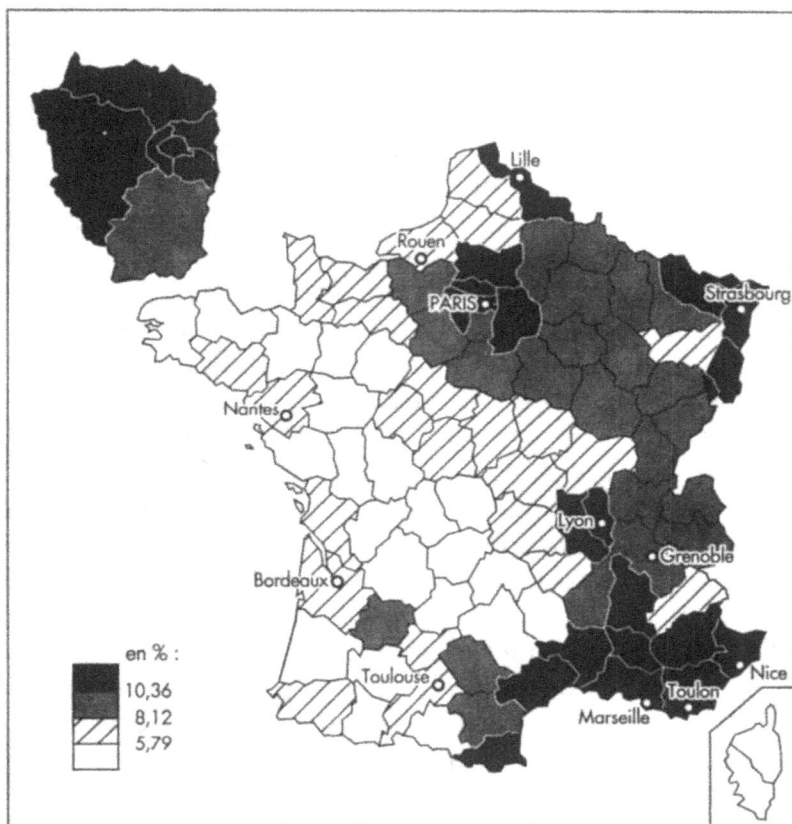

en % :
10,36
8,12
5,79

Carte 6 : Le Front national aux élections législatives de 1986.

syndicats sont en chute libre. Les grandes références de la culture politique française sont évanescentes. Pendant des décennies, celle-ci a été structurée à gauche autour d'un ensemble de valeurs égalitaires et de solidarité sociale et à droite autour du pôle des valeurs chrétiennes d'ordre et d'harmonie sociale. Ces deux cultures trouvaient un puissant relais dans ces grandes organisations qu'étaient le Parti communiste et l'Église catholique. L'une et l'autre sont entrées en crise. En perdant leur enracinement social, elles ont laissé vacant un espace politico-culturel dans lequel prospère l'extrême droite. D'autant plus qu'après des années de vie groupusculaire le FN s'est doté d'une véritable organisation. Il n'a plus de véritable concurrent à l'extrême droite : le PFN ne s'est pas remis de ses déboires électoraux du début des années 80 et des succès de son frère ennemi, certains de ses cadres se tournent vers le CNI, d'autres rallient le FN et le reste sombre dans l'extrémisme « national-révolutionnaire » où il rejoint le Parti nationaliste français (PNF) de Pierre Pauty, le Parti nationaliste français et européen (PNFE) de Claude Cornilleau, le Mouvement Travail Patrie ou encore le Parti des forces nationalistes. Alors qu'au début des années 80 le FN n'avait que quelques milliers de membres, il revendique 65 000 adhérents en 1986. Ce chiffre dépasse certainement la réalité de l'implantation militante mais il est évident que, depuis 1984, les effectifs du parti ont crû et qu'ils doivent atteindre les quelques dizaines de milliers, ce qui, à une époque où les partis ne recrutent plus, est une performance. Renforcé, le parti se structure : les organes centraux (bureau politique, comité central, congrès) existent plus que sur le papier ; Jean-Pierre Stirbois, promu secrétaire général en 1982, renforce l'autorité du centre national sur les organisations locales (fédérations et sections) ; des processus de « descente » de l'information et de la propagande se mettent en place ; documentation et argumentaires se développent ; la formation et les stages de militants s'organisent ; la fête des Bleu-Blanc-Rouge devient le rendez-vous annuel de la convivialité militante[21]. À la périphérie du parti s'étendent toute une série de réseaux qui cherchent à structurer une contre-société nationale-

---

21. *Cf.* G. BIRENBAUM, *op. cit.* (particulièrement la 2ᵉ partie : « Le système Le Pen »).

frontiste à l'image de celle que le PC avait pu créer dans les années d'après guerre : une organisation de jeunesse (le FNJ), une organisation d'anciens combattants (le Cercle national des combattants), une organisation de femmes (le Cercle national des femmes d'Europe), une organisation paysanne (le Cercle national des agriculteurs de France), de multiples organisations à vocation d'encadrement socio-professionnel (Entreprise moderne et Libertés, qui chapeaute une dizaine de cercles spécialisés dans des secteurs aussi divers que la banque, l'éducation nationale, la RATP, la santé, les transports aériens, la culture, les télécommunications ou encore les transports routiers). À ce premier réseau de satellites qui gravitent autour du parti, il faut ajouter nombre d'organisations de la mouvance catholique traditionaliste (Chrétienté-Solidarité, cercles d'amitié française, Alliance générale contre le racisme et pour le respect de l'identité française et chrétienne) et la presse « amie » (l'hebdomadaire traditionaliste, devenu quotidien en 1989, *Présent*, les hebdomadaires *National-Hebdo*, *Minute* et *Rivarol* et le mensuel *Le Choc du mois*). Fort d'un appareil, de relais dans la société française, le FN dispose d'un groupe de dix députés à l'Assemblée européenne de Strasbourg, de 35 députés au Palais-Bourbon, de plus d'une centaine de conseillers régionaux et de positions de pouvoir dans plusieurs régions. Si tant est qu'ils prennent le problème au sérieux, les grands partis hésitent quant à la stratégie à suivre : la droite classique croit que l'on peut refuser les alliances nationales tout en acceptant, ici et là, des alliances locales lorsque « nécessité fait loi », la gauche minoritaire pratique la démonologie et l'imprécation anti-raciste tout en s'apercevant, avec une certaine satisfaction, que la droite majoritaire en France a maintenant son talon d'Achille – le FN.

47

Turbulences internes

Dans l'immédiat, la droite classique compte sur le débauchage et l'étiolement de l'extrême droite. Certains événements semblent lui donner raison : à peine élus députés FN, Bruno Chauvierre et Yvon Briant démissionnent en condamnant l'opposition sans concession pratiquée par le FN vis-à-vis de la majorité RPR-UDF. Alors que, le 10 mai 1986, lors de la fête de Jeanne d'Arc, le président du FN dénonce la « collusion » Mitterrand-Chirac qui n'est « pas seulement un binôme institutionnel mais aussi un binôme politique », les dissidents du groupe parlementaire du FN veulent apporter « un appui constructif à l'apparition d'une véritable politique libérale pour la France ».

L'ambiguïté de la politique de « notabilisation » entreprise avant les législatives de 1986 éclate au grand jour. Le durcissement du FN et le surgissement épisodique de la « vraie nature » de Jean-Marie Le Pen dans une série de dérapages verbaux vont accentuer ces tendances centrifuges. En septembre 1987, interrogé à RTL sur les thèses des historiens révisionnistes, Jean-Marie Le Pen répond : « Je me pose un certain nombre de questions ; je ne dis pas que les chambres à gaz n'ont pas existé. Je n'ai pas pu moi-même en voir. Je n'ai pas étudié spécialement la question. Mais je crois que c'est un point de détail de l'histoire de la Seconde Guerre mondiale. » Cette affaire du « point de détail » est suivi de la démission d'Olivier d'Ormesson de la présidence du comité de soutien à la candidature de Jean-Marie Le Pen à la prochaine élection présidentielle. Dans les régions, les dissidences d'élus régionaux s'accélèrent, et le CNIP cherche à prospérer en devenant la structure d'appel de la droite classique vers l'extrême droite repentie. Mais ces entreprises de débauchage et de reconquête de l'extrême droite trouvent très vite leurs limites, et, engluée dans la cohabitation, la droite classique voit peu à peu le FN confisquer la fonction d'opposition à son profit. Indépendamment de la litanie sur l'immigration et l'insécurité, le thème du « FN seule et vraie opposition » devient l'un des axes centraux de la campagne présidentielle de Jean-Marie Le Pen qui déclare à Reims, en février 1988 : « Le trait commun de ces quatorze années de décadence française, c'est le socialisme, et le socialisme, c'est une sorte de sida politique, de sida mental... Dans ce style de maladie, il y a une phase mortelle proche de l'agonie, celle des "socialiques" et celle des socialo-positifs que sont le RPR et l'UDF, les uns et les autres ayant la même maladie. » La campagne d'affichage relaie ce thème du « seul outsider confronté aux vieux chevaux de retour » et apparaît sur les panneaux avec le texte suivant : « François ?... Jacques ?... Raymond ?... Merci, on a déjà donné !... Jean-Marie, président ! »

LE CŒUR DE L'HISTOIRE

La gauche et le FN

La gauche socialiste, en difficulté de 1986 à 1988, utilise le FN comme ferment de division des droites, dénonce les alliances pratiquées en province et participe à la campagne antiraciste. Au cœur de celle-ci, SOS-Racisme, créé en octobre 1984, joue un rôle central et fixe le *la*. Une gauche en pleine crise d'identité cherche dans l'antiracisme un moyen de combler son vide idéologique. Plutôt que de promouvoir une grande politique d'intégration des immigrés et particulièrement des jeunes beurs qui, depuis le début des années 80, ont manifesté leur souci de ne pas être exclus de la société, le PS s'aligne au départ sur un discours antiraciste vantant les charmes du « droit à la différence ». Au milieu des années 80, antiracisme différentialiste et néo-racisme différentialiste, par un pervers effet de miroir, vont se nourrir mutuellement. Comme l'écrit Pierre-André Taguieff, le racisme a connu des métamorphoses idéolo-giques, et le racisme que cherche à combattre le mouve-ment antiraciste s'est déplacé de la valorisation de l'« inégalité biologique » vers l'absolutisation de la « diffé-rence culturelle[22] ». Jean-Marie Le Pen et Harlem Désir font chacun l'éloge du droit à la différence : différence de la nation française pour le premier, différences des commu-nautés qui la composent pour le second. Dans ce face-à-face, la notion d'une nation française intégratrice, fondée sur le « droit à la ressemblance » et l'esprit universaliste de la Révolution, n'a plus cours. Face à la résurgence d'une conception ethnique de la nation, gauche et droite sont comme frappées d'aphasie. Le vieux modèle d'intégration autour du ralliement à la République est usé et n'a pas fait la preuve qu'il était capable d'éviter la déchirure et l'exclu-sion sociales. De nouvelles formes d'intégration politique et sociale doivent voir le jour. En attendant, le vieux thème de la nation française repliée sur l'Hexagone fait retour.

La convergence des protestations

Le parti d'extrême droite devient le confluent politique de toutes les protestations : c'est lui qui exerce le monopole

22. Pierre-André TAGUIEFF, *La Force du préjugé. Essai sur le racisme et ses doubles*, Paris, La Découverte, 1988.

de la fonction tribunitienne, laquelle consiste à exprimer et retraduire politiquement le malaise social. Malaise sociétal d'une France à deux vitesses où les protestations du petit et du moyen salariat rejoignent celles du monde indépendant, malaise identitaire de citoyens à la recherche de repères. Ces malaises, exploités et récupérés par une mythologie nationaliste qui leur donne sens et cohérence, créent une véritable dynamique de campagne à l'approche de l'élection présidentielle de 1988. Et pourtant l'élection présidentielle est d'ordinaire peu propice à l'expression électorale des courants extrémistes. Le 24 avril, avec plus de 4 300 000 voix et 14,4 % des suffrages exprimés, Jean-Marie Le Pen établit le record historique d'implantation électorale de l'extrême droite (*cf.* carte 7).

L'enjeu présidentiel élevé et la piètre image présidentielle du candidat n'ont pas empêché plus de 4 millions d'électeurs de déposer un bulletin au nom de Jean-Marie Le Pen dans l'urne. Cette exceptionnelle poussée lepéniste s'est produite selon certaines lignes de force géographiques et sociales.

L'extrême droite s'est partout renforcée, mais la poussée reste inégalement répartie dans l'espace national. La progression est forte en Picardie, dans l'Est, en Rhône-Alpes et dans le Var. Ces régions sont des zones d'implantation traditionnelle du FN depuis 1984 et appartiennent tous à cette France située à l'est d'une ligne Le Havre-Valence-Perpignan. Seuls, à l'ouest de cette ligne, quatre départements enregistrent une forte poussée de l'influence lepéniste : le Morbihan, où Jean-Marie Le Pen bénéficie de son statut « d'enfant du pays », le Lot-et-Garonne et le Tarn-et-Garonne situés dans cette vallée de la Garonne où la surenchère politique et un certain populisme enflamment épisodiquement les esprits, enfin la Haute-Loire, vieille terre de droite qui jouxte les bastions urbains du

51

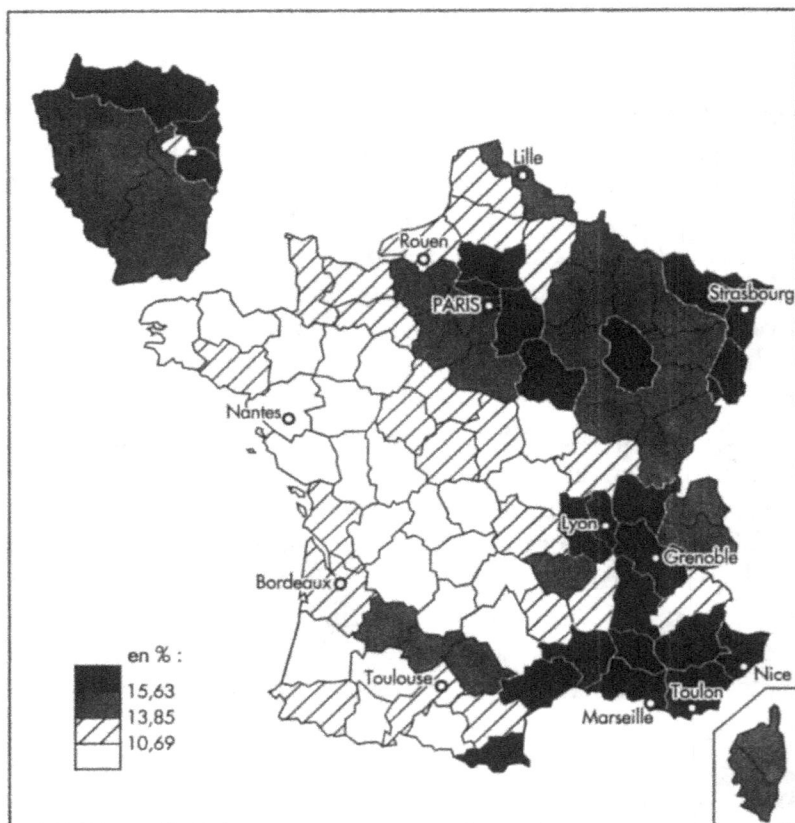

Carte 7 : Le vote Le Pen à l'élection présidentielle de 1988.

lepénisme que sont devenus les départements de la Loire et du Rhône. L'extrême droite puise sa substance électorale auprès de tous les courants politiques. Par rapport à 1986, elle progresse vigoureusement dans des fiefs communistes (Seine-Saint-Denis, Val-de-Marne), des terres socialistes et radicales (vallée de la Garonne) ou encore des pays de droite classique (les deux Savoies, l'Est alsacien et lorrain). Cette « vampirisation » des divers électorats traditionnels est également sensible au niveau social. Contrairement au poujadisme de 1956, enfermé dans son bastion de petits travailleurs en colère, ou du tixiérisme de 1965 replié sur un électorat de Pieds-Noirs et de quelques nostalgiques de la France coloniale, le lepénisme de 1988 plonge ses racines dans tous les milieux sociaux. Cependant, il atteint des sommets chez les patrons de l'industrie et du commerce (27 % selon un sondage postélectoral de la SOFRES) et chez les ouvriers (19 %). En 1988, Jean-Marie Le Pen a réalisé la synthèse du monde de la boutique et du monde de l'atelier, du poujadisme d'antan et de la protestation ouvrière.

Les inquiétudes urbaines permettent de comprendre le très haut niveau atteint par le président du FN dans des départements comme les Bouches-du-Rhône (26,40 %), les Alpes-Maritimes (24,24 %), le Gard (20,59 %), la Moselle (19,91 %), la Seine-Saint-Denis (19,81 %) ou encore le Rhône (18,03 %). Mais elles ne permettent pas d'épuiser la réalité du vote lepéniste dans des départements comme le Bas-Rhin (21,94 %), le Haut-Rhin (21,71 %), les Alpes-de-Haute-Provence (16,72 %), l'Ain (16,09 %) ou encore l'Yonne (15,73 %). Dans certains de ces départements où les couches moyennes traditionnelles sont encore nombreuses, la thématique antifiscale et anti-étatique du leader du FN a séduit un électorat de type poujadiste. D'ailleurs, dans les motivations de vote telles que les déclarent les électeurs de Jean-Marie Le Pen, le thème des impôts arrive juste après le tryptique immigration-insécurité-chômage (*cf.* sondage « sortie des bureaux de vote » réalisé par l'institut CSA le 24 avril 1988). En revanche, parmi les thèmes peu privilégiés par cet électorat figure celui de la construction de l'Europe. Cette réticence traduit non seulement une inquiétude à l'égard de l'échéance du grand marché unique de 1993 mais aussi la pérennité, ici et là, d'une vieille tradition nationaliste. Dans nombre de départements de l'Est

(Meuse, Vosges, Moselle, Bas-Rhin, Haut-Rhin) où un nationalisme cocardier a connu dans le passé quelques succès notoires (en 1919, les listes du Bloc national battirent des records dans ces départements), Jean-Marie Le Pen a récupéré une partie de l'héritage. Ce nationalisme, dans une tradition toute barrésienne, est un nationalisme de rétraction, recroquevillé sur l'Hexagone : la faible importance que les électeurs lepénistes accordent dans leurs motivations de vote au thème du « rôle de la France dans le monde » est, à cet égard, très significative. La récupération de cet héritage nationaliste s'est faite d'autant plus facilement que l'évolution libérale et européenne du mouvement gaulliste, forte dans la première moitié des années 80, le laissait en déshérence.

Les motivations qui amènent au vote Le Pen sont donc plurielles et attestent l'hétérogénéité politique des électeurs lepénistes. Celle-ci s'est exprimée dans leur choix de second tour puisque, si l'on en croit le sondage postélectoral de la SOFRES, 65 % de ceux-ci ont choisi de voter en faveur de Jacques Chirac, 19 % en faveur de François Mitterrand et 16 % se sont abstenus ou ont voté blanc ou nul. D'origines sociales très diversifiées, venus au vote Le Pen à partir de motivations diverses, les électeurs lepénistes font preuve d'une assez grande dispersion politique quand Jean-Marie Le Pen n'est plus présent dans la compétition électorale et qu'il présente, entre les deux tours, le choix entre Mitterrand et Chirac comme étant « un choix alternatif entre le pire et le mal ». Une droite légèrement majoritaire au premier tour (50,9 %) devient ainsi minoritaire au second tour (46 %). Jacques Chirac battu, Jean-Marie Le Pen constate que « la droite la plus bête du monde a assuré deux fois en sept ans le succès du candidat socialiste » et que la majorité RPR-UDF a perdu « en décrétant l'exclusion de la seule force d'avenir » qu'est le FN. La défaite de la droite permet au leader du FN de se présenter en seul et unique recours face à François Mitterrand. À la une de *National-Hebdo* du 12 mai 1988 figure le titre « Le Pen seul face à Mitterrand ».

Les contraintes du mode de scrutin majoritaire

Cette prétention à l'hégémonie sur les droites va cependant vite se briser sur la réalité du mode de scrutin majoritaire à deux tours réintroduit en novembre 1986 par le RPR et l'UDF pour les élections législatives[23]. Les formations de la droite classique bénéficient, contrairement au FN, d'un fort contingent de notables bien implantés dans leur circonscription. Une partie des électeurs de droite radicalisée qui s'étaient retournés vers Jean-Marie Le Pen à l'élection présidentielle reviennent à l'occasion des législatives vers le notable local. Ce réflexe est favorisé par la stratégie de candidature unique adoptée par le RPR et l'UDF. Le 17 mai, ces deux partis passent un accord au terme duquel « un candidat d'union sera présenté dans chaque circonscription sous le sigle de l'Union du rassemblement et du centre ». Dépité, le même jour, Jean-Marie Le Pen réplique : « La candidature unique me semble être une violation de la philosophie du scrutin à deux tours. [...] Partout où l'UDF et le RPR présenteront des candidatures uniques, ils prendront le plus grand risque de voir le candidat du FN se maintenir au second tour. » À cette menace de l'unité de la droite classique s'ajoute la forte hausse prévisible de l'abstention dans une élection qui suit de près

---

23. Pascal PERRINEAU, « Le FN et les élections : l'exception présidentielle et la règle législative », *Revue politique et parlementaire*, 396, juillet-aôut 1988, pp. 33-41.

55

une élection présidentielle considérée comme décisive. Le 5 juin, l'extrême droite rassemble 9,8 % des suffrages exprimés (*cf.* carte 8).

Le FN a été entamé par un « vote utile » en faveur des notables de la droite classique, par une « dénotabilisation » de ses candidats par rapport à 1986 et par le lâchage d'électeurs protestataires retournés à l'abstention. En effet, une

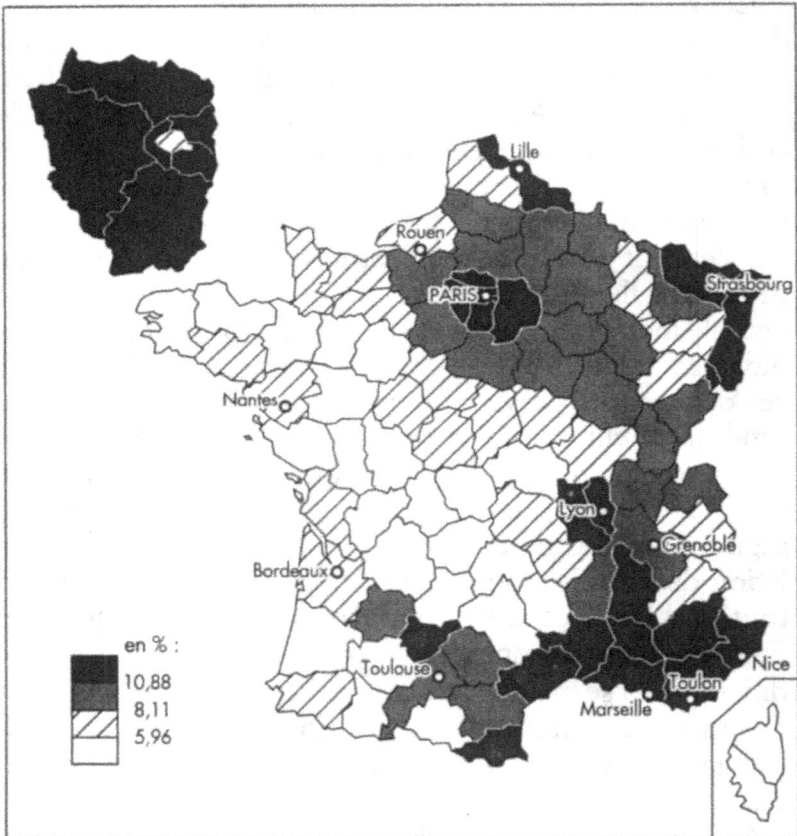

Carte 8 : L'extrême droite (FN plus divers extrême droite) aux élections législatives de 1988.

partie de l'électorat lepéniste protestataire lors de la présidentielle, venue de l'abstention, y est retournée à l'occasion des législatives. Chez certains électeurs, la rancœur vis-à-vis de la classe politique peut prendre successivement deux formes : le vote Le Pen à l'élection présidentielle puis l'abstention aux législatives. Il faut dire que nombre de candidats du FN sont des « obscurs et des sans-grade » et que, surpris par la précipitation des échéances législatives, le parti d'extrême droite a sélectionné des candidats au profil très militant. La « dénotabilisation » qui a commencé avec les départs de Bruno Chauvierre, d'Yvon Briant et d'Olivier d'Ormesson se poursuit avec l'éloignement de Guy Le Jaouen dans la Loire et le retour, à Paris, d'Édouard Frédéric-Dupont dans le giron de la droite classique. Entamé au premier tour, le FN ne peut pas peser comme il l'espérait au second. Alors que l'extrême droite arrivait, lors de l'élection présidentielle, en tête d'une droite éclatée dans 124 des 555 circonscriptions métropolitaines, ce n'est plus le cas, lors des législatives et face à un bloc RPR-UDF rassemblé, que dans 9 circonscriptions. Après avoir menacé le RPR et l'UDF de « faire élire dans chaque circonscription le candidat socialiste », Jean-Marie Le Pen change de discours d'autant plus facilement que la droite classique oublie ses engagements de ne passer aucun accord avec le FN. L'accord de désistement conclu entre Jean-Claude Gaudin et Jean-Marie Le Pen amène le retrait des candidats UDF et RPR au profit des candidats du FN dans 8 des 16 circonscriptions des Bouches-du-Rhône alors que celui-ci se retire au profit de la droite classique dans les 8 autres circonscriptions. La menace de maintien du FN n'est mise à exécution que dans 4 circonscriptions. Là où ils représentent la droite au second tour, les candidats du FN ne parviennent pas à mobiliser l'ensemble des électeurs de droite et perdent des circonscriptions où celle-ci était largement majoritaire au premier tour. Le seul succès est remporté par Yann Piat dans la 3ᵉ circonscription du Var. Le nombre de députés du FN a été ramené, par la grâce du mode de scrutin majoritaire à deux tours, de 35 à 1, et la formation d'extrême droite perd une bonne part de sa « visibilité » politique.

L'érosion et les crispations

À la fin de l'année 1988, de nombreux éléments semblent favoriser l'érosion du FN. Renvoyé dans une certaine marginalité, Jean-Marie Le Pen cherche à exister sur le mode du scandale : le 2 septembre, à la fin de l'université d'été de son parti, le leader du FN dénonce « Monsieur Durafour-crématoire ». L'unique député du FN, Yann Piat, parle de « plaisanterie de dortoir » et « d'ironie maladroite », François Bachelot se déclare « très profondément choqué » et Pascal Arrighi se désolidarise des propos de son chef. Ces trois esprits critiques ne tarderont pas à être exclus. Alors que la contestation monte dans le parti, la droite modérée en profite pour l'isoler davantage. Le 6 septembre, le bureau politique du RPR condamne « toute alliance nationale ou locale avec le Front national ». Fin septembre 1988, les élections cantonales sont mauvaises pour le FN.

Pour affronter les temps difficiles, le parti se réorganise. À côté du secrétariat général détenu par Jean-Pierre Stirbois, Jean-Marie Le Pen crée une délégation générale dirigée par Bruno Mégret. Alors que la première instance joue un rôle fondamental dans la structuration du parti et sa vie interne, la seconde est « l'instrument de la stratégie du nouveau souffle du FN » et prend en charge le discours et la stratégie politique. Avec la mort, en novembre 1988, de

Jean-Pierre Stirbois et son remplacement par Carl Lang, Bruno Mégret effectue une montée en puissance dans le parti et en devient, de fait, le numéro 2. Le parti, épuré de ses contestataires et restructuré, est en ordre de marche pour affronter les élections municipales de mars 1989[24].

La reconquête

Cependant ce type d'élections, organisées dans plus de 36 000 communes, exige un vivier considérable de candidats. Or le FN, parti jeune et extrémiste, a du mal à attirer des candidats sur ses listes, particulièrement dans les petites communes. Il a même recours aux petites annonces pour trouver des candidats. Il décide d'investir avant tout le terrain urbain et choisit de ne pas se compter dans l'immense majorité des communes moyennes et petites. Présentes dans 214 des 390 villes de plus de 20 000 habitants, les listes frontistes y rassemblent 10,1 % des suffrages exprimés. Par rapport aux municipales de 1983, la poussée est considérable (+ 9,6 %), mais elle reflète la quasi-absence de candidatures aux précédentes municipales. La réussite électorale est évidente dans les villes situées à l'est de la ligne Le Havre-Valence-Toulouse. À Dreux, Sevran, Mulhouse, Perpignan, Toulon, Antibes et Cagnes-sur-Mer, les listes du FN dépassent 20 % des suffrages exprimés. Il peut se maintenir au second tour dans 30 villes et 15 secteurs de Paris, Lyon et Marseille. Sa capacité de blocage n'est pas négligeable, et, le 15 mars, devant l'irréductibilité de l'UDF et du RPR, Jean-Marie Le Pen constate : « Les alliances que j'ai préconisées au RPR et à l'UDF ont

---

24. Pascal PERRINEAU, « Le Front national : les clefs de la défaite », *Revue politique et parlementaire*, 91 (940), avril 1989, pp. 19-24.

été repoussées et les électeurs du FN méprisés. » La consigne pour le second tour est frappée au coin de la vengeance : « S'ils vous méprisent, méprisez-les ! » Le FN se maintient partout où il a atteint la barre des 10 % des suffrages exprimés et appelle ailleurs à l'abstention.

L'extrême droite joue gros en entrant pour la première fois en conflit ouvert et généralisé avec la droite classique. Globalement, les listes du FN maintiennent peu ou prou leur score et même parfois l'accroissent : c'est le cas à Nice, Sevran, Perpignan ou Toulon. Dans de nombreuses villes, le maintien du FN contribue à l'échec des maires sortants de la droite classique : c'est le cas à Avignon, Strasbourg, Salon-de-Provence, Tourcoing et Maubeuge. L'extrême droite est une minorité de blocage. Seule, la formation extrémiste n'a pas de vocation majoritaire ; alliée, elle effraie suffisamment d'électeurs de la droite modérée pour la faire perdre. Ces élections de mars 1989 montrent que la réduction électorale de l'extrême droite reste un impératif pour la droite classique, mais que le chemin de la reconquête n'est qu'à peine dessiné. Quelques mois plus tard, lors du renouvellement électoral de l'Assemblée européenne de Strasbourg, la liste du FN, avec 11,8 % des suffrages exprimés, retrouve peu ou prou son niveau de 1984 (11 %). Cette identité de niveaux recouvre une identité de structures qui témoigne de l'implantation profonde du phénomène lepéniste (*cf.* carte 9).

Bastions et zones de faiblesse de 1984 se retrouvent en 1989. Cependant, on assiste à l'ébauche d'un mouvement de nationalisation de l'implantation géographique du FN. L'essentiel des départements où il augmente sensiblement ses scores par rapport à 1984 sont situés en Midi-Pyrénées, en Aquitaine et en Limousin. L'écart existant entre ses zones de force et ses terres de mission tend ainsi à diminuer. Ce mouvement de nationalisation géographique

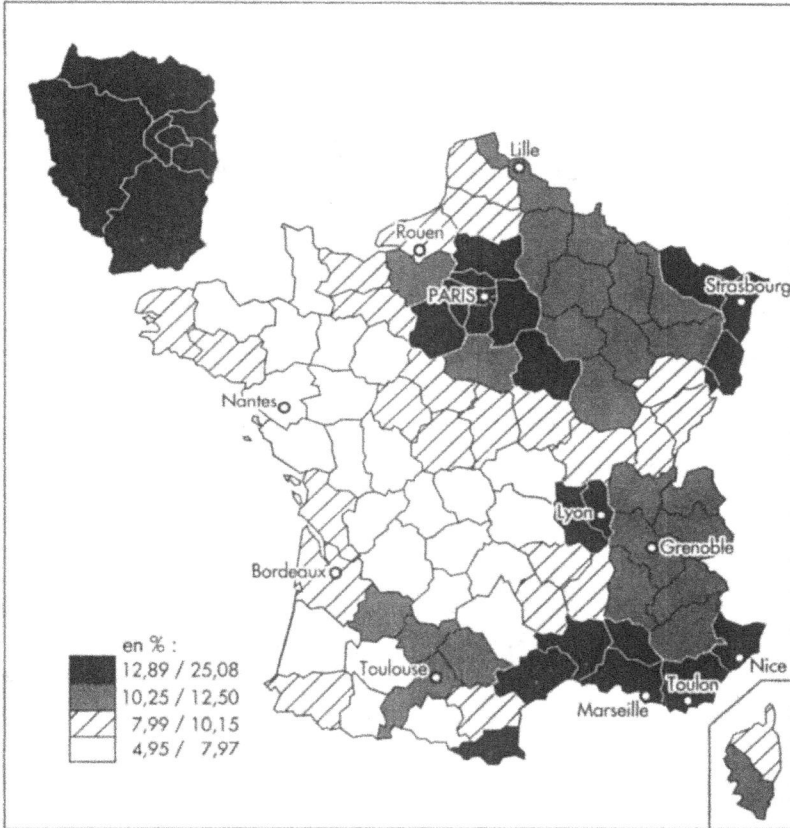

Carte 9 : La liste Front national aux élections européennes de 1989.

s'accompagne d'une relative homogénéisation sociologique de l'électorat. Certaines clientèles jusqu'alors réticentes (les femmes, les personnes âgées, les catholiques pratiquants) font davantage taire leurs préventions. Néammoins, par rapport aux espérances de son leader, qui comptait dépasser son score présidentiel (14,4 %), le FN, certes ancré dans la vie politique française, peut avoir l'impression de stagner. Surtout qu'après les élections européennes de juin 1989 s'ouvre une longue période sans élections.

Le retour du refoulé

Dès l'été 1989, le FN pallie la chute de tension électorale en multipliant les déclarations provocatrices. S'apprêtant à une « traversée du désert » de plus de deux ans, il se replie sur son appareil militant et sur le noyau dur de l'idéologie de l'extrême droite française : l'antisémitisme. En plein mois d'août, dans une interview au journal *Présent*, le président du FN dénonce le rôle « antinational » de « l'internationale juive » : « Ce n'est pas à des gens ayant votre formation politique que je vais apprendre quelles sont les forces qui visent à établir une idéologie mondialiste, réductrice, égalisatrice. Je pense à l'utilisation qui est faite des droits de l'homme de façon tout à fait erronée et abusive, mensongère : il y a la Maçonnerie. Je crois que la Trilatérale joue un rôle. Les grandes internationales, comme l'internationale juive, jouent un rôle non négligeable dans la création de cet esprit antinational. » Cette assimilation du juif, en compagnie de la Trilatérale et de la Franc-Maçonnerie, à « l'anti-France » continue l'analyse que Charles Maurras développait au début du siècle quand il dénonçait la « confiscation » de la réalité du pouvoir par les « quatre États confédérés » : les juifs, les métèques (c'est-à-dire les étrangers), les francs-maçons et les protestants. En septembre, l'antisémitisme euphémique de Jean-Marie Le Pen laisse place à l'antisémitisme sauvage et débridé du député européen du FN Claude Autant-Lara, qui déclare dans une interview : « Bon, alors quand on me parle de génocide, je dis : en tout cas, ils ont raté la mère Veil [...]. Je suis au FN car c'est malheureusement le seul parti qui fasse un peu de travail de défense de la France, de la francité et de la culture nationale [...]. La gauche actuelle étant dominée par la juiverie cinématographique internationale, par le cosmopolitisme et par l'internationalisme. [...] Quand on regarde les choses d'un peu près, on voit bien qu'on est bourré d'histoires, de mensonges... Auschwitz... Le génocide, on en sait trop rien. Le prétendu génocide... » Ce retour en force des vieux démons de l'extrême droite française provoque des remous : plusieurs cadres et élus quittent le parti, la popularité de Jean-Marie Le Pen et de sa formation connaît une forte érosion. Le FN court le risque de la marginalisation.

L'affaire du « foulard »

Et pourtant l'actualité va le réintroduire au cœur de la vie politique. À l'automne 1989, un débat national incroyable éclate autour des foulards islamiques qui couvrent la tête de trois élèves musulmanes d'un collège de Creil. Tous les partis traditionnels, les intellectuels, les autorités morales croient avoir affaire à une « vraie question » et se déchirent des semaines durant sur la nature de la « bonne réponse » à y apporter. La réponse, c'est le moins que l'on puisse dire, est confuse et c'est le leader du FN qui, sans hausser le ton, engrange les dividendes politiques de cette affaire. L'épisode du foulard a remis au centre du débat politique le thème d'élection de l'extrême droite : l'immigration et les problèmes d'intégration de celle-ci dans la communauté nationale. La dynamique du FN redémarre avec vigueur et, le 26 novembre, dans deux élections législatives partielles, à Marseille et à Dreux, les candidates du FN, Marie-Claude Roussel et Marie-France Stirbois, obtiennent 33,04 % et 42,49 % des suffrages exprimés. Présentes au second tour, la première est battue d'une courte tête (47,18 %) et la seconde est triomphalement élue avec 61,3 % des voix. Jean-Marie Le Pen exulte et demande la dissolution de l'Assemblée nationale et un référendum sur l'immigration. Le FN, qui a fait ses preuves en emportant un siège de député dans le cadre du mode de scrutin majoritaire à deux tours et sans alliance, se sent pousser des ailes. Les élections partielles locales montrent, dimanche après dimanche, un FN à la hausse. Pour Bruno Mégret, cette nouvelle situation inaugure une deuxième étape pour le FN.

DE LA PROTESTATION À LA CONQUÊTE DU POUVOIR ?

Le rêve de la conquête du pouvoir

Après la première période de l'émergence, de l'implantation et de l'enracinement du FN, s'ouvre une seconde période, celle de « la conquête progressive du pouvoir ». Dans un article de *Présent* du 9 mars 1990, il expose les quatre atouts du FN : les mutations idéologiques et politiques, qui voient la question économique et sociale – laquelle structurait la vie politique entre PC-PS et RPR-UDF – laisser la place au « vrai » clivage de l'identité nationale séparant « les partisans d'une société cosmopolite de ceux d'une France française » et oppose clairement le PS au FN, « le parti de l'étranger au parti de la France » ; la montée du sentiment national à l'est de l'Europe ; le mouvement d'immigration qui entrerait dans une phase de « colonisation à rebours » ; le déclin des partis de « l'Établissement ». Du 30 mars au 1er avril, les 1 600 délégués du FN se réunissent en congrès à Nice, afin d'affirmer leur « stratégie de prendre au plus vite les responsabilités du pouvoir dans notre pays afin d'engager la grande entreprise de renaissance sans laquelle la France peut disparaître ». Considérant qu'il n'y a plus d'espace politique entre le FN et le PS, la formation d'extrême droite veut entreprendre la conquête de l'hégémonie sur la droite française qui lui ouvrira, à terme, les portes du pouvoir.

L'analyse du FN semble rencontrer un écho immédiat dans la réalité politique et sociale. Il connaît un véritable envol de ses intentions de vote législatives : début mai, il est crédité, selon l'enquête BVA-*Paris-Match*, de 18 %. Au courant de fond qui s'inquiète de l'immigration et qui est sans cesse réactivé par les états généraux du RPR et de l'UDF sur l'immigration (30 mars-1er avril), par les débats sur le projet de loi Gayssot destinée à renforcer la répression des actes racistes, antisémites et xénophobes et par le projet d'une table ronde sur l'immigration lancé par le gouvernement Rocard s'ajoutent, en avril et mai 1990, le non-lieu accusateur rendu par la commission d'instruction de la Haute Cour de justice dans l'affaire Nucci puis la loi d'amnistie des délits politico-financiers. Le vieil antiparlementarisme de l'extrême droite a enfin trouvé des cibles à sa mesure. Il peut se réveiller et rencontre un large écho dans l'opinion publique. Dans un sondage Sofres-*Le Figaro* réalisé en mai 1990, 46 % des personnes interrogées déclarent que les dirigeants politiques de notre pays sont plutôt corrompus (contre 40 % qui les trouvent plutôt honnêtes). Cette opinion est surtout partagée par les sympathisants du FN (70 %), les jeunes et les ouvriers (56 %). On a bien l'impression qu'en cette première moitié de l'année 1990, à la protestation sociale qui nourrit continûment le FN se sont ajoutés les effets d'une logique politique, celle du rejet croissant d'un système politique entamé par les scandales financiers, les fausses factures et les vraies amnisties. La crise du politique a rejoint la crise de société. L'extrême droite est au pinacle.

Les épreuves de Carpentras et du Golfe

C'est alors qu'éclate l'affaire de Carpentras[25]. Dans la nuit du 8 au 9 mai 1990, le sinistre viol de sépultures du plus vieux cimetière juif de France entraîne une forte mobilisation antiraciste. Malgré ses protestations, le FN est emporté dans la tourmente. Accusé d'avoir créé un climat favorable à ce type d'actes antisémites, il est sanctionné, et la popularité du parti et de son leader s'effondre. Mais l'enquête s'enlisant et le traumatisme s'éloignant, la formation de Jean-Marie Le Pen reprend sa progression dès le début de l'été. Les événements même les plus « lourds » ne semblent qu'enrayer la progression du FN sans pouvoir la contrarier. Les événements et surtout leur souvenir passent, les effets structurels des crises sociales et politiques demeurent. L'érosion du FN consécutive à la prise de position, au début d'août 1990, de Jean-Marie Le Pen sur l'invasion du Koweit en est encore une preuve.

Dès le 10 août, le président du FN s'oppose à l'intervention armée de l'ONU contre l'Irak : « L'Irak n'a ni agressé ni menacé la France et ses alliés. Tandis que l'Irak puise ses sources historiques dans plusieurs millénaires, le Koweit ne puise son existence que dans les couloirs du Foreign Office, c'est un pays très artificiel. » Cette défense de l'Irak va susciter quelques remous à l'intérieur de l'appareil du FN et dans l'opinion publique. Mais dès l'automne 1990, le parti est de nouveau à la hausse. Ce rebondissement est d'autant moins surprenant que nombre d'éléments constitutifs du malaise social et politique non seulement perdurent mais s'aggravent.

Sur le terrain social, les émeutes urbaines de Vaulx-en-Velin et l'agitation endémique de nombreuses banlieues

---

25. *Cf.* Nicole LEIBOWITZ, *L'Affaire Carpentras*, Paris, Plon, 1997.

66

font découvrir, derrière le visage lisse de la France qui gagne, certains comportements erratiques d'une France qui perd. Sur le terrain politique, la crise s'approfondit. Le PS ne parvient pas à liquider les contentieux et les rancœurs du désastreux congrès de Rennes de mars 1990, la droite classique se déchire sur la procédure d'éventuelles élections primaires pour la prochaine élection présidentielle et voit s'éloigner ses rénovateurs (Michèle Barzach et Michel Noir). Les Français désespèrent du politique : 45 % considèrent que la démocratie ne fonctionne pas très bien ou pas bien du tout, 55 % disent qu'en règle générale les élus et les dirigeants politiques sont plutôt corrompus (*cf.* sondage SOFRES, novembre 1990). C'est dans l'électorat du FN que la protestation bat des records. La gestion électorale des désillusions politiques et des inquiétudes sociales est un fonds de commerce prospère. Quotidiennement, les dirigeants du FN dénoncent « les bandes ethniques », « la guerilla urbaine » et « la République des minables ». Fin octobre, dans *National-Hebdo*, François Brigneau considère que la Troisième Guerre mondiale ne viendra pas du Moyen-Orient mais de la révolte des « banlieues fétides » : « Est-ce à dire que la Troisième Guerre mondiale s'approche ? Ce n'est pas impossible. Les émeutes qui ont ravagé la région lyonnaise et les flambées de violence qui s'allument ici et là sont les signes avant-coureurs d'événements graves. [...] Ce ne sera pas la guerre classique que nous avons connue, avec soldats en uniforme, avions et chars. Ce sera la guérilla totale et permanente, l'insécurité organisée, les rues et les quartiers ouverts aux égorgeurs, les maisons abandonnées aux incendiaires, le combat par derrière, obscur, acharné, dans la nuit. [...] Il n'y a plus de respect, de politesse, de discipline. Le fleuve de boue humaine roule sur les salles de classe, sous les tilleuls de la cour et le préau... Il va rejoindre celui qui se prépare dans les banlieues fétides, déjà interdites aux hommes blancs. Gardez-vous, braves gens. La barbarie commence seulement. » Dans un contexte d'épuisement idéologique et de vacuité de la pensée politique, des citoyens déboussolés se laissent séduire par ce discours apocalyptique. Le FN instille peu à peu une certaine vision du monde opposant le valeureux clan des « nationaux » à l'obscur et manœuvrier camp des « cosmopolites ». Cosmopolites que la démonologie du FN débusque partout, dans le cadre national avec les immigrés et les différents « lobbies cosmopolites et droit-de-l'hommistes » dans les médias, la politique et la culture, sur le plan européen avec « la technocratie apatride » de Bruxelles, enfin au niveau mondial avec « les grandes internationales » et ce proto-gouvernement mondial que serait l'ONU. Le conflit du Golfe est l'occasion d'activer cette démonologie où une société onusienne « apatride », appuyée sur une armée américaine « cosmopolite » et manipulée par « l'internationale juive », s'attaque à une nation « historique et multiséculaire », l'Irak. Dans d'étonnantes « Réflexions sur l'armée américaine et ses buts de guerre dans le Golfe », Jean-Yves Le Gallou écrit dans *Présent* (10-11 septembre 1990) : « Si derrière la crise il y a les intérêts pétroliers anglo-saxons, il y a aussi les intérêts de l'État d'Israël. [...] Il y a dans la crise du Golfe la mise en œuvre d'un projet politique mondial. Ce que nous voyons se construire sous nos yeux est prodigieux. C'est la consécration provisoire de deux rêves : le gouvernement mondial et la fin de l'histoire. [...] Bras armé du gouvernement mondial, l'armée américaine est à l'image de ce gouvernement : cosmopolite, multiracial et à certains égards multiculturel. [...] Cette armée multiraciale d'un gouvernement mondial poursuit un objectif : la fin de l'histoire. [...] Je comprends la gêne que doivent éprouver, compte tenu de ce qu'ils sont, les Saoudiens au spectacle de l'armée américaine : une armée de Noirs, une armée de femmes, une armée d'hommes et de femmes qui boivent du Coca-Cola, une armée où les chrétiens pratiquent leur culte dans le pays de La Mecque, une armée où des juifs, pourtant interdits d'entrée en Arabie saoudite, sont présents, ne peut manquer de heurter en profondeur tout ce qui fait l'identité actuelle du régime saoudien. » Dans ce texte où s'exhale la haine de l'Autre, que celui-ci soit l'autre sexe, l'autre culture, l'autre race, on se trouve au cœur de l'immense machine à exclure qu'est le FN. Dans une France qui cherche à intégrer ses immigrés, à entrer de plain-pied dans l'Europe de 1993 et à participer à part entière à la société onusienne, le discours du FN ressuscite toute une série de vieux mythes politiques : celui de l'âge d'or d'une « France pure et homogène », celui de la conspiration de puissances occultes, celui du sauveur[26]. Ces mythes, quel que soit leur caractère réducteur, rencontrent un large écho dans la mesure où ils sont autant d'écrans sur lesquels certains groupes de citoyens projettent leurs angoisses collectives. Le contexte de la guerre du Golfe, qui se déclenche le 16 janvier 1991, permet d'attiser ces peurs. Deux jours après l'entrée en guerre, Bruno Mégret parle « de la cinquième colonne constituée d'une partie de la population immigrée » qui « a clairement fait savoir [...] qu'elle ne resterait pas inactive ».

La brièveté du conflit armé qui se termine, le 28 février 1991, sur une victoire des forces de l'ONU et le calme civique des immigrés musulmans en France ne permettent pas d'accorder crédit aux prédictions des Cassandre du FN. En avril 1991, la popularité du FN est au plus bas. Le vieux discours de la réaction ultra fait retour et la nostalgie

---

26. *Cf.* Raoul GIRARDET, *Mythes et mythologies politiques*, Paris, Le Seuil, 1986.

de l'avant 1789 parle haut et fort. Dans un article de *Présent* du 26 avril 1991, Yvan Blot dénonce la « gnose rationaliste révolutionnaire » en ces termes : « Avec la philosophie des Lumières et sa déification de la Raison, qui prit un aspect bénin mais chronique aux États-Unis et un aspect virulent en France avec la Révolution française et le jacobinisme, l'ennemi principal de l'orthodoxie, du respect du monde et de son ordre naturel est devenu la gnose rationaliste. [...] La gnose rationaliste a dominé l'Europe pendant un bicentenaire. Les variantes les plus radicales furent le jacobinisme de la Terreur et le bolchevisme soviétique. Depuis lors, le reflux du marxisme a provoqué un retour à la forme primitive de la gnose rationaliste, celle du cosmopolitisme de la fin du XVIIIe siècle. Ce n'est pas un hasard si un idéologue du mitterrandisme comme monsieur Robert Badinter se réclame de Condorcet et si monsieur Jack Lang fait l'éloge de l'abbé Grégoire. L'antiracisme totalitaire, qui a acquis le statut d'idéologie officielle du régime de démocratie confisquée dans lequel nous vivons, est une variante de ce rationalisme gnostique : pour cette doctrine, le racisme est le mal absolu. [...] C'est le grand mérite de Jean-Marie Le Pen d'offrir les conditions de cette grande alternance politique. Après deux siècles de domination des idéaux révolutionnaires, il est temps de retrouver le bon sens de l'orthodoxie tel qu'il a été cultivé par la pensée baroque, à l'époque du Grand Siècle français. » Dans son souvenir ému du « bon temps » prérévolutionnaire, le FN semble bien loin de l'actualité sociale et politique.

Le redémarrage

Cependant, comme toujours, la pérennité des problèmes sociaux et politiques qui nourrissent le FN ainsi que les erreurs tactiques de ses adversaires vont rapidement le remettre en selle. L'agitation endémique des banlieues redémarre et, fin mars, Sartrouville est le théâtre d'une véritable émeute. Les « affaires » qui secouent le monde politique ne cessent de rebondir et d'accentuer la crise de confiance entre les Français et leurs représentants. Enfin, les grandes forces politiques, toutes tendances confondues, remettent au cœur du débat politique le thème de l'immigration et font ainsi la courte échelle à un Jean-Marie Le Pen, qui avait du mal, après sa « parenthèse irakienne », à revenir dans le jeu. C'est le président du RPR et ancien Premier ministre, Jacques Chirac, qui inaugure la série, en parlant, le 19 juin à Orléans, de « l'overdose » d'immigration et en évoquant « le travailleur qui habite à la Goutte d'Or, qui travaille avec sa femme pour gagner environ 15 000 francs et qui voit, sur son palier d'HLM, une famille entassée avec le père, trois ou quatre épouses et une vingtaine de gosses, qui touche 50 000 francs de prestations sociales sans naturellement travailler. Si vous ajoutez à cela le bruit et l'odeur, le travailleur français, sur le palier, il devient fou ». Quelques semaines plus tard, le 8 juillet, c'est le nouveau Premier ministre socialiste, Édith Cresson, qui dénonce les « bavardages » de « la classe intellectualomédiatique » et parle de recours aux « charters » pour expulser les immigrés en situation irrégulière. Enfin, le 21 septembre, l'ancien président de la République, Valéry Giscard d'Estaing déplore, dans un long article au *Figaro-Magazine*, « l'invasion » de la France et propose le recours au « droit du sang » pour l'acquisition de la nationalité française. Les dirigeants du FN jubilent, et, en septembre, Bruno Mégret constate avec gourmandise que « c'est selon le champ de force créé par le FN que s'orientent toutes les particules de la vie politique. [...] C'est désormais le FN qui domine le débat public. [...] Certes, il ne s'agit encore que

71

d'une victoire idéologique, mais chacun sait que les victoires électorales sont toujours précédées par les points marqués sur le terrain des idées ». Cette analyse trouve un écho rapide dans l'opinion : l'enquête SOFRES-*Le Monde* d'octobre 1991 sur « l'image du FN auprès des Français » montre que l'influence des idées de Jean-Marie Le Pen n'a jamais été aussi forte. 32 % des personnes interrogées répondent qu'elles sont d'accord avec les idées défendues par Jean-Marie Le Pen ; elles n'étaient que 18 % en septembre 1990, 17 % en mai 1989, 16 % en décembre 1988.

Cette très importante poussée de l'influence idéologique est fortement sensible dans les couches populaires et chez les sympathisants du RPR (de 1988 à 1991, la poussée est de + 20 % chez les ouvriers, + 25 % chez les employés et + 25 % chez les proches du RPR). La pré-campagne des élections régionales et cantonales de mars 1992 s'ouvre sous « influence lepéniste ». Le FN sent qu'il a le vent en poupe et place très haut la barre de ses ambitions. Il s'agit pour lui de sortir de l'espace des 10-15 % des voix pour rentrer dans celui des 15-20 %, de rendre le RPR et l'UDF dépendants du FN pour la gestion des régions dont ils assurent la présidence, de conquérir la présidence de Provence-Alpes-Côte d'Azur et d'entrer en masse dans les conseils généraux. Au début de février 1992, Bruno Mégret s'emporte dans *Présent* : « Plus rien n'est figé, plus rien n'est stabilisé, tout est mouvant et donc tout est possible. » La campagne électorale tourne autour du FN, et le PS, à la recherche d'un moyen pour pallier son épuisement idéologique, renforce le mouvement en voulant réveiller les vieux réflexes antifascistes. La mobilisation idéologique autour du FN a suscité une contre-mobilisation d'ampleur, particulièrement dans la fraction la plus jeune et la plus radicale de l'électorat de gauche. Au soir des élections régionales du 22 mars 1992, les listes du FN rassemblent 13,7 % des suffrages contre 9,6 % six ans plus tôt. Jamais dans une élection locale le FN n'avait atteint un tel score. La formation d'extrême droite étend son influence à l'ensemble du territoire : les départements où il recueille moins de 10 % des suffrages exprimés ne sont plus que 29, ils étaient au nombre de 66 en 1986 (*cf.* carte 10).

Bien qu'il renforce son implantation électorale et qu'il « nationalise » son influence, le FN n'apparaît cependant

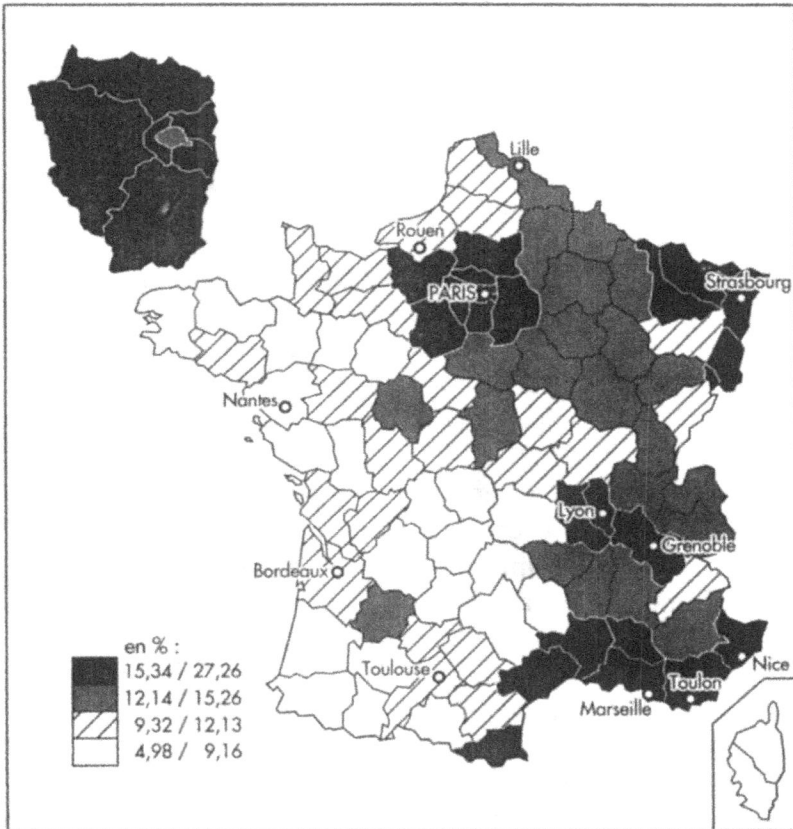

Carte 10 : Les listes Front national aux élections régionales de 1992.

73

pas comme un grand vainqueur de ces élections. Victime de ses ambitions, qui ont toutes été déçues, il ne parvient pas à dépasser le seuil des 15 % qui l'aurait fait rentrer dans la « cour des grands », le RPR et l'UDF se sont passés de lui pour garder les régions qu'ils contrôlaient et Jean-Marie Le Pen a échoué dans son entreprise de devenir la première force en Provence-Alpes-Côte d'Azur. Le FN et son leader sont victimes de leur manque de crédibilité. Deux Français sur trois considèrent que « le FN et Jean-Marie Le Pen sont un danger pour la France », trois sur quatre jugent que « le FN n'est pas capable de gouverner la France » ou encore ne souhaitent pas que « Jean-Marie Le Pen devienne ministre si la droite revient au pouvoir » (enquête SOFRES, octobre 1991). Le FN et son chef n'ont pas l'image d'un parti et d'un homme de pouvoir, et sont utilisés avant tout comme vecteurs de protestation. C'est le refus des autres forces politiques tout autant que l'adhésion à celle qu'ils ont choisie qui motivent les électeurs du FN : alors que 56 % des électeurs des régionales disent qu'en votant ils ont voulu « manifester leur adhésion à la liste qu'ils avaient choisie » (contre 36 % qui disent avoir voulu signifier « leur refus des autres listes »), ils ne sont plus que 45 % dans l'électorat du FN (contre 45 % dont la motivation essentielle est le refus des autres).

Quelques mois plus tard, noyé dans un hétéroclite « cartel des non » rassemblant extrême gauche, communistes, chevènementistes et minoritaires du RPR et de l'UDF, le FN ne peut récupérer le bénéfice politique de la dynamique du « non » à l'approbation du traité de Maastricht qui atteint presque la barre des 50 % des suffrages exprimés. Et pourtant l'apport de l'électorat lepéniste à la très bonne performance du « non » a été décisive : c'est l'électorat présidentiel de Jean-Marie Le Pen qui a fourni les plus gros contingents du « non », devant l'électorat de

74

Jacques Chirac. Dans une conférence de presse tenue le 4 novembre 1992, Bruno Mégret constate qu'après les dix années de traversée du désert et les dix années d'émergence s'ouvre pour le Front national « les dix années de conquête du pouvoir ». Les 5 et 6 novembre, le FN tient une convention nationale au cours de laquelle il substitue au programme très néo-libéral de 1985 « Pour la France » un programme protectionniste, anti-européen et aux accents sociaux, « Les 300 mesures pour la renaissance de la France[27] ». Le ton se durcit, le FN entame la campagne des législatives sur le thème « Seul contre tous ». Le 17 décembre, Jean-Yves Le Gallou précise dans *Présent* l'enjeu des législatives : « À l'intérieur de la classe politique RPR-UDF-PS-PC et dans ses relations avec la classe médiatique, il y a eu et il y a connivence sur l'immigration, connivence sur le Sida, connivence sur le chômage, connivence sur les affaires. [...] Par son discours sans concession, le Front national réintroduit d'abord les vrais sujets et les vrais enjeux dans le débat politique. Il réintroduit la voix du peuple dans la société de connivence qui tend à l'exclure. C'est l'opposition tribunitienne. Le Front national assure aussi la fonction d'opposition parlementaire, car depuis 1989 la vérité oblige à dire qu'un député et un seul, a eu une attitude cohérente d'opposition : Marie-France Stirbois. [...] Seul le Front national n'a pas participé à ce quadrille parlementaire, en s'opposant sans jamais faiblir sur les textes principaux de la dernière législature. »

---

27. Front national, *300 mesures pour la renaissance de la France, programme de gouvernement*, Paris, Éditions nationales, 1993. Ce programme succède à celui de 1985 : *Pour la France, programme du Front national*, Paris, Albatros, 1985.

L'isolement[28]

Aux législatives de mars 1993, malgré le score élevé de 12,4 % des suffrages, le FN ne pèse absolument pas dans la victoire de la droite classique qui est suffisamment puissante pour se passer de lui. Le Front national poursuit cependant son grignotage électoral et connaît une poussée de 2,7 points par rapport aux législatives de 1988. Son influence se diffuse dans l'espace national, et il enregistre une forte poussée dans le grand Bassin parisien, le Nord et l'Est lyonnais (*cf.* carte 11).

Le malaise urbain des grandes métropoles semble se diffuser bien au-delà des épicentres connaissant de graves problèmes d'insécurité. À cette extension de l'emprise géographique s'ajoute une diffusion sociale de l'influence électorale dans des couches traditionnelles inquiètes et se repliant sur du communautaire, qu'il soit national, local ou familial. Cette inquiétude identitaire recoupe celle d'une France populaire touchée par les accents populistes et anti-européens d'un FN dopé par l'étonnante performance électorale du « non » à Maastricht. Fort de son influence, le FN se maintient dans 100 circonscriptions au second tour mais n'obtient aucun élu, faute d'être inséré dans un système d'alliance. Il est plus que jamais une force solitaire. Le 26 mars 1993, dans un article de *Présent*, Jean Madiran parle de la rupture profonde entre FN et droite modérée : « Entre d'une part le mouvement national, et d'autre part une droite qui aujourd'hui se trouve accidentellement libéralo-gaulliste, la rupture actuelle aurait pu n'être qu'un épi-

---

28. Pascal PERRINEAU, « Le Front national : la force solitaire », pp. 137-159 dans HABERT (Philippe), PERRINEAU (Pascal), YSMAL (Colette), dir., *Le Vote sanction. Les élections législatives des 21 et 28 mars 1993*, Paris, DEP du *Figaro* et Presses de Sciences Po, 1993.

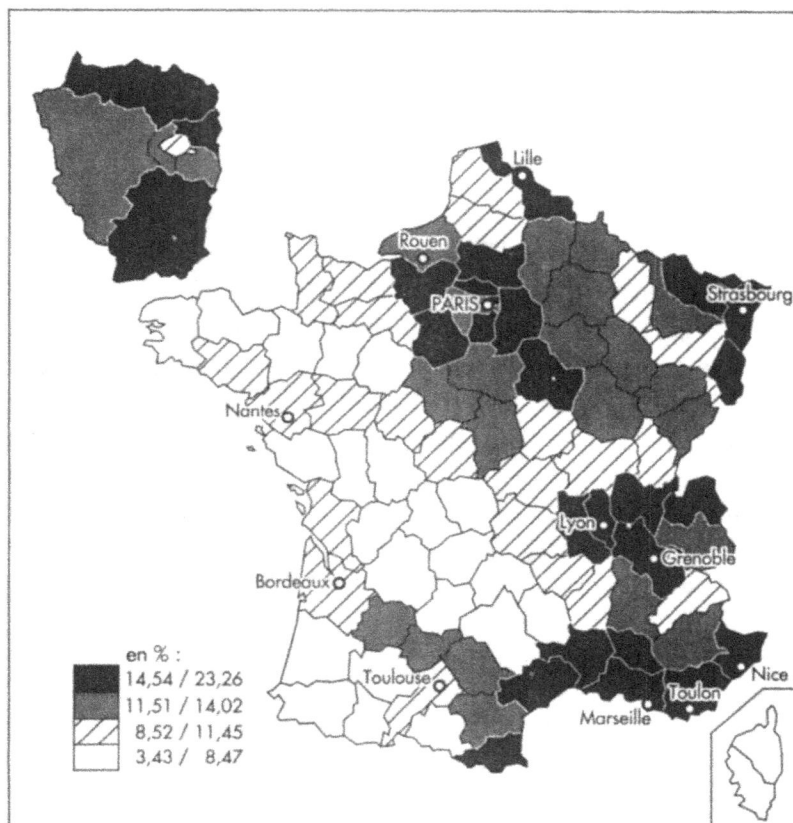

Carte 11 : Le Front national aux élections législatives de 1993.

sode tactique et passager : mais huit ans, cela commence à faire beaucoup de temps et de chemin en direction de l'irréparable et du définitif (dans la mesure où il en existe en politique). Sous l'influence des obédiences maçonniques, de la hiérarchie catholique et des institutions juives représentatives (CRIF, B'naï Brith), cette rupture va se creusant et s'approfondissant chaque jour davantage, réitérant quelque chose d'analogue à ce que fut l'excommunication de l'Action française de 1926 à 1939. En se renouvelant et en s'aggravant, une telle rupture finira par prendre une portée historique. »

Capable de fédérer des mécontentements en tout genre, le FN est cependant de plus en plus enfermé dans une protestation sans perspective de débouché de pouvoir si ce n'est celui qui viendrait à la suite d'un processus de rupture. Les leaders du FN parlent de « grande alternance », « d'alternance totale ». À la fête des Bleu-Blanc-Rouge des 25 et 26 septembre, Jean-Marie Le Pen s'en prend vivement à la politique menée par Édouard Balladur : « La politique de Chirac et de Balladur est de ne pas en faire. C'est de ne pas faire de peine aux socialistes, ni aux forces secrètes qui gouvernent plus ou moins notre pays. [...] En matière de crise, le pire est devant nous. Nous attendions des temps nouveaux. Par rapport aux socialistes, la situation s'est aggravée. Nous continuons à être traités comme des citoyens de demi-part, voire de dixième part. » Enfin, Bruno Mégret dénonce « la technique vicieuse de l'auto-opposition » selon laquelle Philippe Séguin et Philippe de Villiers s'adonnent « à la critique résolue de la politique gouvernementale tout en restant dans les rangs de la majorité ».

La concurrence dans l'espace du nationalisme

Depuis l'été 1992, une nouvelle situation s'est imposée dans l'espace du nationalisme de droite. À côté de Jean-Marie Le Pen s'est affirmé un nouveau trio émanant du RPR et de l'UDF : Charles Pasqua, Philippe Séguin et Philippe de Villiers. Au sein des droites, tout en rejetant tout accord avec l'extrême droite, la droite classique devient concurrentielle sur le terrain du nationalisme. Au 9e congrès du FN, qui se tient à Port-Marly du 4 au 6 février

1994, Jean-Marie Le Pen dramatise la question nationale :
« La politique des gouvernements socialistes et Union pour
la France a conduit à la ruine de notre pays pour mieux
intégrer les esclaves que nous serons devenus demain, dans
l'immense prison du mondialisme. [...] C'est donc bien une
guerre à mort qui s'est engagée entre les patries et les inter-
nationalistes. » Le 26 avril, le président du FN présente à
Oignies, au cœur du Pas-de-Calais populaire, la liste du FN
aux prochaines élections européennes, intitulée « Contre
l'Europe de Maastricht, allez la France ! » Il en profite
pour prononcer un vibrant plaidoyer nationaliste : « Nous
refusons de sacrifier les Français sur l'autel de l'utopie
européo-mondialiste, de laisser envahir notre territoire et
violer nos frontières, de laisser dilapider notre patrimoine
et mettre en péril notre sécurité publique ou sociale, de
laisser piéger le peuple français dans le grand magma mondialiste. [...] L'Europe n'est pas l'avenir de la France. » Le
succès remporté par la liste conduite par Philippe de Villiers (12,4 % s.e.) aux élections européennes de juin 1994
permet de mesurer l'ampleur de la concurrence entre
nationalismes[29]. Dans les milieux de la tradition (personnes
âgées, catholiques pratiquants), Philippe de Villiers
contient l'ébauche de diffusion du lepénisme sensible dans
ces milieux en 1993. Dix ans après son apparition électorale de 1984 (11,2 % s.e.), la liste du FN plafonne en 1994
à 10,5 % (*cf.* carte 12).

Soumise à la concurrence de la liste de Villiers qui capte
les tentations nationalistes d'une France bourgeoise et traditionnelle, la liste du FN est rabattue sur le noyau dur de

---

29. Pascal PERRINEAU, « L'élection européenne au miroir de l'Hexa-
gone », pp. 229-260 dans PERRINEAU (Pascal), YSMAL (Colette), dir., *Le
Vote des douze. Les élections européennes de juin 1994*, Paris, DEP du
Figaro/Presses de Sciences Po, 1995.

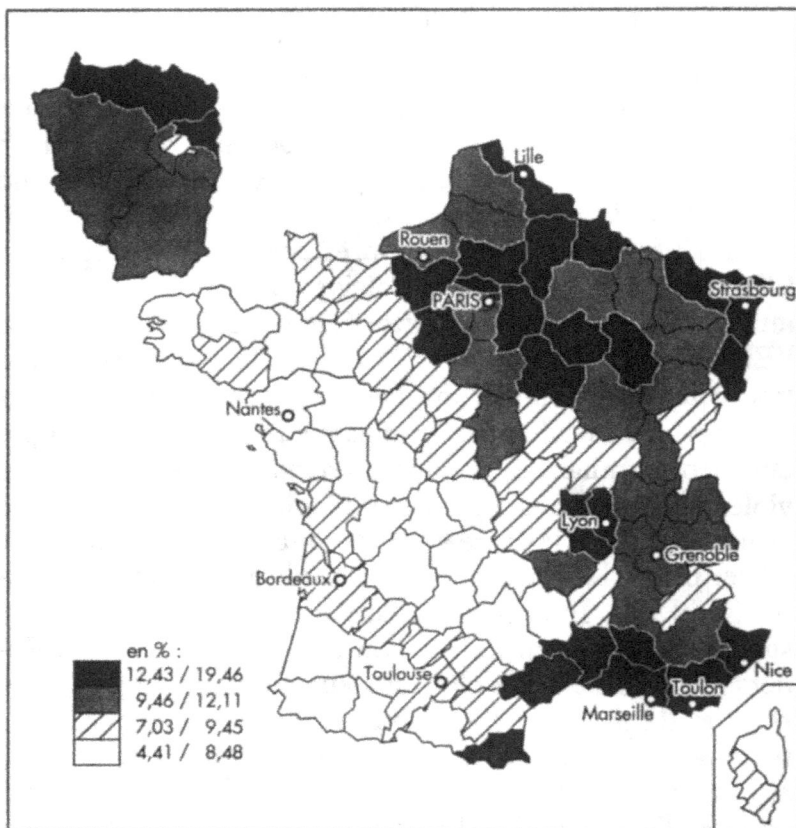

Carte 12 : La liste Front national aux élections européennes de 1994.

la protestation populaire : pour la première fois, Jean-Marie Le Pen dépasse 20 % des suffrages en milieu ouvrier. Bloqué sur sa droite, le FN va retrouver une dynamique sur sa gauche.

La dynamique gaucho-lepéniste

À l'issue des élections européennes, le FN est persuadé qu'il est en position pour capitaliser sur une ligne radicale les déçus en tout genre. Dans *National-Hebdo* des 16-22 juin 1994 est développée l'analyse selon laquelle « le FN n'est plus un parti protestataire, mais devient un rassemblement solidement implanté, dont le noyau dur varie entre 9 et 10 % des électeurs. [...] Demain les déçus du tapisme et les déçus du villiérisme viendront s'ajouter aux déçus du socialisme pour garnir les rangs du FN. [...] L'élection de dimanche ouvre une période pré-révolutionnaire ». En juillet 1994, le thème du « front populiste » est lancé à l'université d'été du Front national de la jeunesse. Jean-Marie Le Pen renchérit : « Pourquoi ne pas faire le front populiste si celui-ci devait sauver la France ? » Le dirigeant du FNJ, Samuel Maréchal, gendre de Jean-Marie Le Pen, développe l'analyse dans *Présent*, le 17 septembre : « Issu du peuple, en incarnant son essence la plus authentique, le Front national représente le mouvement national, social et populaire qui seul est à même d'assurer le redressement de notre pays. Le mouvement de Jean-Marie Le Pen n'est pas un parti politique, mais bien une force de rassemblement. Notre action ne vise pas à défendre les intérêts du peuple de gauche ou du peuple de droite, mais du peuple français. Les clivages à venir ne se feront pas sur ceux que nous connaissons aujourd'hui. La gauche et la droite sont à présent unies dans la même résignation, la même impuissance face aux problèmes du jour. Les dernières élections ont apporté la preuve qu'une grande partie de l'électorat refuse de soutenir les responsables politiques de cette crise avancée. Un nouveau clivage est né. Les forces contestataires du débat politicien sont devenues majoritaires. Ces électeurs ont ainsi démontré leur rejet de l'établissement. »

Le 18 septembre, Jean-Marie Le Pen déclare sa candidature à l'élection présidentielle. À l'approche de cette échéance décisive de 1995, l'isolement du FN est profond. Charles Pasqua, ministre de l'Intérieur, a légiféré avec fermeté sur les terrains de l'immigration et de l'insécurité ; Philippe de Villiers compte jouer les trouble-fête de l'élection présidentielle et enfin la campagne, obnubilée par l'affrontement Balladur-Chirac, passe sous silence le discours lepéniste. En dépit de cet ensemble de circonstances apparemment peu favorables, Jean-Marie Le Pen entreprend une campagne active où il développe les idées de la « préférence nationale », de l'immigration, de la corruption, de l'insécurité, du protectionnisme et de la famille. Ensemble de thèmes qu'il intègre dans le thème fédérateur de la nation menacée : « Je suis le seul candidat qui constitue une véritable alternative avec le peuple français s'il choisit une autre voie qui est celle de la nation. [...] Non, la nation n'est pas obsolète ; c'est un concept fort, moderne et vivant. La société a besoin de son encadrement que constituent la famille, la cité et le travail. [...] La nation est une âme vivante composée historiquement de ses morts tout au long des siècles, mais aussi de ceux à venir derrière nous et à qui nous avons le devoir sacré de remettre notre patrimoine » (discours du 12 mars 1995 à Nantes). « La suppression des frontières est une véritable trahison de la France. De son identité et de son histoire. Il est temps que les Français manifestent leur volonté d'être chez eux. Car, entre l'immigration et l'Europe, ils sont pris dans une double tenaille qui risque de les broyer » (discours du 3 avril 1995 à Aix-en-Provence). Au soir du 23 avril 1995, Jean-Marie Le Pen rassemble 15 % des suffrages et 11,4 % des inscrits (*cf.* carte 13).

Jamais le FN n'a atteint un tel niveau, confirmé quelques semaines plus tard aux élections municipales de juin où le parti de Jean-Marie Le Pen dépasse le seuil de 10 % dans 108 villes de plus de 30 000 habitants et remporte la victoire dans trois grandes villes du Sud : Marignane, Orange et Toulon.

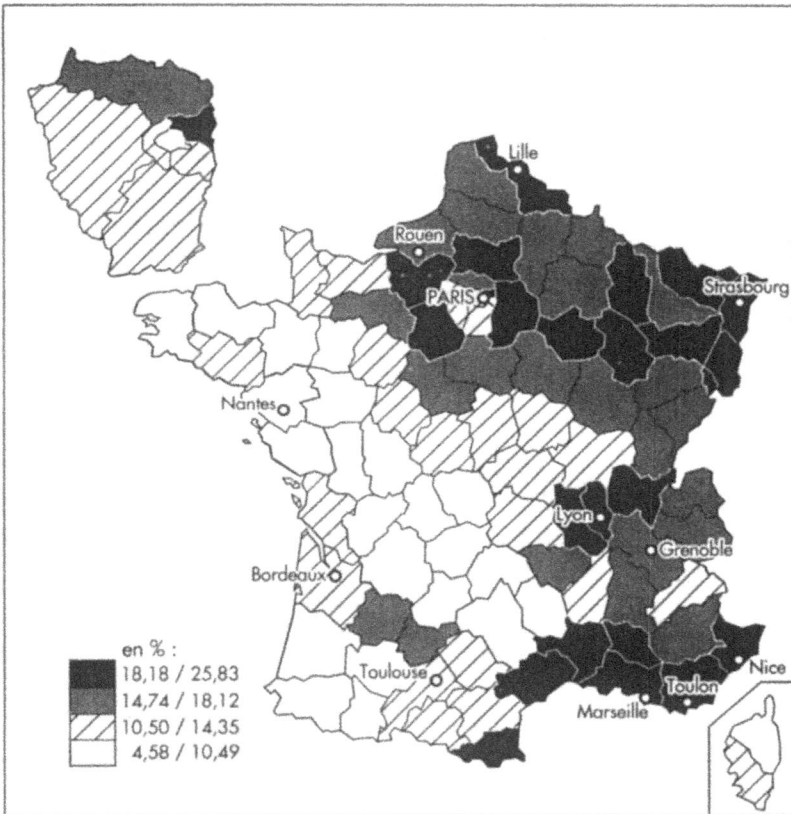

Carte 13 : Le vote Le Pen à l'élection présidentielle de 1995.

L'électorat connaît un double glissement d'ampleur[30]. Toute une France de la désespérance populaire utilise le vote Le Pen pour faire entendre son malaise : 30 % des ouvriers, 25 % des chômeurs, 18 % des employés ont voté

---

30. Pascal PERRINEAU, « La dynamique du vote Le Pen. Le poids du gaucho-lepénisme », pp. 243-261 dans PERRINEAU (Pascal), YSMAL (Colette) dir., *Le Vote de crise. L'élection présidentielle de 1995*, Paris, DEP du *Figaro*/Presses de Sciences Po, 1995.

Le Pen. Cette étonnante dynamique populaire s'exprime avant tout dans un électorat resté longtemps fidèle à la gauche. Ce sont les terres où l'érosion socialiste a été la plus forte depuis 1988 qui ont apporté le plus de nouveaux électeurs à Le Pen (*cf.* cartes 14 et 15).

Ce « gaucho-lepénisme » électoral accompagne et amplifie une évolution stratégique du parti à la recherche d'un « ressourcement social ».

La radicalisation

À la rentrée de 1995, Samuel Maréchal, dans un article de *National-Hebdo* (31 août-6 septembre), lance le mot d'ordre « Ni gauche ni droite : Français ! » : « Le FN n'est ni l'aile droite ni l'aile gauche, c'est l'oiseau. Les gouvernements successifs de droite comme de gauche sont coupables. Tous ont collaboré à la destruction de notre nation et ont spolié le peuple français de ses droits au profit de l'étranger. La droite et la gauche c'est blanc-benêt et benêt de nuit. Ces sociaux-démocrates, comme ils aiment à se définir, faussent délibérément le jeu par le Front républicain et la création de la pseudo-préférence démocratique. Le clivage gauche-droite est un leurre, mais ils savent que cela leur permet d'assurer leur réélection et donc leur rente ripoublicaine. Après eux le déluge. Les Français ne sont pas dupes. Comme le confirment les études électorales, un nouveau clivage apparaît. Forts du soutien grandissant d'électeurs d'origines sociales et politiques diverses, nous proclamons aujourd'hui : Ni droite, ni gauche, Français ! » À l'université d'été du FN à Toulon, début septembre, Jean-Marie Le Pen présente son parti comme « l'alternative du système » : « Il faut se préparer à l'alternance du système. Nous sommes dans une position qui justifie le slogan

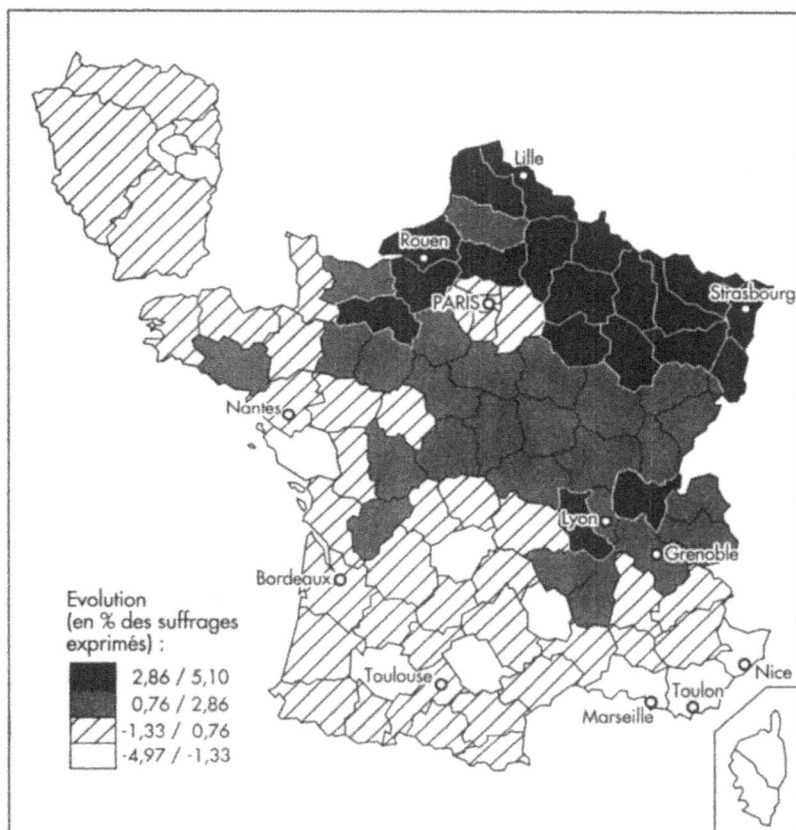

Carte 14 : L'évolution électorale de Jean-Marie Le Pen du premier tour de l'élection présidentielle de 1988 au premier tour de l'élection de 1995 (% suff. exp.).

Ni droite ni gauche de l'université d'été du Front national de la jeunesse. » Le terrain politique est prêt pour une radicalisation qui va se développer sur les trois niveaux stratégique, social et syndical.

La stratégie du FN, qui se voulait avant tout légaliste, laisse de plus en plus de place aux scénarios de la révolte, de l'insurrection ou de la révolution. Le 22 mars 1996, dans

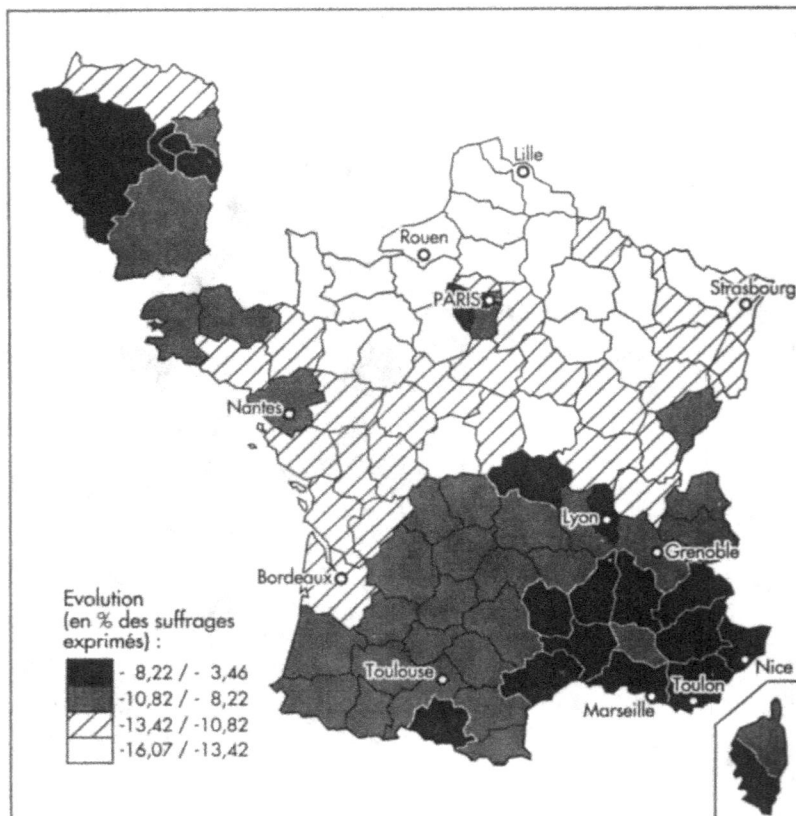

Carte 15 : Évolution de l'électorat Jospin (23 avril 1995) par rapport à celui de Mitterrand (24 avril 1988).

un entretien accordé au quotidien *Sud-Ouest*, Jean-Marie Le Pen, qui vient d'appeller ses électeurs à faire « battre les candidats de la majorité » dans « toutes les élections partielles », déclare à propos du « sursaut nécessaire du peuple français » : « Nous nous battons pour que ce sursaut se manifeste de la manière la plus pacifique possible, à travers les élections. Mais si les structures de l'Etat ne permettent plus l'expression de la volonté réelle du peuple, il

appartient alors à celui-ci d'invoquer le droit à l'insurrection, prévu dans le préambule de la Constitution. »
Quelques mois plus tard, le 14 septembre, il appelle les
cadres du FNJ à se préparer à la « révolution » car, « à un
moment donné, les structures vermoulues de notre système
vont s'écrouler ».

Sur le plan social, le discours et la pratique du FN vont
prendre une tournure de plus en plus socialisante. Lors du
mouvement de novembre-décembre 1995, Jean-Marie Le
Pen soutient le mouvement « pour des raisons politiques ».
Le 20 décembre, il déclare sur France-Inter : « La crise
sociale n'a été qu'un des aspects d'une crise morale, d'une
crise de confiance de la nation dans ses classes
dirigeantes [...]. Ce qu'ont senti instinctivement les différentes catégories sociales, c'est Maastricht [...], c'est le
libre-échangisme, c'est la suppression des frontières, c'est
la mondialisation de l'économie. » Quelques semaines plus
tard, dans une interview au journal *Le Monde*, le délégué
général du FN, Bruno Mégret, précise que « le FN entend
soutenir les mouvements sociaux dans une démarche réno-
vée » et revient sur le mouvement de novembre-décembre :
« C'est globalement le monde du travail qui s'est manifesté
pour exprimer son inquiétude face à la déstabilisation de
notre société et de notre économie, liée à la mondialisation
et à Maastricht. Ce n'est pas un hasard si la carte des plus
grandes manifestations correspond à la carte du non à
Maastricht. Nous avons parfaitement compris et soutenu
ce courant de mécontentement, mais il n'était pas question
pour nous d'intervenir dans le débat artificiel qui a été
plaqué sur ce mouvement. Le Front national entend développer un programme social. » Les leaders du FN épousent
ainsi les sentiments de leur base. Dans un sondage réalisé
par l'institut CSA pour *La Vie*, 65 % des électeurs lepénistes (contre 57 % dans l'ensemble de l'électorat) décla-

rent s'être sentis assez ou très proches des grévistes durant le mouvement social dans les services publics et le sommet social du 21 décembre 1995. Lors du défilé du 1er mai 1996, entouré de banderoles et de calicots sur lesquels sont écrits « Défendons le service public ! », « Le SMIC à 7 000 francs ! » ou encore « Le social, c'est le Front national ! », le président du FN salue les « travailleurs » et les « syndicats » qui en d'autres temps ont lutté pour « plus de justice, plus de sécurité, plus de liberté dans le travail ».

Les déclarations sont suivies d'actes, et, le 16 octobre 1996, les ouvriers de l'usine Moulinex à Mamers dans la Sarthe, menacés de licenciements par restructuration, ont la surprise de découvrir Bruno Mégret et des militants du FN à la sortie du travail en train de distribuer des tracts dénonçant le mondialisme, « le bradage et la délocalisation de l'appareil industriel ». Dans un colloque des 14 et 15 décembre 1996, Jean-Marie Le Pen et Bruno Mégret déclarent opter pour « une troisième voie » qui ne relève « ni du socialisme ni du capitalisme ». Ils condamnent le « libre-échangisme mondial », préconisent des droits de douane à l'importation de 10 %, demandent la sortie de la France de l'euro et l'abandon de tout projet de monnaie unique, proposent le SMIC à 7 000 francs, le maintien de la Sécurité sociale et notamment d'un régime de retraite par répartition ainsi que d'un service public dans les transports.

Fort de ce vigoureux discours social, le FN entreprend de tisser un réseau d'organisations syndicales qui jusqu'alors n'a pas été le point fort de l'extrême droite française. Au-delà des métiers de l'ordre – police, gardiens de prison –, où le FN crée deux syndicats en novembre 1995 (FN-Police) et décembre 1996 (FN-Pénitentiaire), le parti s'intéresse à des milieux sociaux qui pendant longtemps sont restés éloignés de ses thèses : les salariés du secteur des transports (FN-RATP en mars 1996, FNTCL, dans l'agglomération lyonnaise, en avril), les enseignants (le Mouvement pour un enseignement national en octobre 1995), les postiers (Front national de la Poste en octobre 1996), les syndiqués (le Cercle national des travailleurs syndiqués créé en juin 1996 et qui a vocation à regrouper les syndicalistes directement rattachés au FN ou bien militant dans d'autres organisations syndicales ou locales), les exclus sociaux (l'Institut consultant d'aide et de formation sociale est créé en juin 1996 pour former les bénévoles de Fraternité française qui accueillent les personnes défavorisées) ou encore les locataires HLM (le FN-Locataires créé en 1996 à l'approche des élections de mai-juin pour les représentants de locataires dans les conseils d'administration des organismes HLM publics et privés). Ces divers relais syndicaux ne se contentent pas partout de faire de la simple figuration. En décembre 1995, le FN-Police totalise 7,4 % des voix dans les élections professionnelles. En mai-juin 1996, le FN-Locataires, lorsqu'il obtient des sièges, arrive souvent en seconde position derrière la Confédération nationale du logement (CNL).

Cet élargissement de la base du FN, de sa stratégie et des racines qu'il tente de développer dans la société française inquiète surtout après une rentrée de septembre 1996 où, comme bien souvent, Jean-Marie Le Pen multiplie les provocations pour revenir au cœur de l'actualité politique. Le 30 août, interrogé à l'issue de l'université d'été de son parti à La Grande-Motte, il répond à une question relative à des propos de Bruno Mégret sur « la supériorité de la civilisation française » : « On a été jusqu'à parler de l'absurde égalité des races, et si maintenant, en plus, il y a l'égalité des civilisations, je ne sais pas jusqu'où nous ne descendrons pas. [...] Oui, je crois à l'inégalité des races, oui, bien sûr, c'est évident. Toute l'histoire le démontre. » Ces propos sont repris le 9 septembre dans une interview à Europe-1.

Médias, monde politique et société civile s'émeuvent. Le garde des Sceaux prévoit de faire adopter par le Parlement un projet de loi anti-raciste élargissant la définition du délit raciste, le Premier ministre accuse Jean-Marie Le Pen d'être « raciste, antisémite et xénophobe », les partis de gauche créent un Comité national de vigilance contre l'extrême droite. Le président du FN saisit la balle au bond dans son discours du 29 septembre à la fête Bleu-Blanc-Rouge et menace, vitupère : « Réfléchissez bien avant de nous déclarer la guerre, car si vous la déclarez, vous l'aurez et vous en serez le seul responsable ! [...] Votre système est un système mafieux... Aussi je prends l'engagement solennel devant le peuple français que, quand nous serons au pouvoir, tous ces malfrats, tous ces escrocs, tous ces bandits devront non seulement rendre compte mais rendre gorge. »

Dans des élections partielles, le FN en dépit de toutes ces frasques, continue à bien se porter même si seul, au second tour, face à la gauche (dans la législative partielle de Gardanne en octobre), ou à la droite (dans la municipale partielle de Dreux en novembre), il est battu avec respectivement 39,7 % et 39,4 % des suffrages. Fort, il ne parvient cependant pas à acquérir une vocation majoritaire à lui seul. Cette « règle », qui a déjà connu quelques exceptions dans le passé (en novembre 1989 dans la circonscription de Dreux et dans le canton de Salon-de-Provence), va être sévèrement démentie en février 1997 lors de l'élection municipale partielle de Vitrolles.

L'effet Vitrolles

Dans cette ville de 40 000 habitants du sud de la France se concentrent plusieurs facteurs favorables au Front natio-

nal. Vitrolles est le symbole même d'un mode d'urbanisation à la française qui a fait beaucoup de ravages dans les
années 60 et 70. C'est dans ces années que débute l'aventure urbaine de ce paisible petit bourg provencal rassemblé
autour de son piton rocheux. Avec ses 5 000 habitants en
1968, Vitrolles mène une vie paisible entre la garrigue qui
s'étend sur le plateau et les rives de l'étang de Berre. Mais
nous sommes au cœur des « Trente Glorieuses », l'agglomération marseillaise a besoin de s'étendre, l'État a décidé
en 1962 de créer une ville nouvelle autour de Marseille, les
activités du pôle industriel de Fos montent en puissance et
il faut des logements pour accueillir les nouveaux bras et les
nouvelles têtes de ce projet ambitieux. Comme souvent
dans ces années, les projets urbains sont marqués au coin
du volontarisme étatique et d'un certain gigantisme. Un
établissement public est mis en place en 1973 (Établissement public d'aménagement des rives de l'étang de Berre
ou EPAREB), des ambitions pharaoniques sont affichées :
le but est d'atteindre les 200 000 habitants avec une extension en tache d'huile, des rives de l'étang au plateau qui
surplombe la commune. Les projets seront revus en baisse,
mais néanmoins, en 1995, la commune atteint presque les
40 000 habitants, soit une multiplication par huit de ses
effectifs en à peine trente ans. C'est ainsi Vitrolles qui a
connu la croissance urbaine la plus explosive parmi les
communes du pôle d'urbanisation autour de Fos-Étang de
Berre. Ce développement urbain s'est fait de manière tout
à fait anarchique. Le vieux village a été largement ignoré et
est peu à peu devenu un décor qui n'est plus porteur de
l'identité locale, un centre artificiel et sans âme a été créé
ex nihilo au milieu de logements collectifs de médiocre
qualité, l'urbanisation s'est éclatée sur une dizaine de sites
dispersés sur 3 700 hectares et un territoire communal de
plus de dix kilomètres de long, l'espace communal a été

peu à peu mité par l'implantation incohérente de grandes surfaces commerciales et de zones d'activités, enfin le tissu urbain est déchiré en son cœur par une triple barrière constituée par la voie ferrée, l'autoroute et la nationale 113. L'échec d'un projet urbain associé à la montée du chômage (22 % de la population active fin 1994), à la prolétarisation (les ouvriers, les employés et la maîtrise constituent 68 % de la population active contre 58 % dans l'ensemble des villes nouvelles), à l'implantation d'une forte population d'origine immigrée et au développement de l'insécurité ont préparé le terrain de la réussite du Front national. Parachuté en 1992, Bruno Mégret a entrepris un véritable travail d'implantation militante qui permit au FN de dépasser, pour la première fois au second tour de l'élection législative de 1993, la barre des 50 % sur la ville de Vitrolles.

Quelques années plus tard, la mise en examen du maire socialiste de Vitrolles et l'annulation de l'élection municipale de 1995 vont parachever la situation et permettre la victoire du FN. Avec 46,7 % au premier tour et 52,5 % au second, la liste du FN dirigée par Catherine Mégret (son mari ayant été déclaré inéligible le 18 décembre 1996) fit la preuve que le FN pouvait l'emporter dans un duel l'opposant à toutes les autres forces politiques (alors que les victoires, en juin 1995, de Toulon, Orange et Marignane avaient été acquises dans des triangulaires, à la majorité relative). Le choc fut de taille : deux jours après la victoire du FN, un groupe de cinéastes et d'écrivains lancent un appel à la désobéissance civile contre les lois sur l'immigration et particulièrement le projet de loi du ministre de l'Intérieur, Jean-Louis Debré, qui prévoit l'obligation faite à tous ceux qui accueillent un visiteur étranger de signaler à la mairie son départ. Le mouvement de mobilisation s'amplifie, débouche sur des manifestations à Paris et en province, le 22 février, et s'élargit à une protestation civique contre le FN qui se prépare à tenir son congrés à Strasbourg. Le gouvernement recule sur le projet de loi Debré : toute la vie politique semble de nouveau tourner autour de la question du FN. Celui-ci jette de l'huile sur le feu : fin février, le nouveau maire de Vitrolles, Catherine Mégret, déclare à la *Berliner Zeitung* qu'elle croit « aux différences entre les races » et s'en prend aux immigrés directement associés à la délinquance et à l'abus de prestations sociales ; début mars, sont publiés dans un livre de Nicolas Domenach et Maurice Szafran des propos de Jean-Marie Le Pen affirmant que Jacques Chirac est « tenu » par les organisations juives ; enfin, le 12 mars, le FN tente de s'installer de façon déguisée au Salon du livre à la porte de Versailles. La presse s'interroge : « Où s'arrêtera le Front national ? » Les partis s'alarment : le RPR et le PS présentent leurs premiers travaux de fond sur le FN et les moyens de le combattre (rapport Delalande au RPR et rapport Le Gall au PS). La gauche envisage de pratiquer la candidature unique dès le premier tour des législatives là où le FN a des chances d'avoir un élu. Le président de la République dénonce « les forces de haine » et précise aux représentants de la communauté juive qu'il reçoit le 2 mars : « Le racisme sous toutes ses formes me trouvera toujours en travers de sa route. » L'atmosphère est à la passion, et tout le mois de mars est scandé par la mobilisation des partis, syndicats, associations, autorités religieuses et intellectuelles qui préparent la grande manifestation du 30 mars contre le 10ᵉ congrés du FN qui doit se tenir à Strasbourg du 29 au 31. La mobilisation semble rencontrer un écho : 50 000 manifestants défilent à Strasbourg, une enquête SOFRES-*Le Monde*, publiée le 20 mars, montre que 75 % des Français interrogés considèrent que le FN « représente un danger pour la démocratie » – depuis que l'enquête existe (octobre 1983), c'est le plus fort pourcentage jamais enregistré. Cependant, comme souvent lorsqu'il s'agit du FN, après l'extrême pré-occupation, c'est le lâche soulagement qui va prévaloir. La dissolution surprise de l'Assemblée nationale, annoncée, le 21 avril, par le président de la République fait subitement disparaître la question du Front national de l'agenda politique.

Le retour électoral du FN : le défaiseur de majorité

Toute la campagne des législatives s'articule pendant cinq semaines autour de l'exégèse des raisons de la disso-lution et de son bien-fondé, de la nature du contenu éco-nomique et politique à donner au « nouvel élan » que Jacques Chirac appelle de ses vœux, de la place et de l'ave-nir d'Alain Juppé et enfin de la capacité de la gauche à refaire un handicap électoral qui semble important. La question du FN et de sa capacité à « brouiller les cartes » disparaît aux oubliettes et ne reviendra au cœur du débat que dans l'entre-deux-tours. Le 25 mai, au soir du premier tour, le FN, avec 14,9 % des suffrages exprimés, réalise son meilleur score législatif. Depuis la fin des années 80, la pro-gression est constante : 9,7 % en 1988, 12,4 % en 1993, 14,9 % en 1997. Le record d'influence électorale du FN atteint par Jean-Marie Le Pen à l'élection présidentielle de 1995 (15 %) est presque atteint. Le FN en tant que parti et réseau de candidats (souvent élus locaux), dans un contexte de campagne où il n'a pas été – loin s'en faut – au cœur du débat, peut faire aussi bien que son chef dans une élection présidentielle. C'est une nouveauté. Entre une gauche qui rassemble, avec ses alliés Verts, 43,4 % des suf-frages et une droite modérée qui en capte 36,5 %, l'électo-rat du FN est en position clef. Avec le FN, les droites en France sont largement majoritaires (51,5 %) par rapport à une gauche qui est en voie de reconstitution électorale mais qui reste très en deçà de ses niveaux des années 80 où elle oscillait, avec les écologistes, entre 45,3 (en 1986) et 56,7 % (en 1981). L'avenir de la droite dépend plus que jamais du FN. La gauche est très proche de son niveau de 1986 où elle avait perdu, et la droite oscille entre ses niveaux de 1988 (50,4 %) et de 1986 (54,6 %), mais, alors que le FN représentait 18 à 20 % du total des droites dans les élections législatives des années 80, il en rassemble aujourd'hui 30 % (*cf.* tableau 2). Presque un électeur sur trois des droites a voté en sa faveur.

L'hétérogénéité et les clivages internes à la droite sont de plus en plus lourds. Le FN peut se maintenir dans 133 circonscriptions et le fera dans 132 (contre 13 en 1988 et 100 en 1993). Il gèle ainsi un électorat considérable, et, dans les 445 circonscriptions où il n'est pas candidat au second tour, la performance de la droite classique dépend en large partie de la qualité des reports de voix des électeurs fron-

Tableau 2 : La part de l'extrême droite dans les droites françaises sous la Vᵉ République (France métropolitaine)*.

Législatives										
1958	1962	1967	1968	1973	1978	1981	1986	1988	1993	1997
4,6 %	1,3 %	1 %	0,1 %	1 %	1,6 %	0,7 %	18,4 %	18,4 %	22,6 %	30,1 %

Présidentielles			
1965	1974	1988	1995
7,8 %	1,4 %	28,7 %	25,8 %

* La part de l'extrême droite est calculée de la manière suivante : ratio entre le pourcentage (aux suffrages exprimés) obtenu par le ou les candidats de l'extrême droite et le pourcentage (aux suffrages exprimés) obtenu par l'ensemble des candidats de droite.

tistes du premier tour. Là aussi les choses se sont profondément dégradées pour la droite classique. En 1993, dans le cadre d'un affrontement de second tour entre le PS et la droite RPR-UDF, 62 % des électeurs frontistes choisissaient la seconde, 9 % le premier et 29 % l'abstention ou le vote blanc ou nul (sondage postélectoral SOFRES des 31 mars-2 avril 1993). En 1997, les reports à droite ont sévèrement chuté : 50 % seulement des électeurs du FN choisissent la droite classique, 21 % préfèrent le PS et 29 % l'abstention ou le vote blanc ou nul (sondage SOFRES-CEVIPOF, 26 au 31 mai 1997). Le gel important des voix frontistes associé aux mauvais reports a transformé une majorité de droite au premier tour en majorité de gauche au second. Au premier, la poussée avait été générale sauf dans trois départements où le FN enregistrait une très légère érosion par rapport à 1993 (Alpes-Maritimes, Mayenne, Paris). Partout ailleurs le FN est à la hausse, et parfois celle-ci est très importante (plus de 4 points par rapport au pourcentage du FN en 1993 dans vingt départements). En général, cette poussée forte se fait dans les zones de force du FN à l'est de la désormais traditionnelle ligne Le Havre-Valence-Perpignan (*cf.* carte 16).

Les deux seuls départements de forte poussée n'appartenant pas à cette moitié orientale de la France sont l'Orne (+ 3,8) et le Loir-et-Cher (+ 4). Dans ce dernier département, la poussée est surtout très forte (+ 5,3) dans la première circonscription (Blois) où un phénomène « anti-Lang » est sensible. Dans l'Orne, les poussées sont fortes (+ 5) dans les 2e (L'Aigle) et 3e (Argentan) circonscriptions où la fermeture de l'usine Moulinex semble avoir amené certains électeurs populaires vers le parti qui ne cesse de dénoncer les effets pervers de « l'ultra-échangisme » et du mondialisme. Toutes les autres zones de forte poussée sont situées dans la France de l'Est et du Sud avec une très forte

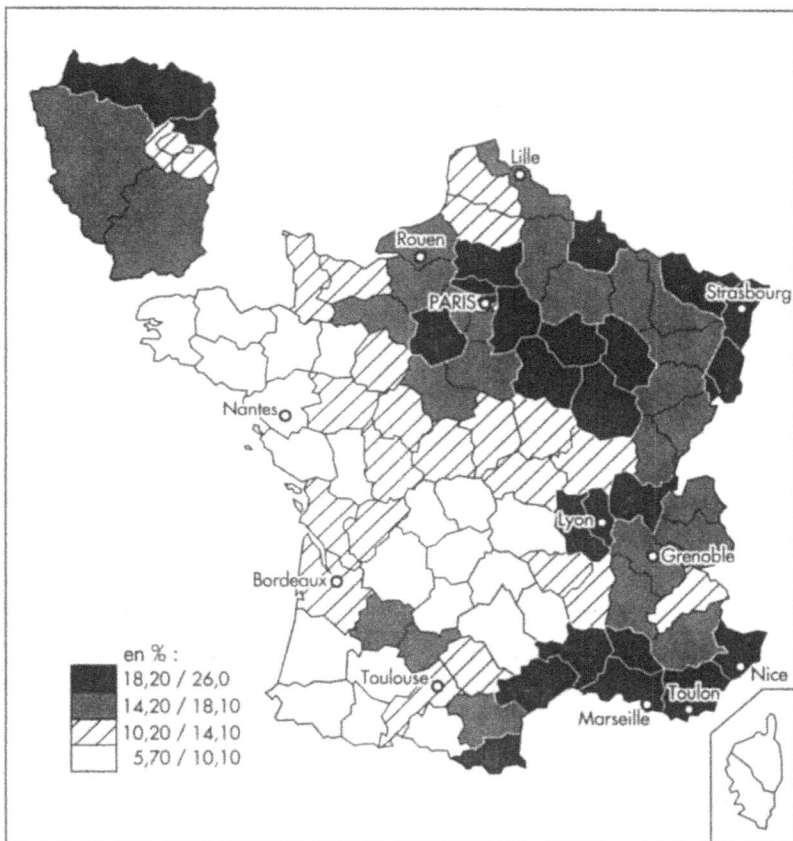

Carte 16 : Le vote en faveur du FN aux législatives de 1997.

dynamique orientale qui touche la Picardie (Oise : + 5,6 ;
Aisne : + 4,3), Champagne-Ardennes (Ardennes : + 6,5 ;
Aube : + 6,4 ; Haute-Marne : + 7,8), la Lorraine (Meuse :
+ 7 ; Moselle : + 5,6 ; Vosges : + 6,3), l'Alsace (Haut-Rhin :
+ 5,5 ; Bas-Rhin : + 6,9), la Franche-Comté (Territoire de
Belfort : + 6 ; Haute-Saône : + 5 ; Doubs : + 4 ; Jura :
+ 4,9), la Bourgogne (Côte-d'Or : + 5,6), Rhône-Alpes
(Ain : + 4 ; Loire : + 6 ; Drôme : + 4,1) et la bordure médi-

97

terranéenne (Hérault : + 4,4 ; Vaucluse : + 4,2 ; Var : + 4,5). La jonction territoriale entre plusieurs bastions originels du frontisme électoral (nord-est de la région parisienne, Est alsacien, région lyonnaise et Midi), déjà décelable en 1993, se prolonge et s'amplifie dans toute une série de régions intermédiaires (Champagne-Ardennes, Lorraine, Franche-Comté, Bourgogne). Un terrain de crise sociale et urbaine semble peu à peu se diffuser vers le « rurbain » et même parfois le rural. Ici et là, l'atmosphère de crise politique et de corruption réelle ou supposée peut amplifier le mouvement (deux premières circonscriptions du Var, 1re circonscription de la Meuse, 4e circonscription des Vosges, 1re circonscription du Loir-et-Cher). Ainsi, à partir de thèmes et d'électorats divers, le FN a repris son ascension électorale.

Quand on s'interroge sur l'origine politique de la poussée du vote en faveur du FN, on a l'impression qu'elle est plurielle et qu'elle se nourrit auprès de tous les électorats de droite et de gauche tout en fidélisant fortement ses anciens électeurs. Le FN semble avoir bien mobilisé ses électeurs et avoir profité de la mobilisation électorale lorsqu'elle existait. Parmi les dix départements qui ont connu la plus forte poussée FN, huit sont des départements où l'abstention, contrairement au mouvement national (+ 0,8 de 1993 à 1997), a chuté : Aisne, Ardennes, Côte-d'Or, Haute-Marne, Jura, Meuse, Moselle, Bas-Rhin, Territoire de Belfort, Vosges. Le FN semble aussi avoir profité de l'attitude politique d'électeurs de la droite modérée, déçus par les alternances de 1993 et 1995. Dans des départements comme l'Aisne, l'Aube, le Jura, la Loire, la Haute-Marne, la Meuse ou encore la Haute-Saône, la droite classique a perdu nombre de ses électeurs au profit des candidats du FN. Enfin, même dans un contexte de reprise électorale de la gauche, les transfuges de la gauche vers le FN ne sont pas négligeables, même s'ils ont été plus importants lors du premier tour de l'élection présidentielle de 1995. Selon le sondage SOFRES-CEVIPOF, sur 100 électeurs du FN de 1997, 14 % disent avoir voté pour la gauche et l'écologie en 1993, 25 % pour la droite classique, 17 % étant trop jeunes pour avoir voté ou avaient choisi l'abstention ou bien le vote blanc ou nul.

Le FN et la recomposition des droites

Pour la première fois de son histoire, le FN a pesé directement sur la dévolution du pouvoir en France et fait basculer la majorité de droite à gauche. En quinze ans, il est passé du stade de l'expression d'une mauvaise humeur électorale à celui de minorité décisive ne pouvant pas gagner à elle seule mais capable d'empêcher la droite classique de le faire. En 1997, les grands partis de gouvernement – ou ce qu'il en reste – sont placés devant un choix décisif : ou bien ils se restructurent et se réenracinent dans la société française, qu'ils soient au pouvoir ou dans l'opposition, ou bien leur affaiblissement profitera à un FN qui se présente de plus en plus comme la seule alternative à la cohabitation entre gauche gouvernementale et droite présidentielle.

Ce défi est ressenti comme tel et entraîne au sein de la droite un débat sur l'attitude à adopter par rapport au FN. Si l'ensemble des forces de la droite – et même au-delà – sont d'accord sur la nécessité de la reconquête des électeurs du FN, ils divergent sur les moyens, les thèmes à mettre en avant et sur la nécessité de rapprochements avec l'appareil de celui-ci. Dès le lendemain du second tour, dans l'éditorial du *Figaro*, Alain Peyrefitte précise que la priorité de la droite est de « réduire la fracture politique de la droite » et, se rappelant les applaudissements qui avaient accompagné le rapprochement entre PC et PS, s'interroge : « Semblables applaudissements salueraient-ils une démarche similaire à l'égard du Front national, ou seulement de ses électeurs ? » Le 28 juin, c'est au tour de Robert Pandraud de souligner, dans une interview au *Parisien*, qu'il est favorable « à des dialogues à la base plutôt qu'au sommet » avec le FN. Enfin, dans *Valeurs actuelles* du 19 juillet, Claude Goasguen, secrétaire général de l'UDF et de Force démocrate, juge que « le moment est venu, enfin, de sortir de l'impasse de la diabolisation du FN, au profit d'une réflexion sereine et constructive ».

Le Front national pèse ainsi de tout son poids sur la reconstruction de la droite et reste, pour les partis de gauche au pouvoir, le signal décisif des réussites et des échecs des politiques publiques dans leur capacité à apporter des réponses aux malaises de la société française, qu'ils se nomment chômage, insécurité, raisons du vivre-ensemble, avenir de la France dans l'Europe et le mouvement d'internationalisation... À l'approche de l'an 2000, nous ne sommes décidément pas encore arrivés à la « fin de l'histoire du FN ».

DEUXIÈME PARTIE

Le profil des électeurs frontistes

L'électorat du Front national n'est pas un électorat de la droite extrême qui aurait toutes les caractéristiques socio-démographiques de la droite portées à leurs extrêmes. Il est un véritable « entre-deux » entre les électorats de gauche et de droite. Les électeurs du FN ont quelques traits dont certains sont relativement constants depuis sa percée au milieu des années 80, et d'autres en profonde évolution au cours des années 90 (*cf.* tableau 3 sur l'évolution de la pénétration électorale du FN dans les électorats de 1984 à 1997).

LA SOCIOLOGIE DE L'ÉLECTORAT FRONTISTE

Un électorat jeune

L'électorat du FN n'est pas un électorat de personnes âgées nostalgiques de Vichy ou des régimes autoritaires ou totalitaires de l'entre-deux-guerres. Sauf dans les élections

Tableau 3 : Évolution de la pénétration électorale du FN dans les électorats de 1984 à 1997.

	Euro. 1984	Lég. 1986	Prés. 1988	Lég. 1988	Euro. 1989	Lég. 1993	Euro. 1994	Prés. 1995	Lég. 1997	Évol. 84-97
Ensemble	11	10	14,5	10	12	13	10,5	15,5	15	+ 4
Sexe										
Hommes	14	11	18	12	14	14	12	19	18	+ 4
Femmes	8	9	11	7	10	13	9	12	12	+ 4
Âge										
18-24 ans	10	14	16	15	9	18	10	18	16	+ 6
25-34 ans	11	10	17	9	8	10	15	18	19	+ 8
35-49ans	12	11	17	8	12	13	10	15	15	+ 3
50-64 ans	12	9	11	10	15	13	12	17	15	+ 3
65 ans et plus	10	6	12	10	12	13	7	9	12	+ 2
Prof. interviewé										
Agri., sal. agri.	10	17	13	3	3	13	4	16	4	– 6
Petit comm., art., ind., gros comm. ..	17	16	27	6	18	15	12	14	26	+ 9
Cadre sup., prof. lib.	14	6	19	10	11	6	6	7	4	– 10
Cadre moyen, employé	15	11	13	8	9	13	9	16	14	– 1
Ouvrier	8	11	19	19	15	18	21	30	24	+ 16
Inactif, retraité ...	9	8	12	9	13	12	9	11	15	+ 6
Statut										
Travaille à son compte	13	13	21	7	10	12	6	11	12	– 1
Salarié, sect. public	8	8	11	9	7	12	4	15	12	+ 4
Salarié, sect. privé	15	14	17	13	14	16	17	21	19	+ 4
Chômeur	–	–	12	–	–	–	28	25	15	–
Inactif	–	–	12	9	13	12	9	11	14	–
Niveau d'instruction										
Primaire	8	8	15	7	13	13	7	14	17	+ 9
Secondaire	12	15	13	12	14	16	16	17	14	+ 2
Technique, comm.	17	12	18	12	11	14	16	21	19	+ 2
Supérieur	11	7	12	10	9	8	5	9	10	– 1
Religion										
Catho. prat. rég. ..	14	7	7	5	15	12	8	10	7	– 7
Catho. prat. irrég.	6	8	16	10	12	12	6	12	12	+ 6
Catho. non prat. ..	13	12	17	11	12	13	13	18	18	+ 5
Sans religion	5	7	9	9	10	15	11	14	17	+ 12

Source : Sondages postélectoraux SOFRES.

102

européennes des années 80, le parti de Jean-Marie Le Pen enregistre ses meilleures performances chez les jeunes. Encore aux dernières élections législatives de 1997, son plus mauvais score est atteint chez les personnes âgées (12 % chez les plus de 65 ans) et son meilleur chez les 25-34 ans (19 %), les 18-24 ans lui accordant 16 % après avoir offert à Jean-Marie Le Pen 18 % à l'élection présidentielle de 1995. Chez les jeunes ayant un faible niveau d'études et la plupart du temps de milieu populaire, l'influence frontiste peut battre des records (27,4 % en 1997 chez les électeurs de moins de 40 ans n'ayant pas le baccalauréat). La seule tranche d'âge qui semble relativement à l'abri de la séduction lepéniste est celle des 65 ans et plus, génération dans laquelle fonctionne encore le souvenir de la Seconde Guerre mondiale et des alliances déshonorantes nouées par les prédécesseurs de Jean-Marie Le Pen avec Vichy et l'occupant allemand. Les années 80 et 90 ont été celles de l'entrée de la France dans une culture politique qui a largement rompu les liens avec l'après-guerre.

La politique a été, jusqu'à la fin des années 70, animée, structurée et incarnée par des hommes dont la légitimité s'était construite dans les combats de la Seconde Guerre mondiale et de la Résistance (Charles de Gaulle, Jacques Chaban-Delmas, François Mitterrand, Gaston Defferre...). Aujourd'hui le personnel politique est constitué d'hommes et de femmes nés dans les années 40 et 50, formés dans bien d'autres combats que ceux de la dernière guerre. Pour le numéro 2 du FN, Bruno Mégret, il s'agit de la mise en place d'un nouveau monde politique : « Les deux grands partis qui avaient dominé la scène politique française, le parti communiste et le parti gaulliste, sont aujourd'hui structurellement les deux partis les plus malades. Et c'est bien la classe politicienne, qui s'est constituée au lendemain de la guerre, qui est aujourd'hui déstabilisée et discréditée.

Gageons que c'est l'ensemble de l'établissement hérité de l'après-guerre qui est aujourd'hui malade [...] toutes les idées, tous les tabous, tous les mythes résultant de l'après-guerre sont entamés et condamnés. [...] Le Front national, lui, n'appartient pas à ce monde, il est déjà de celui qui va naître lorsque le monde de l'après-guerre aura définitivement disparu » (*Présent*, 2 juin 1990).

Le FN parie donc sur les effets mécaniques qu'aurait le renouvellement des générations sur la vie et les comportements politiques. Dans les tranches d'âge où ne fonctionnent plus les tabous historiques liés à l'Holocauste, le vote en faveur du FN ne rencontre souvent plus aucun interdit sauf lorsque la culture a pu réactiver le souvenir des dérives des extrêmes droites des années 30 et 40. Il est frappant aussi de constater la médiocrité relative des scores du FN dans la population de niveau d'instruction supérieur : de 1984 à 1997, il y oscille entre 5 et 12 %. Faute de cette « barrière culturelle », le frontisme électoral peut faire des malheurs et séduire de jeunes électeurs chez qui les mécanismes d'interdits liés à l'extrême droite sont inexistants ou profondément érodés et déstructurés. Il s'agit bien, au travers du maintien et de la construction sans cesse renouvellée de la mémoire, d'empêcher, comme l'écrit Daniel Sibony (*Libération*, 26-27 mai 1990), « qu'un peuple soit victime d'une amputation de mémoire ; et donc victime de la bêtise. Les individus ne se tirent d'affaire qu'en accédant à leur histoire, les peuples aussi ».

Enfin, depuis le début des années 80, les quatre grandes forces traditionnelles (PC, PS, UDF, RPR) du système de partis français ont alterné régulièrement au pouvoir en explorant toutes les formes possibles d'alliance (Union de la gauche de 1981 à 1984, gauche non communiste de 1984 à 1986, gauche d'ouverture de 1988 à 1993, union de la gauche élargie aux écologistes depuis juin 1997, union des droites RPR et UDF de 1986 à 1988, balladurisme de 1993 à 1995, chiraquisme de 1995 à 1997). Cette situation a érigé le FN en opposition et en force hors système capable de capitaliser, dans les jeunes générations et au-delà, la propension à se révolter contre le « système ». Le président du FN en a bien conscience lorsqu'il déclare, en septembre 1995, à l'université d'été du FN à Toulon : « Il faut se préparer à l'alternance du système. Nous sommes dans une position qui justifie le slogan Ni gauche ni droite de l'université du Front national de la jeunesse. » C'est ainsi qu'en 1997 le FN rassemble à lui seul davantage d'électeurs de 18 à 24 ans (16 %) que le PC et les autres partis d'extrême gauche réunis (15 %).

Un électorat masculin

De manière constante depuis le début de sa percée électorale, le FN réussit beaucoup mieux chez les hommes que chez les femmes. Il oscille entre 11 et 19 % chez les premiers alors qu'il n'attire qu'entre 7 et 13 % des secondes. Ce fort enracinement du vote frontiste dans la population masculine révèle, au-delà d'une séduction nostalgique pour le machisme du discours lepéniste toujours prompt à manier des références à une virilité agressive, un trouble de l'identité masculine devenue mal assurée et perturbée par l'important mouvement de redistribution des rôles entre hommes et femmes à l'œuvre dans les sociétés occidentales depuis trente ans. Chez les hommes jeunes ayant arrêté tôt leurs études, l'influence du FN atteint de très hauts niveaux (30,4 % chez les électeurs masculins de 20 à 26 ans n'ayant pas le baccalauréat, 32,7 % chez ceux de 27 à 33 ans qui sont dans le même cas) qui traduisent à la fois le malaise masculin, une recherche confuse d'autorité dans une

105

« société adolescentrique[31] » (pour reprendre l'expression du psychanalyste Anatrella) et malade de « l'image du père », le heurt fréquent avec la dure réalité du chômage et l'absence corrélative d'identité au travail (24,9 % des jeunes de moins de 25 ans sont au chômage alors qu'ils sont en moyenne plus diplômés que leurs aînés) et l'érosion d'une mémoire historique, celle de la Seconde Guerre mondiale et des dérives des régimes fascistes.

La virilité belliqueuse, l'aspect tonitruant et scandaleux du président du FN, loin ici de le desservir, deviennent des éléments du lien qui se noue entre Jean-Marie Le Pen et certains jeunes électeurs masculins en pleine crise d'identité et de repères. La génération des adolescents et des jeunes adultes d'aujourd'hui a un discours dans lequel on recense la perte des repères. Les enfants de cette « société sans pères » dont parlait dans les années soixante Alexandre Mitscherlich[32] et souvent de cette « société sans travail » sont profondément déboussolés. Les dégâts engendrés par ces évolutions sur toute une génération sont majeurs et font entendre leurs échos bien au-delà de la seule scène du privé. Dans un tel contexte, Jean-Marie Le Pen peut apparaître comme une « autorité de substitution ». Samuel Maréchal, leader du Front national de la jeunesse, qui connaît bien ses troupes, relève dans le journal *Présent* du 28 décembre 1995 qu'« en dénigrant l'idée même de nation, les politiciens ont créé un vide tragique. Les Français ont besoin de repères. Ils ont aussi besoin d'un père... Qui leur parle d'amour, qui manifeste des sen-

---

31. *Cf.* Tony ANATRELLA, *Interminables Adolescences. Les 12/30 ans, puberté, adolescence, post-adolescence. Une « société adolescentrique »*, Paris, CERF/CUJAS, 1994.
32. Alexandre MITSCHERLICH, *Vers la société sans pères, Essai de psychologie sociale*, Paris, Gallimard, 1969.

timents charnels à leur égard, qui leur parle d'autre chose que de statistiques, de courbes et de chiffres ». Des rapports forts peuvent ainsi s'articuler entre les jeunes électeurs et le FN : on est alors relativement loin du fascisme ou du néofascisme car ce lien ne recèle qu'un aspect politique mineur.

De nombreuses études de science politique ont mis au jour la poussée d'une gauche associée au libéralisme culturel et à l'amélioration de la condition féminine, auprès de femmes de plus en plus insérées dans la vie active. En revanche, on sait peu de choses sur l'évolution des comportements politiques des hommes et du passage d'une partie d'entre eux vers un vote ultra-conservateur ou d'extrême droite comme marqueur d'une condition masculine en plein bouleversement. Cette masculinité se retrouvant dans tous les électorats de l'extrême droite en Europe (*cf.* tableau 4), les ressorts de ce vote mériteraient d'être davantage explorés.

Un électorat interclassiste en évolution constante

Le FN a su pénétrer tous les milieux sociaux : salariés, professions indépendantes, actifs, chômeurs, inactifs, bourgeois et prolétaires. Cependant, en plus de dix ans, sa pénétration électorale a connu des succès inégaux selon les milieux. On peut distinguer quatre âges sociologiques de l'électorat FN.

Au début, au milieu des années 80, la pénétration est surtout forte dans le milieu des professions indépendantes, du commerce, de l'artisanat et des petites et moyennes entreprises. En 1984, son meilleur résultat (17 %) est enregistré chez les commerçants, artisans et chefs d'entreprise. C'est ensuite chez les cadres moyens (15 %) et supérieurs (14 %)

Tableau 4 : La composition par sexe des électorats d'extrême droite et des partis de « gauche libertaire » en Europe.

	Suède (1991)	Autriche (1990)	Suisse (1991)	France (1988)	Allemagne (1989)
	Nouvelle Démocratie	FPÖ	Parti des automobilistes	FN	Republikaner
Femmes	38	40	46	39	36
Hommes	62	60	54	61	64
	(100)	(100)	(100)	(100)	(100)
	Verts	Verts	Verts	Verts	Verts
Femmes	69	58	54	56	53
Hommes	31	42	46	44	47
	(100)	(100)	(100)	(100)	(100)

Source : D'après H.G. Betz, *Radical right-wing populism in Western Europe*, New York, St. Martin's Press, 1994, p. 143.

qu'il réussit le mieux. Rien de bien nouveau par rapport à l'électorat du mouvement Poujade de 1956 dont le bastion était déjà constitué par le milieu de la petite et de la moyenne bourgeoisie indépendante. La seule différence avec la sociologie du poujadisme est la faible influence du frontisme en milieu rural qui, sauf rares exceptions, restera une constante de la période 1984-1997. L'électorat du FN est alors un électorat de radicalisation de la droite classique, qui considère que le RPR et l'UDF ne parlent pas suffisamment haut et fort contre une gauche au pouvoir considérée largement comme illégitime.

Après cette phase de la protestation bourgeoise, le FN connaît, dès la fin des années 80, une poussée dans les milieux populaires, et c'est en réalisant l'alliance du « monde de la boutique et du monde de l'atelier » que Jean-Marie Le Pen atteindra en 1988 un haut niveau au premier tour de l'élection présidentielle : 27 % des commerçants, artisans et chefs d'entreprise votent toujours pour lui mais aussi 19 % des ouvriers.

Va alors s'ouvrir une troisième phase, celle de la prolétarisation de l'électorat du FN. Dans la première moitié des années 90, alors que la droite classique reconquiert une partie de la protestation bourgeoise qui s'était égarée sur le FN, la poussée en milieu populaire se poursuit : 18 % des ouvriers votent pour lui en 1993, 21 % en 1994, 30 % en 1995. C'est la période du « gaucho-lepénisme » où toute une partie des milieux sociaux traditionnellement favorables aux forces de gauche cèdent aux sirènes frontistes. L'ère de la protestation bourgeoise semble avoir laissé la place à celle de la désespérance populaire. À l'élection présidentielle de 1995, le FN est devenu le premier parti en milieu ouvrier et chez les chômeurs. Jamais, et c'est une grande nouveauté dans l'histoire électorale française, les milieux populaires n'avaient été à ce point séduits par l'extrême droite.

Le retour de la droite classique au pouvoir en 1993 et 1995 va ouvrir à nouveau un espace pour la captation par le FN des déceptions de certains électeurs des milieux de droite. On entre alors dans une quatrième phase où, tout en gardant un fort enracinement en milieu populaire (24 % chez les ouvriers en 1997), le FN connaît un réenracinement dans le milieu du commerce, de l'artisanat et de la petite et moyenne entreprise (26 %). Le FN a su capter, en 1997, une partie des « déçus du chiraquisme » tout en gardant une réelle emprise électorale sur les milieux populaires conquis au début des années 90. De 1984 à 1997, il a perdu 10 points chez les cadres supérieurs et les professions libérales, il en gagné 9 chez les patrons de l'indusrie et du commerce et 16 chez les ouvriers. Le malaise des deux pôles sociaux qui ont structuré pendant des décennies la société industrielle fait aujourd'hui le succès électoral du

FN. La fusion de ces deux bases que sont le monde des travailleurs indépendants et celui des ouvriers et leur capacité à se développer de pair sont des éléments clefs de l'avenir électoral du FN.

Un électorat à faible niveau d'études

Cette prolétarisation de l'électorat du FN est sensible dans les très hauts niveaux que le vote frontiste atteint chez les électeurs de faible niveau d'instruction. Dans les années 80, le profil de l'électorat étant davantage bourgeois, le FN n'atteignait que des scores modestes chez les électeurs de niveau d'instruction primaire (pas d'études ou CEP) : 7 % aux législatives de 1988, 8 % aux européennes de 1984 et aux législatives de 1986. Dans les années 90, ce n'est plus le cas (sauf aux européennes de 1994). En 1997, 20 % des électeurs sans aucun diplôme et 17 % de ceux qui n'ont qu'un niveau d'enseignement primaire ont choisi de voter pour un candidat du FN. Traditionnellement, et cela depuis 1984, il atteint un niveau élevé chez les diplômés de l'enseignement technique et commercial (CAP, brevet professionnel, baccalauréat technique) qui sont surreprésentés dans ses bastions sociologiques des professions du commerce, de l'artisanat, des patrons de PME et des ouvriers. En 1997, 19 % de ces diplômés de l'enseignement technique et commercial ont voté en faveur du FN. En revanche, 10 % seulement des électeurs ayant un niveau d'enseignement supérieur ont fait de même. Cette bonne performance de l'extrême droite dans les milieux à faible niveau d'éducation se retrouve au-delà de nos frontières, en Allemagne, en Belgique, en Autriche ou

110

encore au Danemark[33]. Le capital culturel, lorsqu'il est faible, donne peu d'outils pour comprendre et accompagner les changements économiques, sociaux et culturels qui affectent des sociétés ouest-européennes de plus en plus mobiles. Faute de ces outils, une partie de la population culturellement démunie se retrouve dans le discours apocalyptique de l'extrême droite et dans les logiques de « bouc émissaire » et de xénophobie qu'elle développe. Toutes les études sur le racisme et la xénophobie montrent, depuis des décennies, que ceux-ci sont étroitement corrélés au niveau d'éducation des individus. C'est ainsi, en France, que le FN, au cours des quatorze dernières années, a doublé son influence électorale (8 % en 1984, 17 % en 1997) chez ceux qui sont en bas de l'échelle des niveaux d'instruction, alors qu'elle stagnait (11 % en 1984, 10 % en 1997) chez ceux qui sont en haut.

Un électorat en voie de déchristianisation

La pénétration frontiste est également forte dans les milieux déchristianisés et sans religion, longtemps très favorables à la gauche : 18 % des électeurs catholiques non pratiquants et 17 % des sans religion ont voté pour le FN en 1997. En revanche, chez les catholiques pratiquants réguliers, il est à un bas niveau : 7 %. Au début de sa percée électorale, il atteignait, en 1984, 14 % dans cette même population et seulement 5 % chez les sans religion. À l'époque, l'électorat du FN appartenait pleinement à l'électorat de droite avec ses caractéristiques classiques au premier rang desquelles figure la variable de la pratique religieuse. En presque quinze années, le profil religieux de

33. *Cf.* sur ce point Hans-Georg BETZ, *op. cit.*, pp. 150-166.

l'électorat du FN a beaucoup changé. Dès l'élection présidentielle de 1988, le FN réalise un meilleur score chez les sans religion que chez les catholiques pratiquants réguliers. Sauf l'exception des élections européennes de 1989, cela est resté la règle depuis dix ans. De 1984 à 1997, le FN a perdu sept points chez les catholiques pratiquants réguliers, et en a gagné douze chez les sans religion. Dans les années 90, l'électorat catholique pratiquant est beaucoup plus proche du message de tolérance diffusé régulièrement par la conférence épiscopale de France que de la toute petite minorité intégriste ou traditionaliste proche du FN. D'autre part, les valeurs d'universalisme portés par l'Église catholique sont assez incompatibles avec le nationalisme de repli et d'exclusion dont le FN est le vecteur[34]. Au regard de cette variable religieuse, dont on connaît le poids dans la structuration des comportements politiques, l'électorat du FN est aujourd'hui beaucoup plus proche des électorats de gauche que de ceux de la droite classique (cf. tableau 5).

En 1997, les catholiques pratiquants ne constituent que 22 % de l'électorat du FN (24 % de celui du PS, 11 % de celui du PC) contre 52 % de l'électorat RPR-UDF et 53 % de l'électorat de la Droite indépendante villiériste. Ce déplacement du centre de gravité socio-démographique et culturel de l'électorat du FN a entraîné un glissement de son centre de gravité politique.

---

34. À cet égard, on a pu noter, lors du référendum du 20 septembre 1992 sur l'approbation du traité de Maastricht, l'étonnante correspondance entre la France du « oui » et la France de la pratique religieuse catholique. Le repli nationaliste lié au « non » semble être assez largement étranger aux régions de culture catholique.

**Tableau 5 : La composition des principaux électorats français
au regard de la variable religieuse en 1997.**

	Vote aux legislatives en faveur d'un candidat du...					
	PC	PS	Écologistes	RPR-UDF	Droite indépendante	Front national
Catho. pratiquant régulier ...	(100) 3	(100) 8	(100) 12	(100) 26	(100) 30	(100) 7
Catho. pratiquant occasionnel	8	16	15	26	23	15
Catho. non pratiquant	40	44	39	36	37	50
Autres religions	5	5	4	4	3	4
Sans religion	44	27	30	8	7	24

Source : Sondage SOFRES-CEVIPOF (26-31 mai 1997).

LE PROFIL POLITIQUE
DE L'ÉLECTORAT FRONTISTE

Un électorat d'extrême droite ?

En 1984, 77 % des électeurs du FN se classaient à droite
(50 % à l'extrême droite) ; ils étaient encore 65 % en 1988
(45 % à l'extrême droite), 53 % en 1995 (30 % à l'extrême
droite), et ne sont plus aujourd'hui que 50 % contre 81 %
des électeurs RPR-UDF et 82 % des électeurs de la Droite
indépendante. 16 % se classent à gauche (ils étaient 7 % en
1984, 12 % en 1988, 15 % en 1995) et 34 % ni à gauche ni
à droite. Le mouvement d'autonomisation, certes partiel,
de l'électorat du FN par rapport au référent idéologique de
la droite (et, au-delà, de l'extrême droite) est sensible sur
les quinze dernières années.

Politiquement et idéologiquement les électeurs du FN se
situent davantage entre la droite et la gauche qu'à l'extrême
de la droite. Ces électeurs du FN n'ont pas été socialisés au

même degré que les électeurs RPR et UDF dans des milieux de droite. 59 % de ces derniers disent que leur père était plutôt de droite (16 % plutôt de gauche, 15 % ni de gauche ni de droite). 31 % seulement des électeurs du FN déclarent avoir eu un père plutôt de droite (30 % de gauche, 28 % ni de gauche ni de droite) (*cf.* tableau 6).

D'une génération à l'autre, les électeurs frontistes viennent à parts égales de milieux familiaux de droite et de gauche, ce qui n'est le cas ni des électeurs de droite traditionnelle ni des électeurs de gauche traditionnelle où la reproduction intergénérationnelle des préférences politiques est, pour la majorité des cas, la règle. Par ailleurs, l'électorat frontiste présente des signes forts de distance par rapport à la politique traditionnelle et ses lignes de partage. De tous les électorats, c'est celui qui déclare le moins s'intéresser à la politique : en 1997, 54 % des électeurs du FN déclarent s'intéresser peu ou pas du tout à la politique contre 49 % des électeurs RPR-UDF, 45 % des électeurs socialistes, 40 % des électeurs écologistes, 38 % des élec-

Tableau 6 : La socialisation politique familiale des électorats français en 1997.

	PC	PS	RPR-UDF	Droite indépendante	Front national	Ensemble électorat
Père plutôt de gauche	71	55	16	13	30	36
Père plutôt de droite	8	20	59	63	31	33
Père ni de gauche ni de droite	17	15	15	17	28	19
Sans réponse	4	10	10	7	11	12
	(100)	(100)	(100)	(100)	(100)	(100)
Mère plutôt de gauche	62	51	13	8	26	32
Mère plutôt de droite	12	20	59	65	35	34
Mère ni de gauche ni de droite	19	19	18	22	25	22
Sans réponse	7	10	10	5	14	12
	(100)	(100)	(100)	(100)	(100)	(100)

Source : Sondage SOFRES-CEVIPOF (26-31 mai 1997).

teurs communistes et 35 % des électeurs de la Droite indépendante. 72 % des électeurs du FN se disent peu ou pas
proches du tout d'un parti politique en particulier, contre
56 % des électeurs RPR-UDF, 51 % des électeurs socialistes ou encore 47 % des électeurs communistes. On voit
bien comment les électeurs du FN n'éprouvent que peu
d'allégeance (*loyalty*) par rapport au système politique et
hésitent, pour reprendre les termes d'Albert Hirschman[35],
entre des stratégies de « sortie du système » (*exit*) et de
« prise de parole » (*voice*). Un des éléments de la réussite
du FN a été de politiser un mouvement de rejet de la
politique.

Un entre-deux idéologique

Sur le terrain des choix économiques et sociaux les électeurs du FN sont, la plupart du temps, sur des positions
intermédiaires entre la gauche et la droite classiques (*cf.*
tableau 7).

Ils sont sensiblement moins libéraux, moins favorables
aux privatisations que les électeurs du RPR-UDF et de la
Droite indépendante : 68 % des électeurs frontistes considèrent le mot « libéralisme » comme positif contre 82 %
des électeurs RPR-UDF et 55 % des électeurs socialistes
Sur les enjeux économiques relatifs à la défense de la condition des salariés, ils sont même plus proches de la gauche
que de la droite : 64 % des électeurs frontistes considèrent
qu'en matière économique il faut donner la priorité à

---

35. Albert O. HIRSCHMAN, *Défection et prise de parole : théorie et
applications*, Paris, Fayard, 1995 (première édition en langue anglaise sous
le titre *Exit, voice and loyalty : responses to decline in firms, organizations
and states*, Harvard University Press, 1970).

Tableau 7 : Les attitudes économiques, sociales et politiques des électorats en 1997.

	PC	PS	RPR UDF	FN	Ensemble électoral
Économie :					
– « Profit » (mot très ou assez positif)	32	47	63	56	52
– « Privatisation » (mot très ou assez positif)	23	38	73	59	53
– « Libéralisme » (mot très ou assez positif)	50	55	82	68	66
– Accorder la priorité à l'amélioration de la situation des salariés	85	77	47	64	66
– Avec l'Union européenne la France sera mieux protégée contre les risques liés à la mondialisation de l'économie (% accord)	52	67	72	38	61
– Il faut que la France limite les importations de produits étrangers même si les consommateurs doivent payer les produits plus cher (% accord)	56	51	55	66	55
– La mondialisation laisse encore au gouvernement français dans le domaine économique des marges de manœuvre assez ou très grandes (% accord)	35	42	53	29	41
Société :					
– L'école devrait donner avant tout le sens de la discipline et de l'effort (% accord)	45	42	58	73	51
– Il y a trop d'immigrés en France (% accord)	48	45	69	94	59
– Les Maghrébins qui vivent en France seront un jour des Français comme les autres (% accord)	70	70	61	35	62
– Il faudrait rétablir la peine de mort (% accord)	39	36	54	83	50
– Solidaires avec le mouvement de grèves de nov.-déc. 1995	85	75	23	41	53
– Pour l'augmentation de 1 000 F par mois du SMIC	65	41	26	44	41
– Pour la création de 350 000 emplois publics	57	48	25	33	40
– Ont le sentiment d'appartenir aux classes populaires ou aux défavorisés	33	23	10	26	20
– Sont plutôt inquiets quant à leur avenir personnel et professionnel	71	64	54	81	66
Politique :					
– Assez ou beaucoup d'intérêt pour la politique	62	55	51	46	48
– Se sentent proches d'un parti	53	49	44	28	36
– Considèrent que les hommes politiques ne se préoccupent pas du tout des préoccupations des gens	39	28	18	58	33
– Considèrent que la démocratie ne fonctionne pas très bien ou pas du tout	67	57	42	77	59
– Déçus de l'action de Jacques Chirac depuis 1995	89	91	40	79	70
– Souhait de ministres PC dans le gouvernement en cas de victoire de la gauche	92	77	24	40	52
– Se sentent plutôt de droite	3	2	81	50	33
– Se sentent plutôt de gauche	89	86	3	16	41
– Se sentent ni de gauche ni de droite	8	12	16	34	24
– Se sentent plus Français qu'Européens	38	29	37	53	35
– Considèrent que la France n'a pas bénéficié de son appartenance à l'Union européenne	60	37	33	63	43
– Contre l'Euro	55	30	24	65	36

Source : Sondage SOFRES-CEVIPOF (26-31 mai 1997).

116

l'amélioration de la situation des salariés par rapport à la compétitivité des entreprises ; ils ne sont que 47 % des électeurs du RPR et de l'UDF à penser de même alors que 77 % des électeurs socialistes partagent cette opinion. Ces électeurs ne se situent à l'extrême d'un continuum gauche/droite que sur le terrain de l'hétérophobie, de la sécurité ou d'un certain rigorisme. Ils constituent sans conteste l'aile droite la plus extrême quand il s'agit d'apprécier le nombre d'immigrés, leur capacité à s'intégrer, les « dons » propres aux différentes races, la nécessité de rétablir la peine de mort ou encore celle de privilégier à l'école le sens de l'effort et de la discipline par rapport à l'éveil du sens critique. Dans un entre-deux sur le terrain des valeurs économiques et sociales, ces électeurs ne méritent le qualificatif d'extrême droite que sur le plan des valeurs culturelles relatives à la perception de l'autre ou à la rigueur de l'éducation et de la répression. Ils sont plus répressifs, plus xénophobes et plus rigoristes en matière d'éducation que les électeurs RPR-UDF qui eux-mêmes le sont davantage que les électeurs de gauche.

Enfin, ce qui les caractérise, en dehors de tout clivage gauche/droite, c'est leur pessimisme extrême aussi bien quant à leur situation personnelle, professionnelle que quant à celle du pays. 81 % des électeurs du FN contre 71 % des électeurs communistes, 64 % de ceux du PS, 58 % de ceux de la Droite indépendante et 54 % de ceux du RPR et de l'UDF sont inquiets quand ils pensent à l'avenir de leur situation personnelle et professionnelle. Ils ne sont que 11 % à croire que la situation économique du pays va s'améliorer dans les douze prochains mois contre 19 % des écologistes, 29 % des socialistes et des électeurs de la Droite indépendante, 31 % des communistes et 36 % des soutiens du RPR et de l'UDF.

Deux autres spécificités sont leurs : un sentiment profond de crise de la représentation politique et une hostilité mêlée d'inquiétude par rapport à l'Europe et à la mondialisation. C'est l'électorat le plus pessimiste sur le fonctionnement de la démocratie en France : 77 % des électeurs frontistes considèrent que la démocratie y fonctionne pas très ou pas bien du tout, contre 67 % des communistes, 65 % des écologistes, 60 % des soutiens de la Droite indépendante, 57 % des socialistes et 42 % des électeurs RPR-UDF. C'est également le seul électorat où une majorité absolue d'électeurs (58 %) considère que « les hommes politiques ne se préoccupent pas du tout des gens comme nous ».

Ce pessimisme associé à l'hostilité agressive vis-à-vis de la politique et à la dénonciation de « boucs émissaires » (immigration, Europe, mondialisation...) sont autant de dimensions caractéristiques de la « personnalité autoritaire ». Dans leur magistrale étude sur *The Authoritarian Personality*, Theodor Adorno et ses collègues avaient mis au jour en 1950 neuf dimensions typiques de la personnalité du « fasciste potentiel » : l'esprit conventionnel, la soumission autoritaire, l'agressivité autoritaire, l'anti-intraception, la superstition et la stéréotypie, l'attachement au pouvoir et à la dureté, l'esprit de destruction et une conception très pessimiste de l'humanité, la projection de tendances refoulées sur des groupes étrangers, enfin, l'intérêt prononcé pour des thèmes sexuels[36]. Plus de soixante ans après la mobilisation politique par les fascismes et autoritarismes de l'entre-deux-guerres de ce type de personnalités, l'extrême droite attire une fois de plus, en France et en Europe, à gauche et à droite et en des milieux divers, les

---

36. Theodor W. ADORNO *et al.*, *The Authoritarian Personnality*, New York, Wiley, 1964, 2 vol..

tempéraments autoritaires que l'appel d'un tribun démagogue a si souvent ébranlés au cours de notre histoire
récente. C'est en cela que le mouvement de Jean-Marie Le
Pen est l'héritier du poujadisme, des ligues des années 20 et
30 ou encore du boulangisme qui, comme l'écrivait Adrien
Dansette, « ne transforme pas les tempéraments [mais]
révèle à eux-mêmes des tempéraments qui s'ignorent[37] ».
Les bases sociales et politiques de l'électorat du FN sont
assez différentes de celles de la droite classique. L'extrême
droite n'est pas sociologiquement et politiquement une
droite extrême qui serait une caricature sociale de la droite
classique. Elle constitue plutôt un « entre-deux » entre
droite et gauche. L'électorat est beaucoup plus masculin,
jeune, actif et interclassiste que celui de la droite classique.
Au regard de l'enquête postélectorale effectuée par la
SOFRES après les législatives de 1997, il est de loin le plus
masculin : 60 % de ses électeurs sont des hommes contre
seulement 45 % dans l'électorat RPR-UDF et 49 % dans
l'électorat socialiste. Il est, juste après l'électorat écologiste,
le plus jeune de tous les électorats : 33 % ont de 18 à
34 ans, 17 % seulement ont plus de 65 ans ; dans l'électorat
RPR-UDF, les pourcentages sont respectivement de 22 %
et de 31 %. Enfin, c'est l'électorat le plus populaire : 36 %
sont ouvriers ou employés, ils ne sont que 16 % dans l'électorat RPR-UDF, 27 % dans l'électorat communiste et
31 % dans l'électorat socialiste.

Peu de couches restent hermétiques au message du FN :
seules les personnes âgées, les agriculteurs, les cadres supérieurs et professions intellectuelles, les citoyens bénéficiant
d'un niveau d'études supérieures et les catholiques pratiquants réguliers prêtent plus chichement leur concours au
succès électoral du FN. Partout ailleurs, celui-ci enregistre

---

37. Adrien DANSETTE, *Le Boulangisme*, Paris, Fayard, 1946.

un score proche de sa moyenne nationale ou la dépasse largement, particulièrement chez les hommes (18 %), les 25-34 ans (19 %), les salariés du secteur privé (19 %), les artisans, commerçants et chefs d'entreprise (26 %), les ouvriers (24 %), les sans diplôme (20 %) ou encore les catholiques non pratiquants (18 %). Si ce n'est la pointe enregistrée en milieu industriel et commerçant, l'électorat du FN n'a que peu de chose à voir avec l'électorat qui, quarante ans plus tôt, s'était retrouvé sur les listes poujadistes. Le FN n'est pas prisonnier du seul monde de la boutique, il plonge ses racines dans toutes les couches sociales. Un électorat plus populaire et dépolitisé a remplacé l'électorat de citoyens de droite radicalisés et exaspérés, en 1984, par la présence de la gauche au pouvoir. Ces glissements sociaux ont fait évoluer le contenu de la protestation de l'électorat du FN. La protestation de 1984, ultra-politique et violemment hostile à la gauche, a cédé la place à une protestation plus sociale et politiquement « tous azimuts ». En 1997, l'ire des électeurs du FN s'abat sur la droite classique comme sur la gauche, et leur pessimisme quant aux capacités de l'action publique atteint des sommets. 72 % des électeurs du FN (contre 44 % dans l'ensemble de l'électorat) n'ont confiance ni dans la droite ni dans la gauche pour gouverner le pays. 79 % (contre 70 %) se déclarent déçus de l'action de Jacques Chirac depuis son élection en mai 1995. Cet électorat, dont le profil est atypique et emprunte certains de ses traits à la fois à la droite et à la gauche, explore les voies d'un « ailleurs » politique dont on ne voit pas très bien la capacité à acquérir à lui seul une vocation majoritaire. Lui reste alors un pouvoir de brouillage, de blocage ou de parasitage de la vie politique. À défaut d'être roi, le FN tente de s'ériger en faiseur de rois.

LA GÉOGRAPHIE D'UNE IMPLANTATION ÉLECTORALE

Atypique du point de vue de son profil sociologique et politique, l'électorat du FN l'est également quant à son enracinement territorial.

L'héritier d'une tradition politique ?

L'école française de géographie électorale a montré – de Charles Seignobos à François Goguel en passant par André Siegfried – comment les tempéraments politiques ont gardé sur plus d'un siècle une grande stabilité quant à leur implantation territoriale[38]. La France de droite, articulée sur les vieilles terres catholiques de l'Ouest, de l'Est, du sud du Massif central, des deux Savoie et du Pays basque, s'inscrit avec une grande permanence face à une France de gauche enracinée dans les terres du Nord, du Centre (du Bourbonnais au Limousin avec un prolongement vers l'Agenais) et du Midi méditerranéen et languedocien. Une carte des élus des législatives de 1997 montre encore la vivacité aujourd'hui de l'héritage des traditions territoriales (*cf.* carte 17 des élus de l'Assemblée nationale de 1997).

---

38. *Cf.* André SIEGFRIED, *op. cit.* ; Charles SEIGNOBOS, *Le Déclin de l'Empire et l'établissement de la IIIe République, 1859-1876*, Paris, Hachette, 1921 ; Charles SEIGNOBOS, *L'Évolution de la IIIe République, 1875-1914*, Paris, Hachette, 1921 ; François GOGUEL, *Chroniques électorales* (3 tomes), Paris, Presses de la Fondation nationale des sciences politiques, 1981 et 1983 ; François GOGUEL, *Géographie des élections françaises sous la Troisième et la Quatrième République*, Paris, Armand Colin, 1970.

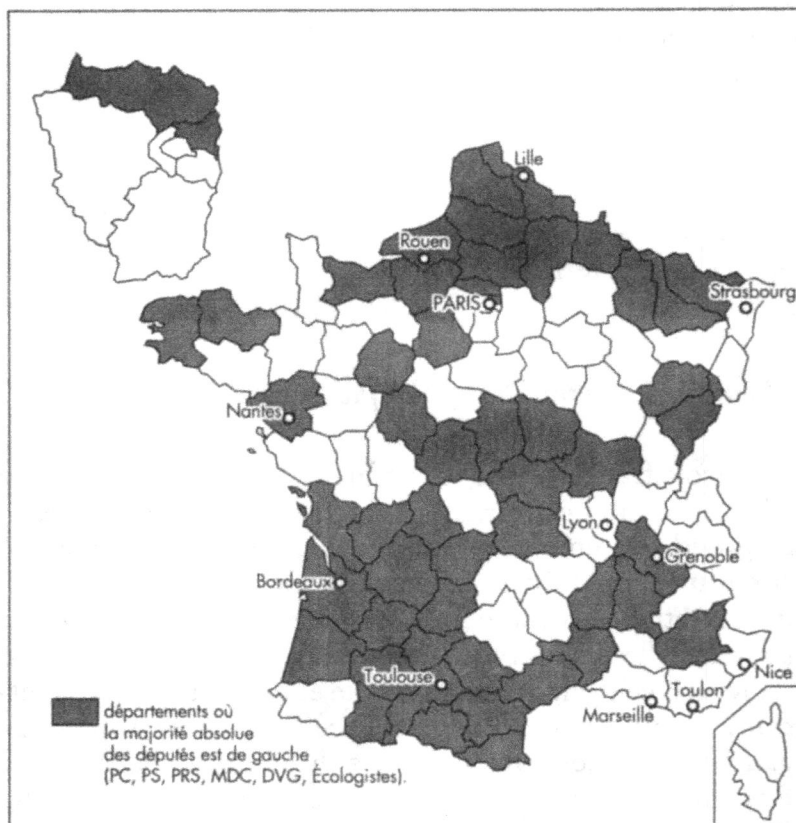

Carte 17 : La France des élus de gauche et des élus de droite en 1997.

De manière évidente, la carte de l'implantation électorale du FN depuis quinze ans (*cf.* cartes 18 et 19 des bastions et des terres de mission du FN de 1984 à 1997[39])

39. Les deux cartes sont construites de la manière suivante : pour cha-
cune des dix élections à dimension nationale depuis 1984 (européennes de
1984, législatives de 1986, présidentielle de 1988, législatives de 1988,
européennes de 1989, régionales de 1992, législatives de 1993, européennes de 1994, présidentielle de 1995, législatives de 1997), les

Carte 18 : Les bastions électoraux du FN (1984-1997).

montre que la géographie frontiste ne s'inscrit dans la
continuité d'aucune de ces deux grandes traditions.

On retrouve dans la France frontiste de vieilles terres de
droite comme l'Est mais aussi de vieilles terres de gauche

---

96 départements sont classés selon le niveau de l'influence électorale du
FN (% suffrages exprimés) puis répartis en quatre quartiles, le quartile
supérieur réunissant les 24 départements où le score du FN est le plus fort,
le quartile inférieur rassemblant les 24 départements où il est le plus faible.

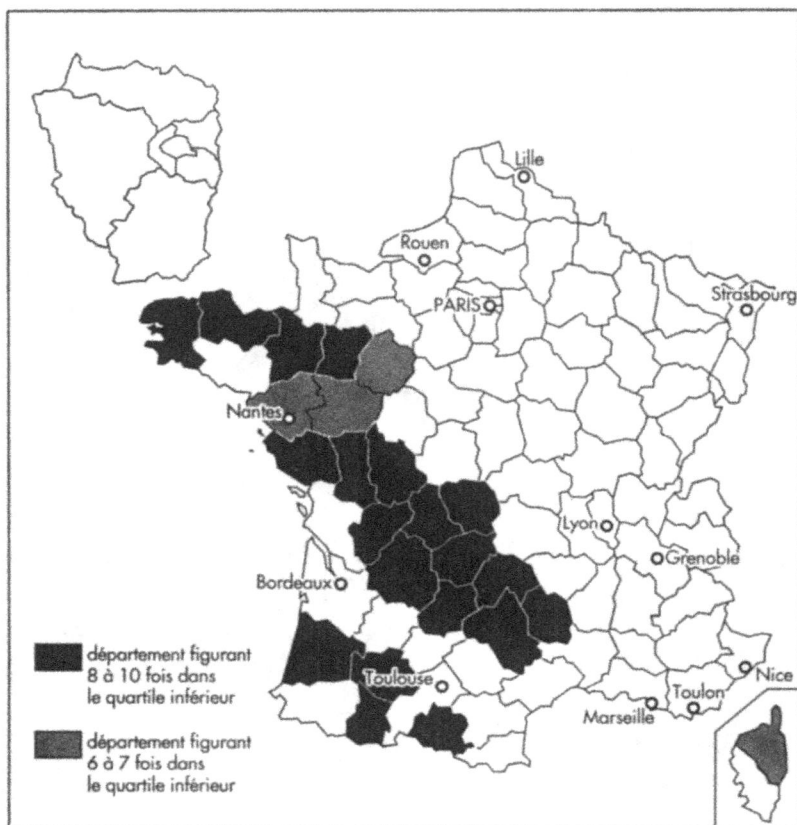

Carte 19 : Les « terres de mission » du FN (1984-1997).

comme le Midi méditerranéen ou le nord-est de la région parisienne. Parallèlement, la France qui lui résiste inclut les bastions de la gauche du Limousin ou du grand Sud-Ouest radical et socialiste mais aussi les vieilles terres de droite de l'Ouest.

On redécouvre bien ici le caractère composite et erratique qu'André Siegfried décelait déjà, au début du siècle, dans le « tempérament des partis plébiscitaires ». Après avoir noté que la « droite pure » et que la « gauche républicaine » n'épuisent pas la réalité des grands courants politiques qui traversent le XIXᵉ siècle, il écrivait en 1913 : « En marge du tempérament royaliste et du classique tempérament républicain, il en existe un troisième, non moins caractérisé que les deux premiers, qui vise à réconcilier l'autorité et la démocratie dans une formule qui n'est ni réactionnaire ni parlementaire. De cette conception politique, le bonapartisme est l'expression la plus notoire ; mais il convient d'y rattacher également le boulangisme et le nationalisme. Ce sont en effet les trois formes de cette démocratie plébiscitaire qui constitue, dans l'histoire et la psychologie des partis français, un chapitre tout spécial[40]. » Et il poursuivait, après avoir précisé que la démocratie n'avait jamais éliminé le germe de ce tempérament plébiscitaire, qu'il pouvait soudainement bouleverser les équilibres politiques traditionnels. On retrouve bien ce caractère « spécial » et difficilement classable dans le phénomène frontiste qui a saisi la France de la fin du XXᵉ siècle.

Échappant à l'inscription dans une France de droite, l'électorat frontiste serait-il alors l'héritier territorial des différents courants plébiscitaires et nationalistes qui ont secoué la France de temps à autre au cours du dernier siècle ?

À la fin des années 1880, le général Boulanger fédéra une coalition de mécontents rassemblant des radicaux, des conservateurs, des bonapartistes, des monarchistes et des nationalistes qui, autour du slogan « Dissolution, Révision, Constituante », décida de monter à l'assaut d'une République parlementaire jeune, fragile et déjà minée par l'instabilité ministérielle, les scandales et un contexte plus général d'augmentation du chômage et de crise de l'agriculture. Soutenu par un Comité républicain national, Boulanger se présenta en 1888 et 1889 à toute une série d'élections par-

---

40. André SIEGFRIED, *op.cit.*, p. 473.

tielles et fut élu dans une Dordogne paysanne, dans le Nord ouvrier, la Somme, la Charente-Inférieure et à Paris. À la suite de son élection partielle, triomphale, du 27 janvier 1889 à Paris, il hésite devant l'aventure du coup d'État. Il se dérobe, la République est sauvée et la cause boulangiste est perdue. Le gouvernement réagit par une réforme électorale (retour au scrutin d'arrondissement, interdiction des candidatures multiples), une dissolution de la Ligue des patriotes (fondée en 1882 par Paul Déroulède et véritable « ancêtre » du nationalisme politique) et des poursuites contre le général Boulanger accusé « d'attentat contre la sûreté de l'État ». Quelques mois plus tard, lors des élections législatives genérales des 22 septembre et 6 octobre 1889, les républicains triomphent contre les conservateurs et les boulangistes qui pratiquent l'unité de candidature. Cette coalition boulango-conservatrice ne l'emporte principalement que dans les anciens bastions de la droite traditionnelle (*cf.* carte 20), les boulangistes n'apportant d'ailleurs qu'une contribution marginale (700 000 voix) à l'ensemble de la coalition qui rassemble 3,6 millions de voix.

Dans l'entre-deux-guerres, les ligues et les mouvements nationalistes ou à tendance fascisante eurent davantage l'occasion de se compter dans la rue et sur le pavé parisien que dans les urnes.

Presque soixante-dix ans après la flambée boulangiste, la France fut à nouveau saisie d'une grande fièvre protestataire où s'exprimèrent tout à la fois le malaise du monde de la boutique, l'hostilité à la République parlementaire, l'attachement à une France coloniale et la nostalgie d'un régime fort. Aux élections législatives du 2 janvier 1956, l'UDCA (Union de défense des commerçants et des artisans créée en 1954 par Pierre Poujade, papetier à Saint-Céré dans le Lot) et l'extrême droite (en particulier le Rassemblement national de Jean-Louis Tixier-Vignancour et le mouvement agraire

126

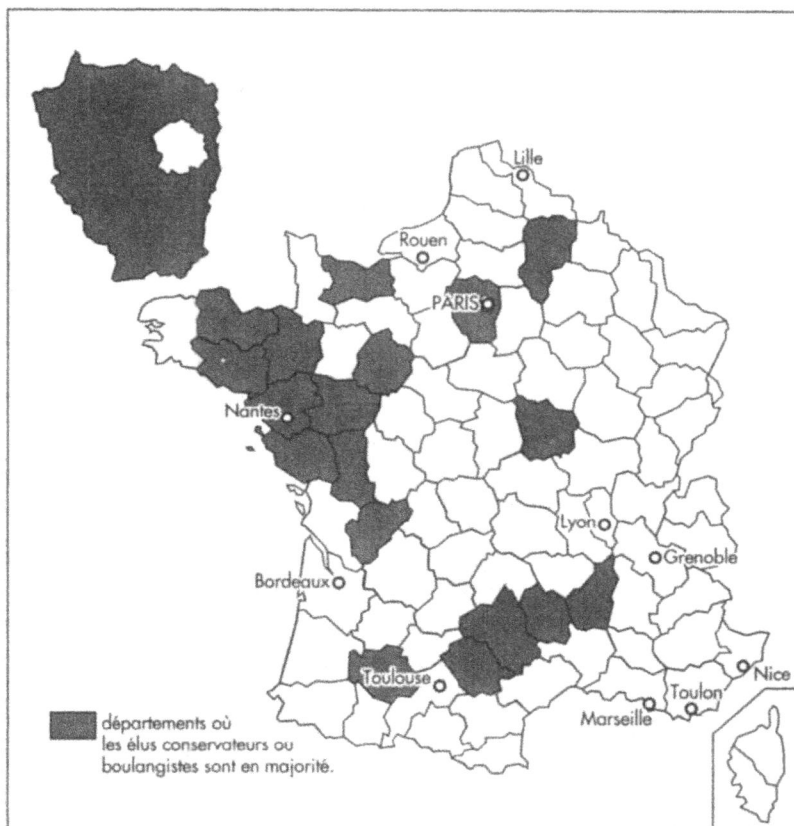

Carte 20 : La carte des élus conservateurs et boulangistes.
Élections législatives des 12 et 26 octobre 1889 (d'après F. Goguel,
Géographie des élections françaises..., op. cit., p. 31).

de Dorgères) recueillent près de 2 750 000 voix (dont l'essentiel, 2,5 millions, revient aux candidats de l'UDCA parmi lesquels figure le jeune Jean-Marie Le Pen élu dans la première circonscription du département de la Seine). Sorte de syndicat des mécontents, le poujadisme rassemble les voix des victimes du progrès économique de la « France pauvre » à l'ouest d'une ligne Le Havre-Marseille (*cf.* carte 21).

127

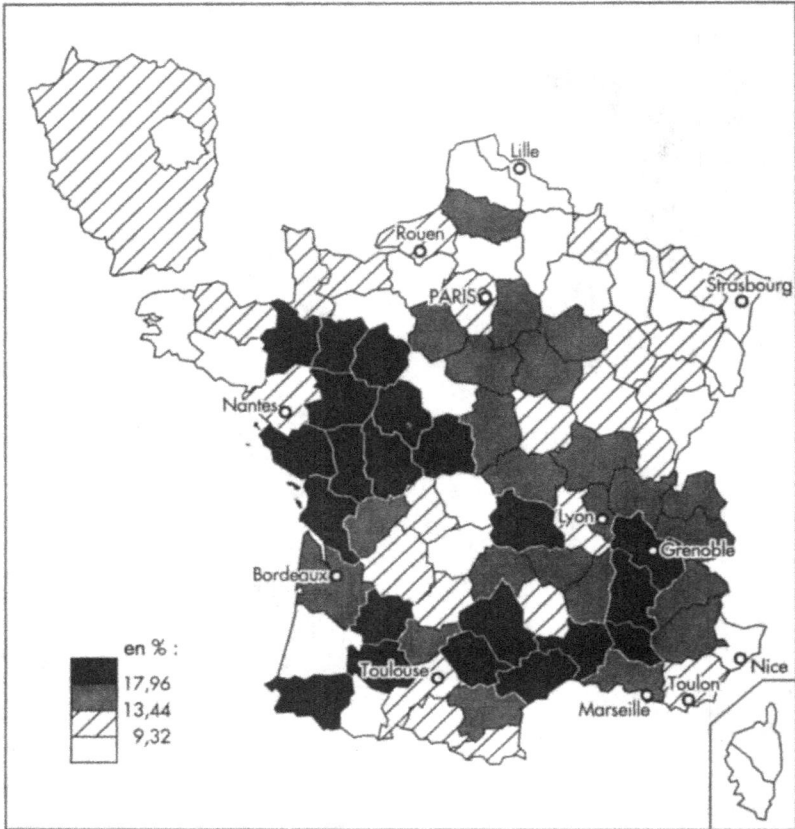

Carte 21 : Listes P. Poujade plus extrême droite
(Élections législatives 1956).

Après la retombée très rapide du « soufflé poujadiste », l'extrême droite hostile à la décolonisation de l'Algérie se comptera à deux reprises, dans un dernier sursaut, lors du référendum du 8 avril 1962 et lors de l'élection présidentielle du 5 décembre 1965. Même réduite en termes d'influence nationale, cette extrême droite a un enracinement territorial tout à fait caractéristique de l'implantation de la population d'origine pied-noir (*cf.* cartes 1 et 2, pages 18 et 20).

128

Toutes les cartes de l'influence du courant nationaliste, du XIXe siècle au début des années 60, montrent qu'il n'y a pas de véritable pérennité de l'implantation territoriale de cette famille politique et qu'en tout cas elles ne préfigurent pas le cadre de l'enracinement électoral du FN depuis quinze ans. Tout au contraire, la carte des zones de force du FN n'a à peu près rien à voir avec celles du boulangisme et du poujadisme. Malgré leur relative proximité dans le temps et les filiations politiques non négligeables existant entre poujadisme et lepénisme, la carte de l'implantation du dernier est à peu près le « négatif » de celle du premier. Alors qu'en est-il de la logique organisatrice de l'implantation électorale du FN ? Si celui-ci n'est pas l'héritier électoral de la droite et de l'extrême droite, il faut abandonner la logique des filiations politiques et se pencher sur les logiques sociales qui structurent son implantation territoriale.

Une cohérence assez forte apparaît alors entre la France frontiste et la France des grandes métropoles urbaines, ayant accueilli les principaux flux d'immigration et ayant été confrontée de plein fouet à la montée de l'insécurité. C'est sur ce terrain social que semble avoir prospéré le FN.

Une France de l'anomie urbaine

La carte de l'implantation électorale du FN recoupe assez bien celle de la population urbaine (cf. carte 22)[41]. Les grandes zones de peuplement industriel et urbain du

41. Définition des ZPIU : la zone de peuplement industriel et urbain correspond au concept le plus extensif de l'urbanisation. Au-delà du critère de taille de la commune et de continuité de l'espace bâti, elle prend en compte le niveau des migrations quotidiennes domicile-travail, l'importance de la population non agricole ainsi que le nombre et la taille des établissements industriels, commerciaux ou administratifs.

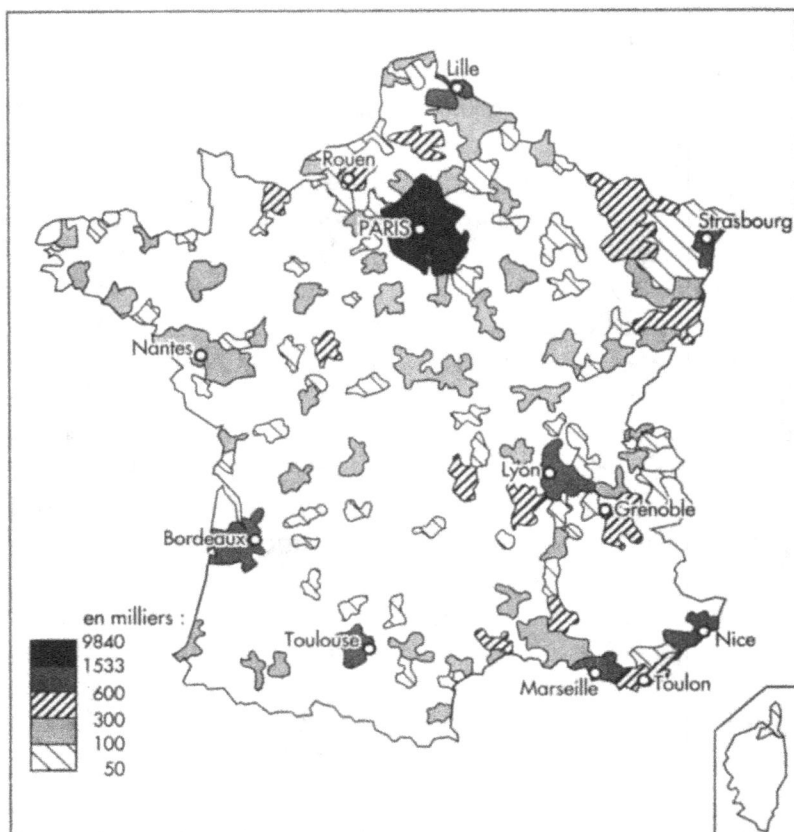

**Carte 22 : Les zones de peuplement industriel et urbain
ayant plus de 50 000 habitants.**
Source : RGP 1982 (fasc. orange, ZPIU).

Nord, de la région parisienne, de la Lorraine et de l'Alsace
ainsi que du couloir rhodanien et du littoral provençal font
toutes partie de cette France « sous influence frontiste »
qui s'étend à l'est de la ligne Le Havre-Perpignan. En 1997,
toutes les circonscriptions dans lesquelles le candidat du
FN dépasse les 18,50 % de suffrages exprimés sont à l'est
de cette ligne (*cf.* carte 23).

130

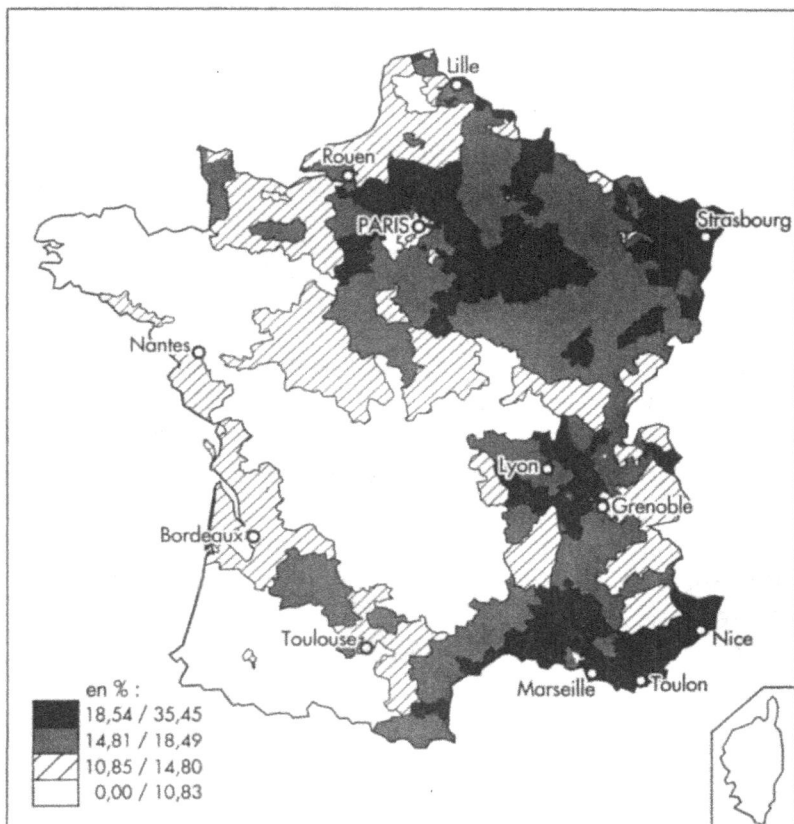

en % :
18,54 / 35,45
14,81 / 18,49
10,85 / 14,80
0,00 / 10,83

**Carte 23 : Le vote en faveur du Front national
dans les 555 circonscriptions métropolitaines
(Législatives 1997, % s.e).**

On retrouve dans cette France urbaine les quatre bastions électoraux qui accordent massivement depuis bientôt
quinze ans leurs suffrages au FN (*cf.* carte 18, page 123) : la
région parisienne, l'Est alsacien-lorrain, l'axe Roanne-
Lyon-Grenoble et la bordure méditerranéenne. C'est dans
cette France urbaine, à forte concentration de population
étrangère non originaire de l'Union européenne et à taux

de délinquance élevé, que les thèmes xénophobes et sécuritaires du FN rencontrent le plus d'échos (*cf.* carte 24).

Dans les contextes où à la fois la présence étrangère et la criminalité globale sont élevées (Gard, Bouches-du-Rhône, Var, Alpes-Maritimes, Rhône, Val-d'Oise, Seine-Saint-Denis, Seine-et-Marne, Val-de-Marne), le FN est fortement implanté[42]. La seule présence étrangère (Ain, Haute-Savoie, Drôme, Doubs, Loiret) ou la seule criminalité élevée (Gironde, Haute-Garonne, Nord, Seine-Maritime, Savoie) ne suffit pas toujours à lui « ouvrir un boulevard ». Certains départements connaissant une forte population étrangère et une délinquance élevée échappent à une forte influence frontiste (les deux Corse, Paris, Hauts-de-Seine, Yvelines, Essonne). Cependant, dans la quasi-totalité des cas, c'est un terrain urbain, à forte présence étrangère et à délinquance élevée qui semble favoriser l'implantation électorale du FN. En revanche, dans les terres éloignées des bruits et des fureurs urbaines et qui s'égrènent des monts d'Arrée aux Cévennes en passant par le Maine, le Poitou, le Limousin, l'Auvergne, le Quercy et le Rouergue, la démonologie du FN, construite autour des figures de l'immigré et du délinquant, ne rencontre qu'un écho assourdi.

Comment l'univers urbain, longtemps perçu comme milieu de tolérance, de liberté et de d'extraversion, est-il devenu le champ clos des haines et de l'introversion ? Il faut revenir ici à des spécificités de l'urbanisation française. Pendant très longtemps, la France n'a connu qu'un développement des villes limité par rapport aux autres pays industriels de l'Europe. Dans l'entre-deux-guerres, elle atteint le seuil de 50 % de la population vivant en ville, seuil atteint dès 1870 en Grande-Bretagne, 1875 aux Pays-

---

42. Pour une carte de la criminalité globale par département, se reporter à la carte 25, page 173.

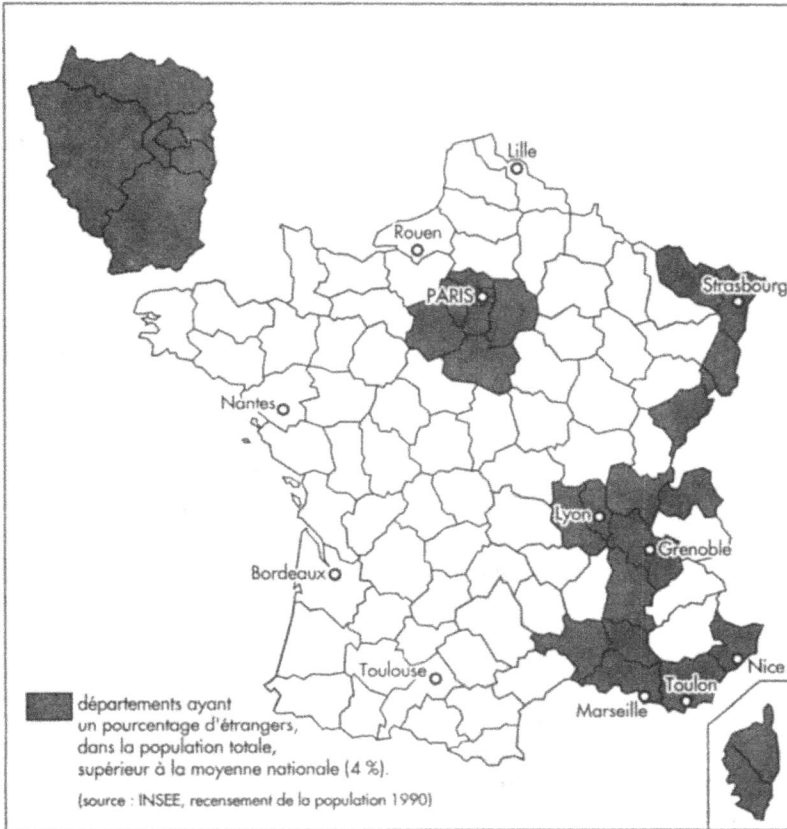

**Carte 24 : La France des étrangers provenant de pays extérieurs
à la CEE.**

Bas et 1890 en Allemagne. Le rattrapage urbain s'effectue
dans les décennies qui suivent la Seconde Guerre mondiale, et l'urbanisation de la population française paraîtra
d'autant plus rapide qu'elle aura été plus lente pendant une
longue période. De 53 % en 1945, le taux d'urbanisation
passe à 59 % en 1954, 63 % en 1962, 70 % en 1968 et
73 % en 1975. Par la suite, le rythme se stabilise : on
compte 73 % de la population vivant dans des aggloméra-

tions urbaines en 1982 et 74 % au dernier recensement de population de 1990. La France a ainsi rattrapé en quelques décennies le niveau d'urbanisation des autres pays industriels de l'Europe du Nord-Ouest. On assiste même à une urbanisation généralisée de l'ensemble de la société, les zones rurales étant souvent touchées par un phénomène de « rurbanisation » qui voit les villages accueillir des populations et des activités au profil urbain. Ce phénomène, sensible dans la carte des zones de peuplement industriel et urbain (*cf.* carte 22), amène aujourd'hui 83 % de la population à vivre dans ces zones. Cette urbanisation généralisée a renforcé certains déséquilibres de l'espace français. Au-delà de celui bien connu entre Paris et la province, un déséquilibre oppose la France à l'ouest d'une ligne Le Havre-Marseille et la France à l'est de celle-ci. Cette dissymétrie, qui remonte pour l'essentiel à la première industrialisation, articulée sur la géographie des sources d'énergie (charbon, minerai de fer, potasse, bauxite, électricité d'origine hydraulique), s'est renforcée : « En 1990, la dissymétrie reste à peu près la même. Sur les 116 unités urbaines de 50 000 habitants, 72 sont dans la moitié orientale. Il en est de même pour douze des quinze plus grandes agglomérations. Bien que l'industrialisation ait peu à peu gagné l'ouest du pays, la plupart des centres industriels sont encore dans la partie orientale. L'examen de la distribution spatiale des zones urbaines montre la même dissymétrie. Sur les quinze plus peuplées, douze sont à l'est de la ligne Le Havre-Marseille. Dans cette partie de la France, de nombreux départements sont urbanisés ou suburbanisés à plus de 95 %. Le fait le plus remarquable est l'existence, dans la partie orientale, de vastes zones urbaines coalescentes montrant que la France est touchée par le phénomène d'urbanisation généralisée observé dans certaines parties du monde développé. C'est particulièrement le cas pour le Nord, la Lorraine, l'Alsace, les vallées de la Seine et de l'Oise, la région de Lyon, la vallée du Rhône, enfin tout le littoral provençal et azuréen. Dans la partie occidentale de la France, les zones urbaines sont le plus souvent séparées les unes des autres par des espaces à dominante agricole. Les zones d'urbanisation généralisée sont moins étendues et beaucoup moins nombreuses[43]. »

Cette urbanisation « à marche forcée » a été relativement brutale, parfois cahotique et de mauvaise qualité, et a pu ébranler une population dont souvent les racines rurales ne sont pas éloignées et dont l'imaginaire reste encore hanté par une campagne pourvue de toutes les qualités. Dans un sondage réalisé en 1994, 79 % des urbains interrogés considèrent que « la vie à la campagne est plus agréable que la vie en ville », 77 % que « les relations entre les gens sont plus humaines à la campagne qu'elles ne le sont en ville », 69 % que « les grandes valeurs fondamentales de notre pays sont mieux préservées à la campagne qu'en ville », et, enfin, pour 65 % d'entre eux, le mot liberté évoque plutôt la campagne[44]. La perception de la ville comme étant un univers pauvre en termes de relations humaines et incapable de préserver les « grandes valeurs » est particulièrement aiguë chez les urbains proches du FN : 87 % d'entre eux pensent que « les relations entre les gens sont plus humaines à la campagne qu'elles ne le sont en en ville », et 79 % sont persuadés que « les grandes valeurs fondamen-

---

43. Daniel NOIN, Yves CHAUVIRE, *La Population de la France*, Paris, Masson/Armand Colin, 1995, pp. 40-43.

44. Les résultats de ce sondage effectué par l'institut CSA pour le CEVIPOF du 23 juin au 10 juillet 1994 auprès d'un échantillon national représentatif de 2 023 personnes âgées de 18 ans et plus (agrégeant deux sous-échantillons représentatifs de 806 ruraux et 1 217 urbains) ont été publiés et commentés dans Bertrand HERVIEU, Jean VIARD, *Au bonheur des campagnes (et des provinces)*, Éd. de l'Aube, 1996.

tales de notre pays sont mieux préservées à la campagne qu'en ville ». Les effets déstructurants de la société urbaine, société de fragmentation et de mobilité et la nostalgie d'une société rurale davantage communautaire et statique semblent avoir rencontré un écho particulier auprès des électeurs du Front national.

Les effets politiques du malaise urbain se sont fait particulièrement sentir à partir du moment où la ville n'a plus été portée, essentiellement à partir du milieu des années 70, par une forte croissance et par un vigoureux renouvellement démographique et social. C'est au cœur de cette France urbaine et industrielle que la « contre-révolution industrielle » a fait sentir ses effets les plus délétères : « En France, la contre-révolution industrielle est d'une rapidité et d'une violence étonnantes. À l'effondrement de branches spécifiques, correspond, sur le plan régional, une dévastation des zones industrielles anciennes. [...] C'est toute la société industrielle du nord et de l'est du pays qui se défait[45]. » Dans ces terres touchées par la crise, les divers groupes sociaux et communautés cohabitent souvent sans véritable espoir de mobilité sociale et spatiale. Une perception inquiète de la crise économique et un doute profond vis-à-vis de ses solutions politiques s'enracinent dans les esprits. C'est dans cet univers fini et anémié, où n'existe plus de « nouvelle frontière », qu'apparaissent et que s'avivent les frictions, les intolérances, les craintes et les haines. Le FN, avec son message d'exclusion et de rejet, apparaît comme la seule force politique en phase avec les inquiétudes et les rancœurs distillées par la crise de la société urbaine et par le constat d'impuissance du politique à répondre aux défis de la crise économique.

---

45. Emmanuel TODD, *La Nouvelle France*, Paris, Le Seuil, 1988, p. 190.

C'est sur le terrain de cette France urbaine et péri-urbaine que la désintégration sociale fait sentir le plus lourdement ses effets. À la fin du XIXe siècle, Émile Durkheim constatait, dans son étude du suicide anomique que, « sur certains points de la société, il y a manque de forces sociales, c'est-à-dire de groupes constitués pour réglementer la vie sociale[46] ». Le suicide était dans son esprit l'un des symptômes pathologiques de l'insuffisante intégration de l'individu dans des collectivités intermédiaires sociales et politiques. Toutes proportions gardées, à la fin du XXe siècle, la poussée du FN et les angoisses qui la nourrissent sont aussi les symptômes pathologiques d'une désintégration sociale et politique. C'est l'un des éléments du diagnostic d'Hervé Le Bras quand il aborde l'explication du vote lepéniste. Il remarque que les départements qui ont voté pour le FN plus que leur proportion d'étrangers ne le laissait pressentir sont tous, ou presque, situés dans le Bassin parisien (au sens large) et sur la côte provençale. La carte qui apparaît ainsi « est bien connue et donne mieux la mesure de l'ébranlement en profondeur du système politique. Carte du suicide au début du siècle, carte de la richesse et des mouvements migratoires internes, c'est à peu près le négatif de la carte de la répartition des familles complexes [...]. Bassin parisien et littoral provençal ont une structure politique dramatiquement simple : toute atteinte au prestige ou à l'identité nationale se répercute sans intermédiaire au niveau local et familial. Une crise d'identité de la France est ressentie comme une crise d'identité individuelle [...]. Le vote Le Pen doit donc être pris au sérieux. Il indique une dégénérescence des formes politiques intermédiaires qui filtraient jusqu'alors les impulsions immédiates[47] ».

---

46. Émile DURKHEIM, *Le Suicide*, Paris, PUF, 1960 (1re édition : 1897).
47. Hervé LE BRAS, *Les Trois France*, Paris, Odile Jacob, 1986.

Cette analyse générale du vote d'extrême droite comme symptôme d'une certaine anomie sociale et politique se retrouve au niveau local. Les facteurs de l'immigration et de l'insécurité qui alimentent le vote en faveur du FN semblent jouer à plein lorsque les systèmes locaux d'intégration socio-politique sont en crise. Tel est le cas à Marseille où la poussée du FN a été précoce et exceptionnelle. La crise profonde des systèmes de gestion urbaine et des systèmes de représentation politique y a ouvert une béance dans laquelle s'est engouffré le FN. La croissance urbaine est stoppée, la politique étatique en matière de ZUP et de ZAC est en crise, l'État se désengage et « le notabilisme de clan et de clientèle est peu à peu remplacé par des spécialistes de la gestion urbaine qui tentent de reprendre la place abandonnée par l'État, mais ceux-ci n'arrivent plus à contenir la ville et la souffrance de ceux qui s'y sentent abandonnés[48] ». Une immense vacance de l'organisation sociale s'installe, que vient combler vaille que vaille le FN. Anne Tristan parle, à Marseille, de « cette terre aride que n'irrigue plus aucune solidarité, de ce désert où sévit le mirage lepéniste[49] ». Le FN fournit alors un réseau de solidarité, une structure d'animation : « Autrefois, sur Marseille, les associations laïques de gauche proposaient des loisirs divers. Ce réseau a aujourd'hui disparu, les lepénistes tissent le leur. » La force du FN est alors de faire entrer dans la visibilité sociale une population qui n'est plus accrochée par les structures politiques et associatives traditionnelles.

---

48. Jean VIARD, « Succès de l'extrême droite : le signe d'une triple fracture », *Cahiers Pierre Baptiste*, numéro consacré à « Marseille ou le présent incertain », 4 juillet 1985.
49. Anne TRISTAN, *Au Front*, Paris, Gallimard, 1987.

Cet enkystement frontiste dans les tissus sociaux et politiques en voie de délitement est sensible, ailleurs qu'en terrain marseillais, dans certaines communes de Seine-Saint-
Denis, de l'Est lyonnais ou du Nord. Là où il n'a pas la
capacité militante pour occuper l'espace social et politique
laissé en déshérence, le FN devient, au moment des élections, le moyen de clamer une protestation. Au sein des
quartiers où un lent et régulier processus de déqualification
sociale est à l'œuvre depuis des années, un sentiment
d'abandon et d'enfermement se développe. Là, la seule
dynamique sociale est souvent celle des associations d'immigrés qui, peu à peu, deviennent porteuses de nouvelles
identités de quartiers. Identités dans lesquelles ne se
retrouve pas toute une partie de la population française.
Souffrant souvent d'un état de précarité économique et
sociale, marginalisée, elle développe un sentiment très fort
d'exclusion, de désarroi et de pessimisme. Coincée dans la
périphérie urbaine, elle n'a plus l'espoir d'en sortir.
Contrairement à ce qui se passait dans les années 50 et 60,
les HLM ne sont plus, depuis la décennie 80, cette étape
dans un processus de mobilité sociale et résidentielle
menant à une tranquille fin de carrière à l'abri de pavillons
à la propriété chèrement acquise. Prise dans une logique de
l'enfermement, ne pouvant plus se différencier socialement
de ses voisins de palier ou de quartier, cette population
développe une « différence raciale », un racisme petit-
blanc qui nourrit le vote FN. Celui-ci devient alors un
« marqueur », le moyen de marquer sa différence et de
faire parler son exclusion sociale.

L'anomie urbaine et ses effets politiques sont ici et là
enrayés par des pouvoirs locaux bien enracinés, présents
sur le terrain de l'action sociale et attentifs à l'intégration
sociale et culturelle des communautés étrangères. Dans
certaines communes, les municipalités, en liaison avec le

139

réseau associatif, s'efforcent par le biais de commissions (immigration, attribution des logements, conseils de quartier), d'opérations d'information, d'actions en milieu scolaire (entraide scolaire pour les enfants d'immigrés, dégustation de cuisines étrangères à l'école), de programmes de réhabilitation des quartiers ou encore de fêtes et de rencontres, de mettre en relation les populations française et étrangère, et d'associer les habitants à la lutte contre le chômage et la délinquance (conseil communal de la délinquance, service emploi). Objet d'un soin et d'un encadrement attentifs, le tissu social et politique garde sa cohérence et parvient à endiguer une crise urbaine qui, ailleurs, fait le lit de l'extrême droite. La montée de celle-ci n'est pas irrésistible, encore faut-il que les forces politiques et sociales reprennent prise sur un tissu urbain qui a bien changé depuis les années 60 et soient capables à la fois d'incarner la vie sociale et de nourrir l'imaginaire collectif.

Une France de l'immigration

Depuis la première moitié du XIXe siècle et de manière quasi continue, la France connaît, à la différence d'autres pays européens, une immigration forte dont les traces sont lisibles dans le fait qu'en 1992 on estimait à 10 % de la population adulte née en France les gens nés dans une famille où il y avait un parent né à l'étranger[50]. Cette

---

50. Cette estimation a été faite par Michèle TRIBALAT, « Les populations d'origine étrangère en France métropolitaine », *Population*, n° 1, janvier-février 1997, pp. 163-219. Elle écrit, pages 170 et 171 : « Au total, 10 % de la population adulte est née en France d'au moins un parent né à l'étranger. S'y ajoutent 13 % de personnes nées à l'étranger. Les Français nés en France de parents nés en France ne regroupent globalement que les

immigration a connu trois phases. La première s'est produite au XIXᵉ siècle et a accompagné la première révolution industrielle. La deuxième a eu lieu après la Première Guerre mondiale et a amené la population étrangère aux alentours de 3 millions au début des années 30. La troisième vague, la plus forte, a été celle des années 50, 60 et du début des années 70, qui a porté les effectifs de la population immigrée (étrangers nés hors de France et naturalisés nés hors de France) à plus de 4 millions en 1974. On estime, en 1990, la population étrangère à 3,6 millions (dont 2,9 millions nés hors de France) et celle des naturalisés à 1,8 million (dont 1,3 million nés hors de France), soient 5,4 millions de personnes (9,5 %) qui ne sont pas françaises de naissance pour une population totale de 56,6 millions.

Dans une étude publiée en 1997, Michèle Tribalat tente de dépasser la seule évaluation de la population étrangère et de la population immigrée pour saisir l'apport démographique global de l'immigration[51]. Elle constate que la population immigrée a été multipliée par deux depuis 1946 (*cf.* ligne relative à l'apport direct du tableau 8) et que, depuis 1975, sa croissance est très faible. Cependant, « le relais est pris par l'apport indirect, c'est-à-dire les naissances en France qui n'auraient pas eu lieu en l'absence d'immigration : le nombre de personnes nées en France du fait de l'immigration passe ainsi de 1,7 million en 1946 à

---

trois quarts de la population française. Les enfants d'origine algérienne et italienne sont les plus nombreux. Viennent ensuite les enfants d'origine espagnole, et, très en retrait, ceux d'origine polonaise. Ces populations correspondent à des flux anciens, auxquels ne ressemblent plus tout à fait l'immigration récente. Les principaux pays de naissance de la population née à l'étranger sont globalement l'Algérie, le Portugal, le Maroc puis l'Espagne et les pays d'Afrique noire ».
51. Michèle TRIBALAT, *article déjà cité.*

Tableau 8 : Évolution de l'apport démographique total de l'immigration à la population de la France (en millions).

	1946	1954	1962	1968	1975	1982	1986	1990	1996
Population totale (1)	39,8	42,8	46,5	49,7	52,6	54,3	55,3	56,6	58,2
Apport direct (2)	2	2,3	2,9	3,4	3,9	4,1	4,1	4,2	
Apport indirect (3)	1,7	2,3	3,1	3,7	4,8	5,7	6,3		
Apport total (4)	3,7	4,6	6	7,1	8,7	9,8	10,4		
Population sans apport (5)	36,1	38,2	40,5	42,6	43,9	44,5	44,9		

Source : Ined.
(1) Population de la France métropolitaine, recensée ou estimée.
(2) Population immigrée.
(3) Surcroît démographique induit par l'immigration d'étrangers depuis 1900.
(4) (2) + (3).
(5) (1) - (4).

Source : M. Tribalat, « Les populations d'origine étrangère en France métropolitaine », *Population*, 1, 1997, p. 167.

6,3 millions quarante ans plus tard, soit une multiplication par près de 4. Deux tiers d'entre elles ont la nationalité française. Ainsi, les entrées d'étrangers peuvent diminuer, la population immigrée stagner, alors que le nombre de personnes d'origine étrangère s'accroît : c'est un élément de compréhension du divorce entre perception publique et discours sur l'immigration étrangère ».

Indépendamment du poids important de la population d'origine étrangère (à une ou deux générations) dans la population totale (10,4 millions de personnes d'origine étrangère en 1986, soit 18,8 % du total), la structure de cette population a beaucoup évolué. Au fur et à mesure que le temps a passé, les immigrés sont venus de pays plus variés et plus éloignés de la France. Aux Belges et aux Italiens de la première vague ont succédé, dans la deuxième vague de l'entre-deux-guerres, aux côtés de ces mêmes nationalités, des Polonais. Durant la troisième vague, les Européens (Italiens, Espagnols, Portugais) sont restés

142

longtemps majoritaires, mais, dans les années 70, l'équilibre a évolué au profit des Maghrébins et des Africains puis, plus tard, dans une plus faible mesure, des Asiatiques. Au dernier recensement de 1990, 60 % de la population étrangère est d'origine non européenne. De 1962 à 1990, la part de celle-ci dans l'immigration est passée de 26 % à 60 %. Aujourd'hui, avec 39 % dans la population étrangère, la population maghrébine est la population la plus importante de l'immigration (*cf.* tableau 9).

Le poids de ces populations non européennes, très différentes par leurs caractéristiques sociales, économiques et culturelles, a rendu l'immigration beaucoup plus visible que dans les années 50. Cette visibilité a été accrue par le fait qu'à l'immigration économique et transitoire d'hommes seuls a succédé une immigration familiale et définitive qui diffuse le fait migratoire, bien au-delà des seuls milieux de l'entreprise, vers ceux du logement, de la

Tableau 9 : La composition de la population étrangère en France de 1962 à 1990.

	1962 Nombre (millions)	1962 %		1982 Nombre (millions)	1982 %		1990 Nombre (millions)	1990 %	
Européens du Nord (Belges, Allemands, Britanniques)	0,2	10		0,2	5		0,2	6	
Européens de l'Est (Polonais)	0,2	11	74	0,1	2	48	0,08	2	40
Européens du Sud (Portugais, Espagnols, Italiens)	1,2	53		1,5	41		1,2	32	
Maghrébins	0,4	19		1,5	38		1,4	39	
Autres Africains	0,02	1	26	0,1	5	52	0,25	7	60
Asiatiques	0,04	2		0,3	8		0,4	12	
Américains	0,1	4		0,05	1		0,08	2	

Source : Daniel Noin, Yves Chauviré, *La Population de la France*, Paris, Masson/Armand Colin, 1995, p. 164.

vie commerciale et de l'école. À cette visibilité de l'immigration non européenne, il faut ajouter la relation ambivalente entre la population française et le Maghreb. Ancienne puissance coloniale, la France a maintenu sa tutelle sur les trois pays du Maghreb jusqu'à la fin des années 50 (pour le Maroc et la Tunisie) et au début des années 60 (pour l'Algérie). Dans les trois cas, la décolonisation a été douloureuse et ponctuée de crises et d'affrontements dont, bien sûr, le plus sanglant a été la longue guerre d'Algérie (1954-1962). Ce passé récent et douloureux vient compliquer aujourd'hui les relations entre l'immigration maghrébine et certains secteurs de l'opinion publique française. Dans aucun autre pays européen la question de l'immigration n'est redoublée par la question de la gestion d'un deuil non encore abouti, comme c'est le cas dans la mémoire collective française avec la « sale guerre » d'Algérie. Cette question vient empoisonner les relations entre l'opinion publique française et l'immigration maghrébine. En témoignent régulièrement le rejet élevé dont sont victimes les Maghrébins dans les sondages relatifs à la perception des immigrés (voir graphique 1, p. 151). Dans un contexte de crise économique et sociale, les relations entre certains secteurs de la population française et l'immigration deviennent difficiles. Cette tension peut se faire particulièrement sentir dans les régions où la population immigrée est fortement concentrée. En effet, la population d'origine étrangère est très inégalement répartie sur le territoire national. Presque absente dans certaines régions de la moitié occidentale, elle est fortement concentrée dans les grands bassins d'emploi de la moitié orientale (l'Île-de-France, le Nord-Pas-de-Calais, la Lorraine, Rhône-Alpes et Provence-Alpes-Côte d'Azur) et dans les villes (où vivent 91 % des étrangers).

L'obsession lancinante de l'immigration semble surtout fleurir sur le terrain de la ville cosmopolite. Les terres urbaines à l'est de la ligne Le Havre-Valence-Perpignan sont également les terres de l'immigration : 85 % de la population étrangère établie sur le sol national y vivent. Ce terrain, plus que d'autres, a sécrété nombre d'inquiétudes diffuses qui gravitent autour de la figure de l'immigré.

Comment s'articulent le vote en faveur du FN, expression privilégiée de ces inquiétudes urbaines, et la présence objective des immigrés ? Les régions et les départements où vit le gros des électeurs du FN étant des zones de forte immigration, on en vient souvent à conclure que le rejet des immigrés exprimé par les électeurs du FN est en relation tout à fait directe avec la présence forte d'immigrés, présence à laquelle ils seraient plus confrontés que d'autres. Une telle relation, parfois trop vite établie à partir des correspondances entre cartes départementales du vote d'extrême droite et de la part de la population étrangère dans la population totale, doit être relativisée[52]. Réalités et représentations de l'immigration sont intimement mêlées dans la structuration du vote en faveur du FN. Lorsqu'on entreprend de démêler l'écheveau, on s'aperçoit que les inquiétudes qui alimentent ce vote mêlent représentations de difficultés de cohabitation et gênes vécues et objectives.

Pour comprendre la manière dont réalités et représentations s'imbriquent, il faut quitter le terrain des analyses nationales et départementales, inévitablement grossières et niveleuses, et utiliser des enquêtes locales et microsociolo-

---

52. On doit cependant rappeler ici que le seul critère quantitatif de la part de la population étrangère dans la population totale ne rend compte qu'imparfaitement de la présence de population d'origine immigrée mais ayant la nationalité française qui participe pourtant pleinement à la perception qu'ont les citoyens français de l'immigration.

145

giques qui nous font découvrir la diversité des contextes et des influences psychosociologiques qui pèsent sur le vote d'extrême droite. Une analyse des corrélations existant entre le vote Le Pen en 1995 et la présence étrangère montre que la relation entre les deux variables n'est pas aussi forte qu'on veut souvent le croire et qu'elle a tendance à diminuer en fonction de l'importance du niveau territorial[53]. De 0.46 dans l'ensemble des 22 régions métropolitaines, le coefficient passe à 0.42 dans les 96 départements, 0.35 dans les 3 782 cantons, pour remonter légèrement à 0.40 dans les 847 communes de plus de 10 000 habitants (nous ne disposons pas des données relatives au pourcentage d'étrangers pour l'ensemble des communes). Dès que l'on passe du niveau régional ou départemental à un niveau d'analyse géographique plus fin (canton, commune, quartier), la liaison entre présence d'étrangers et vote FN s'atténue ou même disparaît. De nombreuses enquêtes réalisées, par exemple dans l'ensemble des communes de Seine-Saint-Denis, du Vaucluse ou de l'Isère, font apparaître qu'il n'y a aucune relation claire et nette entre les deux phénomènes. Des communes ou des quartiers à forte concentration d'étrangers accordent de faibles scores au FN alors que des communes ou des quartiers sans présence étrangère significative soutiennent fortement le FN. Une analyse très fine, bureau par bureau, du vote des agglomérations toulousaine et marseillaise, en 1986, conclut ainsi : « Contrairement à ce que pouvaient laisser penser les résul-

---

53. Le coefficient de corrélation mesure la dépendance entre deux grandeurs mesurables x et y (ici le vote Le Pen en 1995 et le pourcentage d'étrangers dans la population totale au recensement de 1990). Sa valeur varie de - 1 à + 1. Une valeur proche de - 1 signifie une dépendance négative (plus x est grand, plus y est petit). À l'inverse, une valeur proche de + 1 met en évidence une dépendance positive (plus x est grand, plus y est grand). Une valeur proche de 0 signifie une absence de dépendance.

tats départementaux, le FN ne se développe pas dans les zones de plus forte population immigrée ni défavorisée, mais plutôt sur leurs marges[54]. »

Ainsi, le sentiment d'hostilité à la présence des immigrés, motivation déterminante du vote d'extrême droite, est loin de refléter partout et toujours une situation de cohabitation objective avec de fortes communautés étrangères. La présence étrangère semble structurer le vote d'extrême droite au travers d'un « effet de halo ». Une étude réalisée par Jean Chiche et Henri Rey sur les banlieues populaires montre, en 1995, qu'il n'y a même aucune relation entre le vote Le Pen et le pourcentage d'étrangers dans ces communes périphériques[55]. Comme l'écrit Henri Rey « la relation entre la présence des étrangers [...] et la répartition du vote en faveur du Front national n'obéit pas à une régularité statistique. Certes, dans les banlieues, on vote davantage en faveur de ce parti. [...] Attribuer cet écart au seul facteur de l'immigration est tout à fait réducteur. La représentation des étrangers dans la population varie dans des proportions beaucoup plus importantes que les résultats du FN entre les villes de banlieue, qui comptent 17 % d'étrangers en moyenne, et la France urbaine dans son ensemble, qui n'en compte que 9,5 %[56] ». La relation entre présence étrangère et vote frontiste est même beaucoup

---

54. Frédéric BON, Jean-Pierre CHEYLAN, *La France qui vote*, Paris, Hachette, 1988.

55. Dans un échantillon national de 132 communes appartenant à des agglomérations de plus de 300 000 habitants (dont sont exclues les villes-centres et les trois agglomérations de Paris, Lyon et Marseille) et faisant partie du quartile supérieur de la présence d'ouvriers et d'employés dans la population communale, le coefficient de corrélation entre le vote Le Pen et la présence étrangère est de 0.07.

56. Henri REY, *La peur des banlieues*, Paris, Presses de Sciences Po, 1996, pp. 136-137.

plus forte (0.40) dans la France urbaine (l'ensemble des communes de plus de 10 000 habitants) que dans la France des seules banlieues populaires[57] où la présence étrangère est pourtant forte (19,4 %) et où la corrélation entre vote FN et présence étrangère est quasi nulle : 0.07. Il n'y a donc pas de réaction graduée des électeurs à la présence, dans leur environnement proche, d'une population étrangère. On ne peut réduire, selon l'expression d'Henri Rey, « la perception de la xénophobie au dérangement de la cohabitation ».

Pour comprendre ensemble ces relations entre population étrangère et vote frontiste existant au niveau de grandes unités territoriales et disparaissant au niveau de petites unités, on peut émettre l'hypothèse que le rejet de l'immigré – vecteur du vote frontiste – n'est pas le plus intense au contact direct des étrangers et des immigrés[58] mais atteint souvent son point d'orgue à la périphérie des territoires concentrant la population étrangère. Cet « effet de halo » de la présence étrangère sur le vote frontiste peut se diffuser relativement loin de l'épicentre initial de population immigrée jusqu'à toucher des périphéries rurales. Une étude du FN en Haute-Savoie montre que les bons scores de l'extrême droite dans certains cantons de montagne, ruraux et à immigration très faible, sont dus à la

---

57. Il s'agit de l'échantillon des 132 communes cité dans la note 55.

58. À partir des enquêtes annuelles sur le racisme et la xénophobie effectuées depuis 1990 par l'Institut CSA pour la Commission nationale consultative des droits de l'homme, Roland Cayrol constate que, « sur de très nombreuses questions, [...] les réponses des Français sont d'autant plus favorables aux immigrés qu'il y a une présence immigrée importante dans la commune ». *Cf.* Roland CAYROL, « Les indicateurs du racisme et de la xénophobie », pp. 303-317, *in* Elisabeth DUPOIRIER, Jean-Luc PARODI (dir.), *Les Indicateurs socio-politiques aujourd'hui*, Paris, L'Harmattan, 1997.

crainte des étrangers que les montagnards connaissent mal et qui vivent dans les communes de la vallée industrielle de l'Arve.

Cependant, lorsque l'immigration est massive, l'effet de halo peut céder la place à un effet direct. Cette structuration directe du vote FN par la présence immigrée semble se retrouver dans les bastions électoraux que sont certains des quartiers nord de Marseille ou certains arrondissements du Nord-Est parisien. Le vote xénophobe s'enracine alors directement dans « ce royaume de HLM, où coexistent Français et immigrés [...], dans ce décor triste et gris, cliché pour les délires sécuritaires et les obsessions xénophobes de l'extrême droite[59] ».

Cette extrême diversité des conséquences électorales de l'immigration est un indice du fait qu'il n'y a pas *un* mais *des* électorats du FN socialement, politiquement et idéologiquement contrastés. Dans une même ville, le FN effectue des percées électorales dans des contextes aussi différents qu'un paisible quartier de pavillons, un centre constitué d'immeubles aux appartements cossus ou encore un grand ensemble périphérique en voie de délabrement. Dans le premier et le deuxième contextes, l'immigré est rare, alors que dans le troisième il est très présent. Le rejet de l'immigré que l'on ne connaît pas ou avec lequel on ne vit pas mais qu'on devine aux marges du quartier rassemble autant sinon mieux l'électorat lepéniste que l'hostilité vis-à-vis de l'immigré que l'on côtoie quotidiennement. Et d'ailleurs côtoyer veut-il dire connaître ? La proximité peut aller de pair avec l'ignorance. Dans son analyse des sympathisants du FN des quartiers nord de Marseille, Anne Tristan évoque ces deux univers hostiles parce que parallèles : « Les Arabes sont la cause de tous les maux, les insultes

---

59. Anne TRISTAN, *op. cit.*.

fusent, les lamentations aussi : les abribus brisés, les cabines téléphoniques en panne, les portières de bus bloquées, tout ce matériel détruit, abîmé, c'est la faute aux Arabes. [...] À chaque fois, la même logorrhée. Des "ils" invisibles, menaçants surgissent de tous côtés. Mes compagnons daignent rarement appeler les Arabes par leur nom. Quand ils les croisent dans la rue, ils font mine de ne pas les voir, ne les voient même pas. Comme si les immigrés, obsédants fantômes, vivaient derrière un écran, dans un autre monde. »

Le rejet de l'immigré a une dimension fantasmatique incontestable. Ce fantasme est articulé autour d'une stigmatisation de l'étranger qui permet de développer une réaction communautaire et identitaire. Reprenant une belle expression d'Albert Cohen, Anne Tristan conclut son exploration de l'univers des militants du FN à Marseille en parlant « de ces braves gens qui s'aiment de détester ensemble ». La détestation touche les étrangers et particulièrement les Maghrébins qui sont rendus responsables de tous les maux. Depuis des décennies, les sondages établissent une hiérarchie entre immigration européenne et immigration africaine. Si la première est à peu près admise, la seconde est massivement rejetée. Dans cette hiérarchie du rejet et de la détestation, les électeurs du FN battent des records : 85 % (contre 40 % de l'échantillon national) déclarent éprouver de l'antipathie pour les Maghrébins, 78 % (contre 35 %) pour les beurs, 58 % (contre 39 %) pour les Tziganes, 49 % (contre 28 %) pour les homosexuels, 49 % (contre 17 %) pour les Noirs d'Afrique, 36 % (contre 18 %) pour les Pieds-Noirs qui constituent pourtant une clientèle d'élection pour le FN, 33 % (contre 12 %) pour les Européens d'Europe centrale, 32 % (contre 17 %) pour les juifs, 28 % (contre 15 %) pour les Asiatiques, 21 % (contre 9 %) pour les Antillais, 13 %

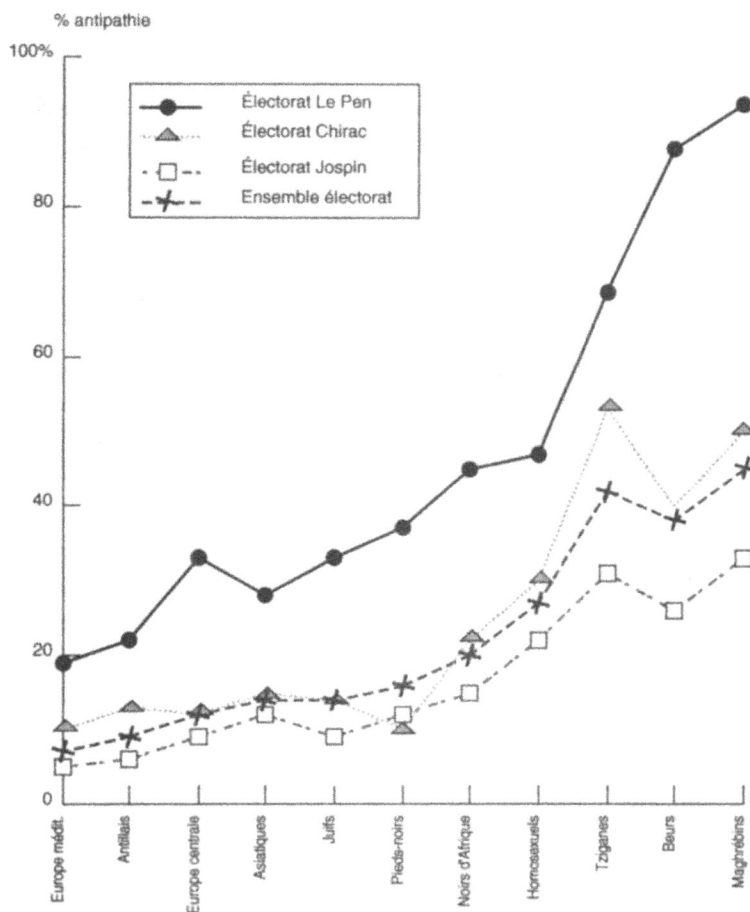

Graphique 1 : La hiérarchie des antipathies vis-à-vis de l'Autre par électorat
(Source : Sondage CSA, 18-26 nov. 1996)

(contre 5 %) pour les Européens du Sud (enquête CSA de novembre 1996)[60] (*cf.* graphique 1).

---

60. La question posée chaque année (depuis 1990) par l'institut CSA pour le compte de la Commission nationale consultative des droits de

Quelle que soit la nature du groupe minoritaire, c'est dans l'électorat du FN qu'il est le plus violemment rejeté. On retrouve chez ces électeurs la dimension hétérophobe caractéristique de ce que Theodor Adorno appelle « la personnalité autoritaire ». L'Autre, quelles que soient son origine ou ses caractéristiques, est considéré comme constituant une menace. Cependant, c'est dans l'appréciation des populations d'origine nord-africaine que l'antipathie des électeurs du FN est la plus exceptionnelle par rapport aux niveaux moyens de l'antipathie dans l'ensemble de l'électorat. L'antipathie des électeurs de Jean-Marie Le Pen vis-à-vis des maghrébins est de 45 points supérieure à la moyenne nationale, celle vis-à-vis des beurs de 43 points alors que celle vis-à-vis des Noirs d'Afrique n'est « que » de 32 points, vis-à-vis des Tziganes de 19 points, vis-à-vis des Juifs de 15 points, vis-à-vis des Asiatiques de 13 points. On mesure bien ici la force du rejet de l'immigration maghrébine dans les attitudes des électeurs frontistes. Dans une vision apocalyptique, cette immigration est associée au chômage, à la délinquance, au souvenir douloureux de la guerre d'Algérie, à l'actualité des violences islamistes... Cette vision développe dans l'électorat du FN une profonde frustration identitaire. En 1986, 52 % des électeurs grenoblois du FN considèrent qu'« être français n'est pas toujours un avantage en France ». En 1997, 79 % des électeurs du FN (contre 45 % de l'ensemble de l'électorat) estiment que « maintenant on ne se sent plus chez soi comme avant ».

---

l'homme, est la suivante : « Quels sont vos sentiments personnels à l'égard des différents groupes suivants ? Avez-vous pour eux beaucoup de sympathie, plutôt de la sympathie, plutôt de l'antipathie ou beaucoup d'antipathie ? » (liste des groupes).

Les solutions envisagées par les électeurs du FN **pour** récupérer cette identité « ravie » sont toutes orientées vers le repli communautaire et l'exclusion de l'Autre. « La France aux Français », clament ces électeurs, et, pour cela, il faut exclure et discriminer : exclure les travailleurs immigrés et distinguer au sein même de la population française « le bon grain de l'ivraie ». En 1986, dans une enquête par sondage réalisée à Grenoble, 73 % des électeurs FN (contre 20 % de l'ensemble de l'électorat) exprimaient leur accord avec la proposition suivante : « Pour que la France reste la France, il faut faire une différence entre les vrais Français et les autres. » Peu à peu s'est installée au cœur de la société française une conception différentialiste de la nation qui est aux antipodes de la conception universaliste traditionnelle mais qui se nourrit peut-être des échecs de celle-ci ou du moins de la difficulté, dans un contexte de crise économique et sociale, pour cette ambitieuse conception de la nation d'avoir une réalité à la hauteur de son idéal.

Une France ségrégationniste ?

Les électeurs du FN sont porteurs d'une conception de la nation qui s'est cristallisée à la fin du XIXe siècle dans ce que Zeev Sternhell appelle dans sa thèse sur le nationalisme de Maurice Barrès un « nationalisme du refus[61] ». À la fin du siècle dernier, le nationalisme français a en effet connu une profonde mutation. Au nationalisme d'assimilation, né de l'héritage idéologique de la Révolution et mêlant les

---

61. Zeev STERNHELL, *Maurice Barrès et le nationalisme français*, Paris, Ed. Complexe, 1985 (1re édition en 1972 chez Armand Colin et Presses de la Fondation nationale des sciences politiques).

valeurs de progrès, de patriotisme, de liberté et d'unani-
misme, s'est substitué un nationalisme d'exclusion rassemblé autour des notions de tradition, de repli national,
d'ordre et de dénonciation de « l'anti-France ». Comme le
remarque Raoul Girardet dans l'anthologie du nationalisme français qu'il publie en 1966[62], ce « nationalisme des
nationalistes » est, contrairement au premier nationalisme,
marqué du sceau d'un messianisme humanitaire, un nationalisme de rétraction, de droite, avec sa doctrine (Maurice
Barrès, Édouard Drumont, Charles Maurras) « qui se
révèle surtout comme une méditation sur une décadence ».
Écho des humiliations de la défaite de 1870, de l'invasion
du territoire, du traité de Francfort et des provinces per-
dues, ce nationalisme est « un mouvement de défense,
repli, resserrement sur lui-même d'un corps blessé ». Ce
mouvement va s'amplifier à l'extrême fin du XIXᵉ siècle
entre les deux crises politiques majeures que sont le boulangisme et l'affaire Dreyfus (1887-1900). Ce que Michel
Winock appelle « la vieille histoire du national-populisme » y prend ses racines. Se structure alors un discours
national-populiste articulé autour du dévoilement de « la
décadence et de la décomposition », de la dénonciation
« des coupables qui œuvrent au travail de sape de la nation
française » et de l'attente d'un « sauveur[63] ». C'est ce type
de discours qui jalonne un siècle d'histoire de l'extrême
droite.

Lorsque, en 1972, se crée le Front national, tentative de
fédération des morceaux épars de l'extrême droite française, le discours du parti prolonge cette veine. Dans son

---

62. Raoul GIRARDET, *Le Nationalisme français. Anthologie 1871-1914*,
Paris, Le Seuil, 1983 (1ʳᵉ édition, Armand Colin, 1966).

63. Michel WINOCK, « La vieille histoire du national-populisme », *Le
Monde*, 12 juin 1987.

« Texte de base[64] », le FN, dès les premières lignes, dénonce « le processus de décadence intellectuelle, morale et physique où nous sommes engagés ». Il poursuit : « Cette décadence est aujourd'hui le péril majeur qui guette la France. Elle mine l'individu. Elle détruit la famille. Elle affaiblit la Nation. Elle ronge les principes sans lesquels les communautés disparaissent dans le chaos de l'intérieur ou la mainmise de l'étranger. » Il désigne les coupables : l'immigration (« Rien ne sert de veiller aux frontières d'une civilisation si une invasion pacifique ou légale change la nature, le particularisme et le génie de son peuple »), le « patronat fasciné par le profit immédiat », « les syndicats professionnels de la lutte des classes qui vivent des antagonismes sociaux » et les « technocrates abstraits »... Il soumet toute action et toute politique au seul primat de la Nation, mais une nation bien particulière, faite uniquement d'héritage et non de choix : « La nation est la communauté de langue, d'intérêts, de races, de souvenirs où l'homme s'épanouit. Il y tient par ses racines, ses morts, le passé, l'hérédité et l'héritage. Tout ce qui lui a été transmis, tout ce qu'il devra transmettre, son équilibre, sa réussite, sa sérénité, son bonheur, dépendent de l'équilibre, de la réussite, de la sécurité de la Nation. L'intérêt de la Nation est celui de chaque citoyen. En conséquence, toute notre pensée et notre action politique doivent être au service de la Nation. »

Il restait à l'extrême droite à construire le mythe du Sauveur. La tâche sera plus longue, et il faut attendre les années 1983-1984 pour voir apparaître le président du FN, Jean-Marie Le Pen, dans le rôle du Sauveur. Cette figure du Sauveur qu'incarne Jean-Marie Le Pen est celle du démagogue au sens étymologique du terme (*dêmagôgos* : « qui

---

64. *Texte de base* du Front national, 1973.

155

conduit le peuple »). Comme l'écrit Pierre-André Taguieff : « Le peuple doit être pénétré de l'illusion que les idées et valeurs du démagogue ne diffèrent en rien des siennes. "Les idées que je défends ? les vôtres", affirme très classiquement Jean-Marie Le Pen. Il dit être l'homme qui s'adresse au peuple, véritablement et sincèrement. L'adresse au peuple brode autour de deux énoncés en chiasme du démagogue : "Mes idées sont les vôtres"/"Vos idées sont les miennes." En bref : "Je suis vous." Le démagogue, originellement conducteur du peuple ou chef du parti populaire, nie ainsi toute différence entre sa nature et celle du peuple, entre ses valeurs et celles du peuple : il exploite les opinions, les croyances et les passions en cours en les renforçant, les canalisant et les orientant[65] ». Depuis plus de dix ans, cette rhétorique du national-populisme capte entre 10 et 15 % de l'électorat et rencontre même un écho au-delà. On retrouve chez les électeurs proches du FN nombre des éléments de cette rhétorique.

Tout d'abord, ces électeurs partagent et participent au discours de la décadence, du péril et de l'inquiétude. Quel que soit l'indicateur retenu pour mesurer le sentiment de déclin ou d'inquiétude, c'est dans l'électorat du FN que celui-ci est le plus profond (*cf.* tableau 10).

Sentiment du déclin de la France frappée, aux yeux des électeurs du FN, d'un irrésistible processus de déchéance de son influence. Sentiment que l'avenir ne fera que prolonger cette *deminutio capitis*. 71 % des électeurs proches du FN (contre 38 % dans l'ensemble de l'électorat) considèrent que la France est depuis vingt ans en décadence. 59 % (contre 43 %) s'attendent à ce que les dix prochaines années soient pour les Français plutôt moins bonnes que

---

65. Pierre-André TAGUIEFF, « La rhétorique du national-populisme », *Mots*, 9, 1984.

Tableau 10 : Les électeurs et l'appréciation de leurs situations personnelles et de la situation de la France.

	Ens. électorat	Proximité partisane				
		PC	PS	UDF	RPR	FN
Diriez vous que la France est depuis vingt ans en progrès, en stagnation ou en décadence[a] ?						
En progrès	25	18	39	25	18	9
En stagnation	33	30	36	34	32	19
En décadence	38	49	22	41	48	71
Ne se prononcent pas	4	3	3	–	2	1
Diriez-vous que la France exerce actuellement dans le monde une influence[b]...						
Très grande ou assez grande	53	62	69	54	45	42
Plutôt faible ou très faible	39	35	24	42	49	55
Ne se prononcent pas	8	3	7	4	6	3
Vous attendez-vous à ce que les dix prochaines années soient pour les Français plutôt meilleures ou plutôt moins bonnes que les dix dernières[b] ?						
Plutôt meilleures	32	24	39	30	34	31
Plutôt moins bonnes	43	46	35	48	44	59
Sans changement	18	24	20	15	15	17
Ne se prononcent pas	7	6	6	7	7	3
Avez-vous l'impression que, dans la vie de tous les jours, les gens comme vous vivent mieux ou moins bien qu'avant[c] ?						
Mieux	27	22	27	31	33	22
Moins bien	49	61	49	45	45	63
Sans changement	20	14	20	21	19	15
Ne se prononcent pas	4	4	3	3	3	1
Vous, personnellement, pensez-vous que les mois qui viennent seront pour vous et votre famille[d]...						
Beaucoup plus difficiles ou un peu plus difficiles que ces derniers mois	68	74	61	72	71	78
Beaucoup plus faciles ou un peu plus faciles	24	19	31	22	21	14
Ne se prononcent pas	8	7	8	6	8	8
Aujourd'hui, en France, on ne se sent plus chez soi comme avant[e] ?						
Plutôt d'accord	45	38	34	41	51	86
Plutôt pas d'accord	54	60	65	58	48	11
Ne se prononcent pas	1	2	1	1	1	3

a. Sondage CSA-*L'Événement du jeudi*, 8-12 juin 1991.
b. Sondage SOFRES effectué pour *L'Expansion*, 22-28 août 1985.
c. Sondage SOFRES effectué pour le CEVIPOF, 9-20 mai 1988.
d. Sondage IFOP effectué pour *Le Parisien*, 5-6 décembre 1991.
e. Sondage SOFRES effectué pour le CEVIPOF, 26-31 mai 1997.

les dix dernières. Cette inquiétude et ce pessimisme enserrent l'électeur du FN au travers d'une série de cercles concentriques qui touchent son travail, sa famille et sa personne. 63 % des sympathisants du FN (contre 49 % de l'ensemble des personnes interrogées) ont l'impression que, dans la vie de tous les jours, les gens comme eux vivent moins bien qu'avant. 78 % (contre 68 %) pensent que les mois qui viennent seront pour eux et leurs familles plus difficiles. Plus que pour d'autres catégories de Français, l'environnement de l'électeur proche du FN semble être celui de tous les dangers. Cette décadence ressentie, ce pessimisme et ces inquiétudes sur les capacités de la société française aujourd'hui et demain entraînent une nostalgie du passé et un fort sentiment de dépossession : en 1997, 86 % des sympathisants du FN (contre 45 % de l'ensemble des électeurs) considèrent qu'aujourd'hui en France « on ne se sent plus chez soi comme avant ».

Dans un électorat particulièrement inquiet et déboussolé par la perte des repères idéologiques, sociaux et territoriaux traditionnels, le retour à une identification nationale exclusive et « solide » rassure. La nation, la mère-patrie, l'identité nationale qui n'admet pas de concurrence (comme le laisse entendre le titre de la revue théorique du FN : *Identité* au singulier) constitue le point fixe autour duquel Jean-Marie Le Pen arrime son électorat. Au-delà même de leur identité politique, c'est l'identité personnelle des électeurs proches du FN que la nation contribue fortement à définir (*cf.* tableau 11).

À l'heure où les électorats se définissent très peu par les référents les plus traditionnels (géographiques, religieux, politiques et nationaux) et revendiquent des allégeances plus individuelles (famille, caractère, amitiés électives), l'électorat du FN est le seul à revendiquer fortement le lien non électif de la nation. 31 % de ces électeurs (contre 18 %

Tableau 11 : Les électorats et leurs critères d'identité.

	Ens. élec-torat	Proximité partisane				
		PC	PS	UDF	RPR	FN
Qu'est-ce qui vous définit personnellement le mieux à vos propres yeux ?						
Votre famille	55	51	51	57	55	64
Votre caractère	32	20	34	40	26	20
Vos relations, vos amis	25	20	26	25	27	18
Votre travail, votre profession	20	15	22	19	25	13
Vos goûts	20	11	21	21	23	18
Vos valeurs ou vos références philosophiques ou religieuses	18	9	16	27	27	9
Votre nationalité française	18	18	14	22	24	31
Votre quartier, votre commune, votre région	15	11	16	18	17	7
Vos opinions politiques	11	20	9	15	15	18
Votre âge	10	11	12	15	7	2
Votre apparence physique ou vestimentaire	9	11	9	10	11	7
Votre formation, vos diplômes	8	2	10	11	8	4
Votre niveau de salaire, vos revenus	8	5	8	8	9	4
Vos fonctions et titres extraprofessionnels	7	7	8	9	5	2
Vos performances	6	2	4	10	4	7

Source : CSA-*Panorama*, 18-19 mai 1994.

dans l'ensemble de l'électorat) considèrent que la nationalité française est ce qui les définit personnellement le mieux à leurs propres yeux. Le nationalisme, entendu, il y a presque un siècle, par Maurice Barrès comme « l'acceptation d'un déterminisme », semble rencontrer un écho auprès des électeurs lepénistes. Nous ne sommes pas très loin de ce « vertige » auquel l'écrivain appelait en 1899 : « Un vertige où l'individu s'abîme pour se retrouver dans la famille, dans la race, dans la nation[66]. » Nous sommes là au cœur même de ce nationalisme d'exclusion où l'appartenance familiale, raciale et nationale est exclusive de toute autre forme d'appartenance. L'autre – sexuel, racial ou national – est rejeté. Ce rejet de l'autre constitue le deuxième élément de la rhétorique national-populiste partagé par les électeurs du FN.

C'est dans l'électorat du FN que la construction de l'identité par rejet de l'autre est la plus forte (*cf.* graphique 1, p. 151). Quelle que soit la source de l'altérité, c'est dans l'électorat du FN que l'hétérophobie et le sentiment d'invasion par l'autre sont les plus forts. Comme l'écrit Julia Kristeva, « l'étranger perçu comme un envahisseur dévoile chez l'enraciné une passion ensevelie : celle de tuer l'autre, d'abord craint ou méprisé, puis promu du rang de déchet au statut de persécuteur puissant contre lequel un "nous" se solidifie pour se venger[67] ». On l'a vu, l'hostilité vis-à-vis des Maghrébins (français ou non) bat des records dans l'électorat du FN. Mais cette hostilité est également très forte vis-à-vis d'autres minorités ethniques (Noirs d'Afrique, Asiatiques), religieuses (Juifs) ou sexuelles (homosexuels) ou encore fruits de l'histoire (Pieds-noirs). Les « autres », souvent massivement rejetés par ces électeurs, sont transmués en puissances occultes travaillant au délitement de la communauté nationale (*cf.* tableau 12).

La sécurité, les croyances, le pouvoir seraient menacés par l'action corrosive de minorités allogènes. 60 % des électeurs du FN (contre 41 % dans l'ensemble de l'électorat) se sentent menacés dans leur sécurité par la présence,

---

66. Maurice BARRÈS, *La Terre et les Morts, Scènes et doctrines du nationalisme*, Paris, Plon, 1902, cité p. 187 *in* Raoul GIRARDET, *op. cit.*

67. Julia KRISTEVA, *Étrangers à nous-mêmes*, Paris, Fayard, 1988.

Tableau 12 : Les électorats et les menaces intérieures.

	Ens. élec-torat	PC	PS	UDF	RPR	FN
		Proximité partisane				
Certains pensent que, si le nombre des immigrés d'origine arabe notamment, est trop élevé dans une commune, cela peut représenter une menace pour la sécurité des habitants[a]...						
% D'accord	41	32	37	40	48	60
Craignez-vous que la France devienne un jour un pays islamique[b] ?						
% Oui	37	34	26	41	54	71
Voici une liste de phrases. Pour chacune d'elles pouvez-vous me dire si vous êtes[c]...						
Les Juifs ont trop de pouvoir en France : tout à fait d'accord plutôt d'accord	21	26	20	19	25	40

a. Sondage CSA-*VSD*-La 5, 11-12 avril 1991.
b. Sondage CSA-*L'Événement du jeudi*, 8-12 juin 1991.
c. Sondage SOFRES-CEVIPOF, 9-20 mai 1988.

en nombre élevé, d'immigrés arabes dans leur quartier. 71 % (contre 37 %) craignent que la France devienne un jour un pays islamique. 40 % (contre 21 %) pensent que les juifs ont trop de pouvoir en France.

Au-delà de la dénonciation de ces menaces infra-nationales, qui redonne vie au vieux discours de l'anti-France vitupérant, au début du siècle, les « quatre États confédérés » (*dixit* Charles Maurras parlant des « juifs, des francs-maçons, des protestants et des métèques »), apparaît une autre mise en garde contre les menaces supranationales (Europe, mondialisme).

Depuis le début des années 90, la démonologie du FN, articulée autour des figures de l'immigré arabe, du musul-

Tableau 13 : Les électorats et l'Europe.

	Vote à l'élection européenne du 12 juin 1994						
	Ens. échantillon	PC	PS	Baudis	Tapie	De Villiers	Le Pen
Se sentent rarement ou jamais citoyens européens	35	51	17	34	26	38	63
Ne souhaitent pas que le Parlement européen ait plus de pouvoirs	30	41	13	28	22	45	55
Inquiets ou hostiles face à la construction européenne	47	65	24	35	36	66	82
Hostiles à l'élargissement de l'Union européenne à l'Autriche, la Suède, la Norvège, la Finlande	30	38	14	24	26	38	61
Hostiles à l'élargissement aux pays de l'Europe de l'Est	48	42	28	49	50	57	75
La poursuite de l'élargissement est une menace pour la nation française	34	48	11	29	27	44	76
Opposés à l'instauration d'une monnaie européenne	30	39	16	22	21	37	63
Renforcer la protection vis-à-vis des produits venant des USA ou du Japon	45	57	38	41	43	50	52

Source : Sondage « sortie des urnes », CSA, 12 juin 1994.

man et du délinquant, a été relayée par une vigoureuse mise en cause de l'Europe, du cosmopolitisme et du mondialisme. La relance européenne à la fin des années 80, l'engagement de plus en plus massif de l'ONU dans des conflits internationaux ou intranationaux (Irak, Bosnie, Rwanda, Somalie, Haïti...) ont fait réapparaître le spectre des « gouvernements apatrides ». Lors des dernières élections européennes du 12 juin 1994, ce sentiment européen a fait florès dans l'électorat frontiste et a dépassé par sa vigueur l'anti-européisme des électeurs communistes et des électeurs villiéristes (*cf.* tableau 13).

On peut ainsi constater qu'au sein des droites les électeurs villiéristes sont souvent moins éloignés de ceux du RPR et de l'UDF (liste dirigée par Dominique Baudis) qu'ils ne le sont de ceux du FN. Sur huit indicateurs retenus pour mesurer « l'européisme », les électeurs frontistes sont toujours en majorité anti-européens (entre 52 % et 82 %). Ce n'est le cas que pour trois indicateurs en ce qui concerne les électeurs villiéristes et les électeurs communistes. Sans conteste, ce sont ceux du FN qui sont porteurs du nationalisme hexagonal le plus sourcilleux et le plus clos. C'est seulement dans cet électorat que le mouvement de défense contre les menaces extérieures et de repli sur le « pré carré » national atteint la proportion d'un véritable « enfermement national ».

Cette conception d'une « nation close » ressuscite le nationalisme de fermeture de la fin du XIXe siècle. Les sympathisants frontistes revendiquent tout à la fois la fermeture totale des frontières, des comportements d'exclusion et de discrimination et une gestion communautariste de la nation française qui frise l'*apartheid* (*cf.* tableau 14).

Très hostiles à tout flux migratoire, les sympathisants du FN sont également opposés à la naturalisation des étrangers puisqu'une forte majorité (64 %) considère qu'on ne peut être « un vrai Français » si l'on n'a pas des parents

Tableau 14 : Les électorats et le nationalisme d'exclusion.

| | Ens. électorat | \multicolumn{6}{c}{Proximité partisane} |
		PC	PS	Verts	UDF	RPR	FN
Vous savez que les étrangers dont l'état de persécution dans leur pays a été reconnu peuvent obtenir l'asile politique en France. À ce propos, avec laquelle de ces opinions vous sentez-vous le plus d'accord ?							
La France doit accueillir les réfugiés, mais en faisant bien la différence, c'est-à-dire en refusant les réfugiés qui ont en réalité des problèmes économiques dans leur pays	37	24	36	38	56	40	10
La France doit être une terre d'accueil et ouvrir ses portes à ceux qui sont persécutés dans leur pays	24	51	32	28	14	13	0
La France a trop d'immigrés et doit totalement cesser d'accueillir des réfugiés	36	22	29	30	29	47	88
Vous est-il déjà arrivé de tenir des propos ou d'avoir des attitudes dont vous pourriez dire qu'ils pourraient être considérés comme racistes ?							
Souvent, de temps en temps	27	15	22	22	21	40	70
En ce qui vous concerne personnellement, diriez-vous de vous-même que...							
Vous êtes plutôt raciste, un peu raciste	41	13	38	33	49	58	89
À propos de discriminations dont peuvent être victimes des travailleurs du fait de leur origine dans le milieu du travail et de l'entreprise, estimez-vous qu'elles sont...							
Tout à fait, plutôt justifiées	17	8	15	15	16	20	51
Pas vraiment ou pas du tout justifiées	68	81	72	74	74	65	31
Ne se prononcent pas	15	11	13	11	10	15	18
Comment voyez-vous l'avenir de la population en France, dans les vingt prochaines années ?							
Les différents groupes (Européens, Noirs, Arabes) vivront ensemble en bonne entente	8	23	10	9	4	2	0
Les différents groupes vivront ensemble mais il y aura des tensions entre eux	44	27	54	41	50	51	23
Les différents groupes vivront séparés mais sans tensions	5	6	6	10	8	4	3
Les différents groupes vivront séparés mais il y aura des tensions et des crises	38	38	24	37	37	40	67
Ne se prononcent pas	5	6	6	3	1	3	7

Source : Sondage CSA-Commission nationale consultative des droits de l'homme, 6-15 novembre 1993.

français ou si l'on n'est pas né en France (51 %)[68]. Et même en ce qui concerne la tradition du droit d'asile, qui ne menace en rien les voies d'accès à la nationalité française, 88 % des électeurs proches du FN considèrent qu'il faut « totalement cesser d'accueillir des réfugiés ». Au-delà du rejet de l'assimilation politique de l'étranger dans la nation par le biais de la naturalisation, il y a également refus de la cohabitation avec l'étranger, même l'étranger persécuté.

Ce rejet fondamental de l'autre se traduit dans une affirmation des comportements d'exclusion : 70 % des sympathisants du FN déclarent tenir et avoir souvent ou de temps en temps des propos et des attitudes racistes. 51 % (contre 17 % dans l'ensemble de l'électorat) considèrent même que les discriminations dans le milieu du travail en fonction des origines sont justifiées. La reconnaissance d'une équivalence de qualité entre les individus quelle que soit leur origine est déniée. Ce déni débouche sur une conception différentialiste et ségrégationniste de la France. Pour l'immense majorité des électeurs proches du FN (67 %), l'avenir de la société française est l'éclatement en plusieurs groupes séparés et conflictuels.

L'attitude dominante des Français à l'égard de leur nation est celle du refus d'une nation différentialiste, kaléidoscope de minorités institutionnalisées. Face à la différence ethnique, culturelle ou religieuse de l'immigration, 58 % de nos concitoyens restent fidèles à la conception française traditionnelle de l'intégration individuelle des individus et considèrent qu' « au sein de la nation française tous les individus doivent avoir les mêmes droits et les mêmes devoirs » (*cf.* tableau 15). L'approche différentialiste qui cherche à saisir les individus dans leurs particula-

---

68. *Cf.* sondage Louis Harris/*L'Événement du jeudi*, réalisé les 30 et 31 octobre 1986.

Tableau 15 : Les électorats et les conceptions de la nation.

	Proximité partisane					
	Ens. élec- torat	PC	PS	Verts	UDF/ RPR	FN
À propos de l'intégration des individus en France, laquelle de ces opinions correspond le mieux à ce que vous pensez ?						
Au sein de la nation française, tous les individus doivent avoir les mêmes droits et devoirs	58	64	65	53	54	50
Au sein de la société française, il faut reconnaître des droits et devoirs particuliers aux minorités en fonction de leurs origines ou religions	34	36	29	45	37	46
Ne se prononcent pas	8	-	6	2	9	4
Estimez-vous que le pouvoir accru des régions en France constitue une menace pour l'unité de notre nation ?						
Oui, tout à fait ou plutôt	30	28	21	33	25	59
Non, plutôt ou pas du tout	59	68	71	62	62	37
Ne se prononcent pas	11	4	8	5	13	4
Estimez-vous que l'unification européenne dans le cadre des accords de Maastricht constitue une menace pour l'avenir de la nation française ?						
Oui, tout à fait ou plutôt	38	62	22	27	45	60
Non, plutôt pas ou pas du tout	44	28	65	52	38	27
Ne se prononcent pas	18	10	13	21	17	13

Source : Sondage CSA-*La Croix*, 16-18 juin 1992.

rités ethniques ou culturelles ne rassemble que 34 % des Français.

La conception d'une nation différentialiste selon laquelle « il faut reconnaître des droits et des devoirs particuliers aux minorités en fonction de leurs origines ou religions » n'a de forts soutiens que chez les électeurs du FN (46 %) et des Verts (45 %). Le partage des électeurs du FN en deux masses sensiblement égales de partisans de la nation universaliste, rétive à la reconnaissance des différences, entièrement tournée vers l'intégration individuelle et les partisans d'une nation différentialiste, reconnaissant et institutionnalisant les différences, privilégiant l'intégration communautaire, révèle la tension qui est à l'œuvre dans la société française entre une norme idéale d'intégration individuelle, oublieuse des spécificités culturelles, et la réalité d'une société fragmentée, hétérogène et traversée très concrètement par de nombreuses affirmations identitaires. Chez les électeurs du FN, il y a à la fois affirmation d'un idéal d'intégration des immigrés et justification concrète d'une gestion différentialiste exigée par l'irréductible particularité de ceux-ci.

Le différentialisme des électeurs du FN est ici très différent de celui des Verts. Le premier est une fossilisation des différences où la défense de « l'identité française » se traduit en ségrégation des autres identités. Le second est une reconnaissance et une défense des minorités et de leurs droits dans une perspective de véritable « citoyenneté multiculturelle[69] » prenant en compte la pénétration du fait collectif qu'est l'identité culturelle dans les institutions. Alors qu'une majorité (50 %) d'électeurs écologistes considèrent que les différents groupes d'origines ethniques plurielles vivront ensemble à l'avenir, une forte majorité d'électeurs du FN (67 %) envisage l'avenir de la société française sur le mode d'une société ségrégationniste et conflictuelle (*cf.* tableau 14).

Cette conception d'une France qui ne pourrait gérer ses différences que dans la ségrégation des minorités est symp-

---

69. *Cf.* Will KYMLICKA, *Multicultural Citizenship : a liberal theory of minority rights*, Oxford, Oxford University Press, 1995.

tomatique d'une crise du « modèle républicain d'intégration » dont les vertus sont sans cesse chantées en oubliant sa part de mythe et ses difficultés de fonctionnement à l'heure où il n'a plus les moyens économiques, sociaux et culturels de ses nobles ambitions[70]. La part de mythe est sensible dans le fait que le « modèle d'intégration républicaine » a fonctionné avec beaucoup plus de souplesse dans la réalité que ne le donne à penser le discours républicain pur et dur. Ce modèle qui a favorisé l'intégration de générations d'immigrants, de la IIIe République à la fin des Trente Glorieuses, au travers de l'école, du logement social, des organisations politiques et syndicales, de l'armée et de l'emploi, connaît aujourd'hui de multiples ratés. Dans les années 80 et 90, les politiques publiques dans ces domaines sont en pleine crise, et ces lieux de socialisation et d'intégration remplissent de moins en moins bien leurs fonctions. Dans ces conditions, « l'appel au modèle républicain, quand il ne tend pas à devenir nostalgique ou incantatoire, risque de devenir purement répressif – référence à une conception pure et dure de la laïcité, mise en place d'un traitement avant tout policier de la crise urbaine par exemple. [...] Le national-populisme s'alimente de la maladie sénile du modèle français d'intégration républicaine en permettant aux Français qui se veulent "de souche" de concilier sur un mode imaginaire ce qui devient inconciliable dans la pratique[71] ». Ainsi, pour toute une série d'électeurs qui se sentent menacés d'exclusion ou de chute sociale en même temps qu'atteints dans leur être culturel, le vote en faveur du FN permet, au travers d'une

---

70. Sur ce point, on pourra consulter avec profit le livre paru sous la direction de Michel Wieviorka, *Une société fragmentée ? Le multiculturalisme en débat*, Paris, La Découverte, 1996.
71. Michel WIEVIORKA, *op.cit.*, pp. 40 et 45.

conception ségrégationniste de la nation, de croire à la pérennité d'un modèle de synthèse républicaine où l'intégration serait réservée aux seuls « Français de souche » et exclurait ceux auxquels elle est destinée.

Aux yeux des électeurs du FN, toute différence, qu'elle soit ethnique mais aussi régionale ou européenne, est perçue comme une menace pour l'avenir de la cohésion nationale. Les craintes de dissolution de la nation « par le bas » sont nettement minoritaires dans l'ensemble de l'électorat : seuls 30 % des Français interrogés en 1992 estiment que « le pouvoir accru des régions en France constitue une menace pour l'avenir de notre nation », 59 % pensent le contraire. Dix années de décentralisation ont peu à peu marginalisé la conception centralisatrice d'une nation unitaire. Cependant, dans l'électorat du FN, les peurs de dissolution du centre national à partir du dynamisme des périphéries régionales restent majoritaires (59 %). Dans tous les autres électorats, la région affirmée n'est plus considérée comme une menace pour l'unité française.

Si la région n'est perçue dans l'ensemble de l'électorat français que comme une menace marginale, il n'en est pas de même pour l'Europe. 38 % des personnes interrogées estiment que « l'unification européenne dans le cadre de Maastricht constitue une menace pour l'avenir de la nation française », 44 % pensent le contraire. Les menaces de dissolution « par le haut » de la nation rencontrent un écho auprès d'environ quatre électeurs sur dix. La crainte de dilution de la nation française dans une Europe intégrée touche fortement les sympathisants du FN (60 %) et ceux du PC (62 %). Cette inquiétude européenne n'est cependant pas associée, chez les électeurs communistes, à un syndrome global de sentiment de dilution complète de la nation sous les coups de boutoir de l'immigration, de la décentralisation et de l'Europe. Au contraire, ces électeurs

sont même parmi les plus attachés à une conception unifiante et intégratrice de la nation : 64 % des sympathisants
du PC pensent qu'au sein de la nation française tous les
individus doivent avoir les mêmes droits et les mêmes
devoirs. En revanche, l'inquiétude débouche chez nombre
de sympathisants du FN sur une conception différentialiste
et ségrégationniste de la nation : 50 % de ceux-ci considèrent qu'il faut reconnaître des droits et des devoirs particuliers aux minorités en fonction de leurs origines ou religion. L'une des grandes mutations du nationalisme français
dans les années 80 et 90 est que le trouble qui a saisi le
modèle unitaire et assimilationniste dans sa gestion de la
question immigrée a peu à peu débouché sur l'émergence
d'un modèle différentialiste qui, certes, nous est historiquement et anthropologiquement étranger mais qui pose le
problème de la crise de l'État-nation en Europe.

Une France de la montée de l'insécurité

Un examen comparé des cartes des bastions électoraux
du FN et de la criminalité globale montre de profondes
homologies (*cf.* carte 25, p. 173). Douze des vingt départements bastions du FN appartiennent à la France de la
délinquance élevée. Pour les autres beaucoup de ces départements (Eure-et-Loir, Loire, Oise, Yonne) sont contigus à
des zones de forte délinquance ou bien relèvent (Moselle,
Bas-Rhin, Haut-Rhin, Territoire de Belfort) d'une France à
fort enracinement de populations étrangères.

Dans un contexte où la délinquance a connu, au cours
des trois dernières décennies, une véritable explosion[72], la

---

72. Dans son ouvrage sur « la civilité à l'épreuve », Hugues Lagrange
parle d'une « véritable éruption de délinquance au cours des années 1960

préoccupation sécuritaire s'est élevée selon un parallélisme aproximatif avec l'évolution des crimes et des délits contre les personnes (*cf.* graphique 2).

Petite et moyenne délinquance et incivilités diverses (vandalisme, dégradations, refus des codes de « bonnes manières »...) ont prospéré particulièrement en milieu urbain et péri-urbain, allant jusqu'à créer un climat « de menaces contre l'ordre social ordinaire qui rendent la vie collective insupportable parce que imprévisible, mettant à bas les élémentaires rituels qui régissent le contact avec autrui, rituels nécessaires à une société complexe et mobile[73] ». C'est sur ce terrain que s'est développé un très fort sentiment d'insécurité. Des années 70 à nos jours, celui-ci n'a cessé de progresser : les enquêtes du CREDOC montrent qu'en 1977 18 % des personnes interrogées déclaraient que l'insécurité individuelle était pour elles « un problème grave dans le quartier » ; en 1985-1986, le pourcentage atteint 38 % ; en 1981-1982, 39 % craignaient une agression dans la rue, pourcentage passé à 52 % en 1989-1990[74]. Ce sentiment d'insécurité a crû dans toutes les

---

et surtout 1970, qui persistera à ce niveau durant les années 1980 et se sta-bilisera à ce niveau élevé au début des années 1990 » (p. 141). De 1963 à 1989, les homicides volontaires connaissent une multiplication par 2,5, les vols avec violence une multiplication par 20, les cambriolages une multi-plication par 20 (*cf.* Hugues LAGRANGE, *La Civilité à l'épreuve, Crime et sentiment d'insécurité*, Paris, PUF, 1995). Cette remontée de la délin-quance, caractéristique de la seconde moitié du XXᵉ siècle, s'accompagne également d'une forte progression des incivilités et vient limiter l'explica-tion éliassienne selon laquelle nos sociétés occidentales seraient dans un long et régulier processus de « civilisation des mœurs » (Norbert ELIAS, *La Civilisation des mœurs*, Paris, « Pluriel », 1982).

73. Sebastian ROCHÉ, *Insécurité et libertés*, Paris, Le Seuil, 1994, p. 12. Voir du même auteur, *Le Sentiment d'insécurité*, Paris, PUF, 1993 et *La Société incivile, Qu'est-ce que l'insécurité ?*, Paris, Le Seuil, 1996.

74. Enquêtes citées par Sebastian ROCHÉ, *op.cit.*, 1994, pp. 50-51.

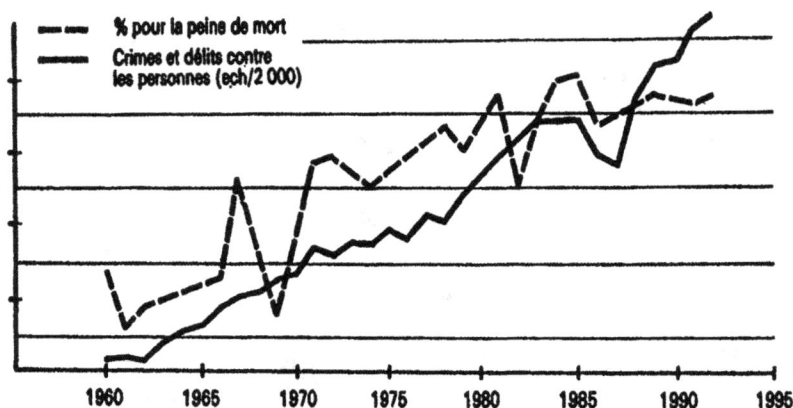

Graphique 2 : L'évolution comparée de la criminalité et des opinions sur la peine de mort (1960-1995).

(Source : Hugues Lagrange, *La Civilité à l'épreuve*, Paris, PUF, 1995, p. 168)

catégories sociales (sauf chez les agriculteurs dont l'exposition à la délinquance ne s'est pas aggravée) et particulièrement chez les ouvriers et les petits patrons de l'industrie et du commerce, bastions de l'influence électorale du FN. Ce sentiment croissant d'insécurité s'ancre ainsi dans la dégradation objective de la sécurité même si le lien entre victimation (par exemple avoir subi un cambriolage, une agression dans la rue...) et sentiment d'insécurité n'est pas avéré au niveau individuel.

Il faut ici sortir des logiques individuelles de victimation comme seul fondement légitime du sentiment d'insécurité pour comprendre, comme l'écrit Sebastian Roché, que « l'inquiétude [peut] naître de l'altération de la sécurité des proches voisins, de la préoccupation pour la sécurité d'autrui, les amis, la famille, les enfants ». Le sentiment d'insécurité n'est pas le produit d'une expérience individuelle de la violence mais celui d'une expérience collective, c'est-à-dire l'expérience des réseaux et du système de relations

172

**Carte 25 : La France de la délinquance élevée
(Criminalité globale en 1988 sans les chèques sans provision).**

dans lequel l'individu est inséré. Parmi ces réseaux, le voisinage urbain où la peur est souvent la peur des marges urbaines que l'on connaît peu et mal. Par-delà les siècles, le citadin moderne renoue avec les peurs du citadin médiéval pour lequel les marges de la ville étaient le domaine du crime, de la marginalité et de l'exclusion. Dans une « nouvelle cartographie de la peur » dans les cités modernes, Anne Cauquelin constate que la peur y reste liée « aux

173

limites et à leur dépassement ». Limites qui ouvrent sur le danger et « l'imagination de ces individualités qui, de l'autre côté, s'organisent en ennemis, avec leurs mœurs, leurs langues, leurs moyens techniques d'effraction – toujours surévalués[75] ».

Cette surévaluation de la menace et de la violence est particulièrement forte chez les électeurs du FN. Une enquête sur la sociabilité et l'insécurité à Grenoble en 1986 montre que les électeurs du FN, bien que moins exposés que d'autres à l'insécurité objective, ont un sentiment d'insécurité beaucoup plus fort que celui des autres électorats[76]. Comment expliquer ce paradoxe d'une population relativement à l'abri de la violence et pourtant atteinte de plein fouet par le sentiment d'insécurité ? Celle-ci aussi touche les électeurs du FN au travers d'un effet de halo. L'insécurité qu'ils dénoncent est avant tout celle de leur environnement et des réseaux dans lesquels ils sont insérés. Alors que seulement 3 à 6 % des électeurs du FN (contre 4 à 8 % de l'ensemble de l'électorat) déclaraient avoir été eux-mêmes victimes, au cours des trois derniers mois, d'un cambriolage, d'un vol dans la rue ou d'insultes et de menaces, ils étaient 11 % (contre 10 %) à déclarer que des membres de leurs familles avaient été victimes de violences, 23 % et 30 % (contre 17 % et 20 %) à faire de même pour les amis et les « vagues connaissances ». Aux yeux de ces électeurs, plus on s'éloigne du noyau familial, plus la violence et l'insécurité semblent régner en maîtres. L'environnement de ces électeurs est celui de tous les dangers : vols, agressions, insécurité... Lorsque l'insécurité trouve son

---

75. Ouvrage collectif, *La Peur*, Paris, Desclée de Brouwer, 1979.

76. *Cf.* Pascal PERRINEAU, « Front national : l'écho politique de l'anomie urbaine », *Esprit*, *La France en politique 1988*, Esprit/Le Seuil, 1988.

point d'acmé dans de véritables émeutes urbaines comme celles que de nombreux quartiers périphériques connaissent depuis le début des années 1990, le FN engrange directement les dividendes électoraux du traumatisme de la violence[77].

Autre vecteur de la diffusion de la violence et du sentiment d'insécurité : les transports en commun utilisés par des citoyens travaillant loin de leur domicile et qui accumulent dans de longs trajets toute une série de peurs et d'angoisses liées à une insécurité et à une incivilité fréquentes dans les trains de banlieue. Les agressions, les vols mais aussi les chahuts, les altercations, les provocations ou encore les dégradations de matériel contribuent à instiller dans des populations vivant loin des centres urbains un fort sentiment d'insécurité et une poussée sensible du vote frontiste. Un département comme celui de l'Oise connaît une poussée de ce type liée à une forte insécurité ressentie par des salariés empruntant chaque jour des transports qui les emmènent vers leurs lieux de travail parisiens. Ces violences sont d'autant plus menaçantes qu'elles sont étroitement associées à une entité étrangère. Dans une enquête réalisée à Grenoble en 1986, 56 % des électeurs d'extrême droite considèrent que ce sont plutôt les étrangers qui sont auteurs de violences (contre 28 % de l'ensemble de l'électorat). Menace étrangère d'autant plus forte qu'un électeur du FN sur deux surestime le pourcentage d'étrangers dans la population totale. La réalité de l'immigration est souvent

77. Cf. Conseil national des villes et du développement social urbain, 20 quartiers sous élections, Paris, Conseil national des villes, 1992 et Pascal PERRINEAU, « Le Front national, la force solitaire », pp. 137-159 in Philippe HABERT, Pascal PERRINEAU, Colette YSMAL, dir., Le Vote sanction, Les élections législatives des 21 et 28 mars 1993, Paris, DEP du Figaro et Presses de la Fondation nationale des sciences politiques, 1993.

transformée en fantasme de l'invasion. Face à ces menaces plurielles et obscures, les électeurs du FN se replient sur un bastion familial sévèrement gardé : 56 % de ceux-ci (contre 40 % des électeurs sûrs de ne pas voter pour le FN) ont un verrou ou un judas à leur porte et 41 % (contre 25 %) considèrent « qu'on ne peut faire confiance aux gens en dehors des membres de sa famille et de quelques amis ». Les craintes des électeurs du FN sont celles d'un groupe de citoyens qui se sent souvent assiégé par la montée de l'immigration vecteur privilégié, selon eux, de la poussée de la délinquance. La figure de l'immigré joue le rôle de bouc émissaire des angoisses de cet électorat qui ont nom chômage, crise, violence, isolement.

Délinquance et incivilités participent au premier chef à la désorganisation sociale qui frappe ces villes et leurs banlieues. Ce dérèglement des sociétés urbaines a accru le niveau des peurs et des inquiétudes[78]. L'État et les politiques sont relativement désarçonnés et incapables d'endiguer la montée de la délinquance, des incivilités et des inquiétudes urbaines qui les accompagnent ; tâche d'ailleurs de plus en plus difficile à remplir dans une société postindustrielle faite d'individualisme, de mobilité permanente et de complexité croissante. Une fois de plus, le FN s'installe dans ce « trou » de notre société, exploite politiquement les manques de l'État républicain à assurer l'ordre

---

78. Dans un chapitre sévère intitulé « La négation de la violence ou la peur illégitime », Sebastian Roché constate que nombre d'intellectuels et de politiques ont nié la montée de la violence et ses effets (*op. cit.*, 1994, pp. 81-99). À ses yeux, « l'enjeu principal de la négation de la violence et de la mise hors la loi de la peur est de préserver la double image républicaine de l'État à la fois intégrateur et respectueux des minorités. La violence menace très directement la fiction du contrat social : elle en est la négation, elle signifie le retour à l'antériorité sauvage, à "avant" la société » (pp. 91-92).

et entretient la nostalgie d'une France communauté organique, stable et régulée par la loi, la force publique et l'école.

LES MOTIVATIONS DES ÉLECTEURS FRONTISTES

Exposé des motivations

Au-delà de la question du chômage qui reste dans tous les électorats une motivation essentielle du vote, les enjeux de l'immigration et de la sécurité arrivent au tout premier plan des préoccupations des électeurs du FN.

Alors que 35 % de l'ensemble des électeurs sont allés voter en ayant à l'esprit le problème de la sécurité, 65 % des électeurs du FN étaient dans ce cas. Pour la question de l'immigration, 67 % des électeurs du FN (contre 22 % de l'ensemble) ont privilégié cet enjeu. Dans la tête des électeurs du FN, les deux questions de l'immigration et de la sécurité ont autant d'importance que celle du chômage. Cette structure des motivations est constante depuis 1984. C'est dès les années 80 que le FN s'est érigé en vecteur politique privilégié de ces deux enjeux de l'immigration et de la sécurité. Dans aucun autre électorat (si ce n'est celui de l'écologie pour la question de l'environnement) on n'enregistre un tel niveau et une telle spécificité des motivations. Par exemple, les questions sociales intéressent beaucoup les électorats de gauche mais ce ne sont que 44 % des électeurs communistes et 48 % des électeurs socialistes qui ont privilégié les inégalités sociales, 47 % des premiers et 45 % des seconds la protection sociale. Chez les électeurs du FN le tryptique chômage-immigration-insécurité semble écra-

177

**Tableau 16 : Les motivations du vote au premier tour
des législatives de 1997.**

QUESTION - Quels sont les problèmes que vous avez eus le plus à l'esprit,
en votant aujourd'hui ?

Réponses données à l'aide d'une liste	Ensemble de l'électorat					
	%	PC	PS	Ecolo.	RPR UDF	FN
L'emploi, le chômage	75	82	82	70	71	67
L'éducation, la formation	39	46	49	45	34	21
La sécurité	35	28	27	18	39	65
Les inégalités sociales	35	44	48	38	21	26
La protection sociale	34	47	45	26	24	26
La construction de l'Europe	25	18	31	18	30	15
L'immigration	22	14	15	12	20	67
La lutte contre le racisme	22	34	33	30	11	6
L'environnement	19	18	20	60	13	9
La croissance de l'économie	15	10	15	10	21	11
L'accroissement du rôle des femmes	14	20	17	15	11	8
Les « affaires » politico-financières, la corruption	13	13	13	11	11	22
La lutte contre les déficits	12	9	8	7	17	14
Le rôle de l'État dans l'économie	12	14	11	7	12	8
Les intérêts de votre catégorie sociale	12	14	13	6	10	12
L'aide à l'agriculture	11	9	8	11	14	10
Le bon fonctionnement des institutions	10	12	10	9	11	6
La modernisation du pays	9	6	7	3	14	5
La modernisation des entreprises	9	6	8	5	12	7
La politique étrangère	6	4	5	5	7	9
Ne se prononcent pas	5	5	3	3	4	5

Source : Sondage « sortie des urnes », 25 mai 1997, CSA.

ser l'essentiel des autres enjeux. Seules la corruption, les questions sociales (protection sociale, inégalités) et l'éducation rencontrent un certain écho qui, néanmoins, pour l'éducation et les questions sociales, est plus faible que dans les autres électorats. Cette proximité des (hauts) niveaux des trois motivations chômage-immigration-insécurité atteste de leur étroite association dans l'esprit des électeurs du FN. Les deux questions de l'immigration et de la sécurité étaient largement ignorées par les grandes forces politiques au début des années 80. Jean-Marie Le Pen et les dirigeants du FN ont peu à peu construit et systématisé l'association immigration-insécurité-chômage en donnant l'impression qu'il y avait des « responsables en chair et en os » à l'origine de ces processus anonymes de la montée de l'insécurité et du chômage. Avec l'érosion du clivage de classe comme principe de lecture de la société et cadre d'identification pour les individus, un espace s'est ouvert au début des années 80 pour que fassent retour les identités définies par la nationalité et l'ethnicité. Le FN a politisé ces identités en constituant autour de celles-ci un système de repères politiques forts qui se présente à la fois comme une grille de lecture du monde vécu par une large partie de la population urbaine et comme un opérateur politique ressuscitant une distinction claire entre « amis » et « ennemis » qui, comme l'écrivait Carl Schmitt en 1932, est le critère même du politique[79].

---

79. « La distinction spécifique du politique, à laquelle peuvent se ramener les actes et les mobiles politiques, c'est la discrimination de l'ami et de l'ennemi. Elle fournit un principe d'identification qui a valeur de critère, et non une définition exhaustive ou compréhensive. [...] L'ennemi politique ne sera pas nécessairement mauvais dans l'ordre de la moralité ou laid dans l'ordre de l'esthétique, il ne jouera pas forcément le rôle d'un concurrent au niveau de l'économie, il pourra même à l'occasion paraître avantageux de faire des affaires avec lui. Il se trouve simplement qu'il est l'autre, l'étranger, et il suffit, pour définir sa nature, qu'il soit, dans son existence même et en un sens particulièrement fort, cet être autre, étranger et tel qu'à la limite des conflits avec lui soient possibles qui ne sauraient être résolus ni par un ensemble de normes générales établies à l'avance, ni par la sentence d'un tiers, réputé non concerné et impartial. » Carl SCHMITT, *La Notion de politique*, Paris, Calmann-Lévy, 1989. Dans son livre sur *Le Front national en face*, Michel Soudais a relevé l'importance de la référence à Carl Schmitt dans la formation des cadres du FN (pp. 252-255, *op. cit.*).

La causalité diabolique

L'électorat du FN est sans conteste un électorat du rejet et de la désespérance. Rejet et désespérance qui dépassent le simple constat d'impuissance pour déboucher sur la recherche de responsables. Désignation de « boucs émissaires », d'ennemis, permettant d'exorciser, pour une part, les inquiétudes profondes qui taraudent cet électorat. La cohorte des « pelés et des galeux d'où vient tout le mal » est longue. Jean-Marie le Pen, dans ses écrits et ses discours, les présente régulièrement à la vindicte populaire : fonctionnaires, hommes politiques, intelligentsia, journalistes, délinquants, immigrés... Les antiennes de l'anti-étatisme, de l'antiparlementarisme et de l'anti-intellectualisme sont bien reprises par l'électorat du FN. Mais le chœur des électeurs se montre particulièrement vigoureux quand il s'agit du refrain des immigrés et des délinquants. Ce couple immigration-insécurité obsède littéralement l'électorat du FN au point de minorer certaines préoccupations majeures des Français (formation, protection sociale, inégalités).

Ces électeurs sont en train de réactiver tous les mécanismes séculaires de la démonologie qui impute les malheurs d'une société à une entité maléfique. Léon Poliakov a magistralement démonté les rouages de cette « causalité diabolique[80] ». À la longue liste des « démons » que furent dans l'Histoire les juifs, les francs-maçons, les jésuites ou encore les aristocrates, il faut ajouter, dans la France des années 80 et 90, les immigrés. Selon Léon Poliakov, cette causalité diabolique, contrôlée en temps normal, se libère « sous l'empire des circonstances : défaite et révolution, inflation et chômage, ces anomalies, accidents et malheurs

---

80. Léon POLIAKOV, *La Causalité diabolique. Essai sur l'origine des persécutions*, Paris, Calmann-Lévy, 1980.

qui réactivent les causes premières selon Lévy-Bruhl ». Réactivation particulièrement virulente chez les individus connaissant des problèmes d'intégration : « Faut-il ajouter que c'est chez les individus mal équilibrés ou mal intégrés, chez lesquels d'archaïques besoins ou des désirs mégalomanes restent imparfaitement refoulés, que la causalité animiste, notamment lors d'une grande crise, resurgit et s'exerce le plus facilement ? »

En France, les circonstances de crise et les mécanismes de désintégration sociale qui l'accompagnent ont manifestement contribué à la renaissance d'une nouvelle causalité diabolique dont le diable est l'immigré. Tout comme la France des vingt dernières années du XIXe siècle avait prêté une oreille complaisante aux grands thèmes du complot « judéo-maçonnique », la France de la fin du XXe, tout en redonnant une seconde jeunesse à l'antienne de la « conspiration judéo-maçonnique », s'abandonne au mythe de la « cinquième colonne » immigrée. En matière de gestion politique de ces mythes, l'extrême droite nationaliste a quelques longueurs d'avance sur les autres forces politiques. Le terrain d'élection de cette démonologie moderne est celui d'une France urbaine soumise à des processus d'anomie sociale et où se développent, comme au début du XIXe siècle, les thèmes des « classes dangereuses » mais, à la fin du XXe siècle, celles-ci sont davantage définies par l'origine ethnique que par la provenance sociale. Le syndrome de peur de ces « nouvelles classes dangereuses » a eu pour préalable « l'affaiblissement de la polarisation sociale et le recul des institutions – syndicats et partis – qui donnaient forme et contenu au conflit collectif salarial[81] ». Cet étiolement d'une polarisation sociale marquée par les espoirs et les enjeux de la lutte syndicale et politique a été particuliè-

---

81. Hugues LAGRANGE, *op. cit.*, p. 156.

rement vif en milieu urbain. C'est sur ces décombres qu'a prospéré la peur de l'insécurité, du crime et de la délinquance. Comme l'écrit Hugues Lagrange, « la transition du mécontentement qui trame l'action ouvrière à la peur ne s'est pas faite en un jour. Le maillon manquant c'est le ressentiment. [...] La double équation chômage = étrangers = crime, où se mêlent le ressentiment et la peur, a servi de cristallisation logique à cette transition. Le cadre mental qui associe la peur à l'autre, à l'étranger, est une forme archaïque de la peur ».

Le vote du ressentiment

En 1912, le philosophe allemand Max Scheler avait dressé un portrait extrêmement convaincant de « l'homme du ressentiment[82] ». Un ressentiment qui, selon lui, est marqué par deux caractéristiques : « l'expérience et la rumination d'une certaine réaction affective dirigée contre un autre » et « un aspect de négation et d'animosité ». Pour le philosophe, « le ressentiment est un auto-empoisonnement psychologique qui a des causes et des effets bien déterminés. [...] Le désir de vengeance est la plus importante des sources du ressentiment. [...] La vengeance est en soi fondée sur un sentiment d'impuissance ; [...] elle est toujours, et avant tout, le fait d'un faible. [...] Le ressentiment doit se trouver au maximum dans des sociétés comme la nôtre où des droits politiques, et à peu près uniformes, c'est-à-dire une égalité sociale extérieure officiellement reconnue, coexistent à côté de très considérables différences de fait, quant à la puissance, à la richesse, à la culture, etc. ». Ces éléments du ressentiment que sont le

---

82. Max SCHELER, *L'Homme du ressentiment*, Paris, Gallimard, 1970.

désir de vengeance, le sentiment d'impuissance et le divorce entre un égalitarisme revendiqué et une profonde inégalité de fait sont fortement à l'œuvre dans le vote frontiste.

Le changement majeur des vingt dernières années a été le passage d'un capitalisme industriel d'assistance (le « capitalisme rhénan » dont parle Michel Albert) à un capitalisme postindustriel davantage individualiste. Cette évolution a entraîné un chômage de masse par disparition d'emplois non qualifiés, un éclatement du marché du travail entre inclus et exclus, une globalisation de l'économie où le capital et le travail, la production et les marchés, l'information et la technologie s'organisent par-dessus les frontières nationales. Ce capitalisme postindustriel est générateur d'une accélération du processus d'individualisation dans la mesure où il réclame une vraie capacité de l'individu à s'adapter en permanence à un environnement connaissant des évolutions constantes et rapides. Cet avènement de la société mobile qui accompagne le capitalisme postindustriel suscite de nombreuses inquiétudes et angoisses. Cette cassure de la société salariale entre ceux qui gagnent et ceux qui perdent, entre le travail intellectuel et le travail manuel non qualifié a ressuscité une « peur inégalitaire » où les « faibles », les « perdants », les « exclus » ou ceux qui se sentent menacés d'exclusion, développent un fort sentiment d'impuissance par rapport à un processus qui leur échappe. Ce sentiment d'impuissance, renforcé par la dimension mondiale du phénomène, débouche sur une recherche de « responsables » sur lesquels l'inquiétude et l'angoisse peuvent se focaliser.

Les immigrés incarnent à leur manière cette société mobile et internationalisée. Le sentiment de vengeance peut alors s'exprimer vis-à-vis de ce groupe « responsable » d'avoir déséquilibré le système huilé du capitalisme industriel d'assistance. Ressurgissent alors les représentations de l'immigré prédateur d'un travail non qualifié en voie de raréfaction, déstabilisateur de l'ordre par la délinquance, fossoyeur de l'État-Providence par ponction excessive sur les dépenses sociales et instrument de dissolution de la culture nationale par son étrangeté culturelle.

Comme l'indiquait, au début du siècle, Max Scheler, c'est dans les groupes sociaux en « décadence » que s'épanouit cette logique du ressentiment. Il mentionnait déjà parmi ceux-ci « l'artisanat, la petite bourgeoisie, le monde des petits fonctionnaires », il faudrait y ajouter aujourd'hui de larges segments de la population ouvrière.

TROISIÈME PARTIE

Les électorats frontistes
actualité, diversité et avenir

ACTUALITÉ DE L'INFLUENCE FRONTISTE

L'enracinement frontiste

Aujourd'hui le frontisme électoral est une réalité et une potentialité.

La réalité, c'est celle des électeurs qui votent pour le FN mais aussi celle des adhérents du parti, celle de ses sympathisants, celle des soutiens dans l'opinion publique de Jean-Marie Le Pen et de son parti et enfin celle des électeurs qui ont déjà voté une fois pour cette formation politique (*cf.* graphique 3 sur les cercles concentriques de l'enracinement frontiste).

Le noyau dur du soutien frontiste, en dehors des membres du parti (90 000 adhérents revendiqués soit 0,2 % de la population électorale), est constitué par les électeurs qui expriment une proximité partisane avec le

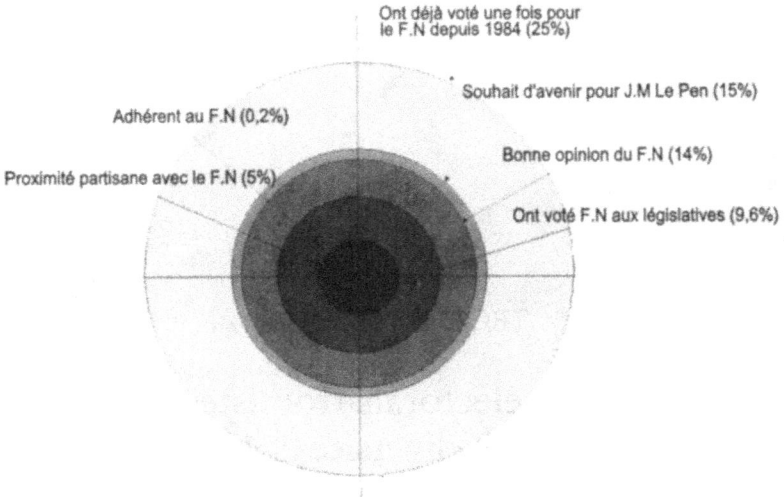

Ont déjà voté une fois pour
le F.N depuis 1984 (25%)

Souhait d'avenir pour J.M Le Pen (15%)

Adhérent au F.N (0,2%)

Bonne opinion du F.N (14%)

Proximité partisane avec le F.N (5%)

Ont voté F.N aux législatives (9,6%)

Graphique 3 : Les cercles concentriques de l'enracinement frontiste en 1997.

FN. En 1997, ils sont 5 % à exprimer une telle proximité (enquête CEVIPOF-SOFRES). Ensuite vient la couronne de ceux qui ont voté en faveur de candidats du FN aux élections législatives (9,6 % des électeurs inscrits) puis les couronnes extérieures de « soutiens d'opinion » plus labiles : en juin 1997, 14 % des personnes interrogées pour le baromètre SOFRES/*Figaro-Magazine* ont une bonne opinion (très bonne ou plutôt bonne) du Front national et 15 % souhaitent voir Jean-Marie Le Pen jouer un rôle important au cours des mois et des années à venir. Au-delà, reste le « cercle large » de ceux qui, depuis 1984, ont au moins une fois voté pour le FN et qu'on peut estimer à environ 25 % et peut-être même plus.

Ces différents enracinements du frontisme ont connu des hauts et des bas depuis 1984. Mesurée chaque mois par la SOFRES pour le baromètre *Figaro-Magazine*, la popula-

rité de Jean-Marie Le Pen et de son parti dépasse sensiblement leur strict enracinement électoral. De janvier 1984 à
août 1997, la cote de popularité du FN évolue entre un
plancher de 8 % et un plafond de 28 % (atteint en mai
1995). Sur la même période, la cote d'avenir de Jean-Marie
Le Pen navigue entre 8 % et 31 % (en mai 1995). Les
courbes du FN et de son président sont étroitement liées et
structurées essentiellement par les évolutions de la
conjoncture politique (*cf.* graphique 4).

La popularité du FN et celle de son leader connaissent
des poussées en période électorale : c'est le cas lors des
européennes de juin 1984 (+ 5 points de mai à juillet 1984
pour la cote de Jean-Marie Le Pen, + 3 pour la cote de
popularité du FN), lors des cantonales de 1985 (+ 5 et + 2
de janvier à février 1985), lors des législatives et régionales
de mars 1986 (+ 8 et + 6 de février à avril 1986), lors de
l'élection présidentielle d'avril-mai 1988 (+ 3 et + 4 de
mars à juin 1988), lors des européennes de juin 1989 (+ 7 et
+ 5 de mai à juillet 1989), lors des régionales et cantonales
de mars 1992 (+ 4 et + 3 de février à avril 1992), lors des
européennes de juin 1994 (+ 5 et + 4 de mai à juillet 1994),
lors de l'élection présidentielle d'avril-mai 1995 (+ 6 et + 6
de mars à juin 1995). Cette poussée du frontisme, associée
à une conjoncture électorale « chaude », ne connaît que
deux exceptions : les législatives de mars 1993 (+ 1 et 0 de
février à avril 1993) et les législatives de mai-juin 1997 (– 2
et – 1 d'avril à juillet 1997). En 1993, toute l'attention de
l'opinion est attirée par l'exceptionnelle victoire du RPR et
de l'UDF, et la bonne prestation électorale du FN (12,7 %
s.e.) n'a pas de visibilité. En 1997, l'accélération du temps
politique liée à la dissolution surprise, la très discrète campagne du FN et la victoire inattendue de la gauche sont
autant d'éléments qui empêchent la capitalisation en
termes de soutiens d'opinion par le FN et son leader de la

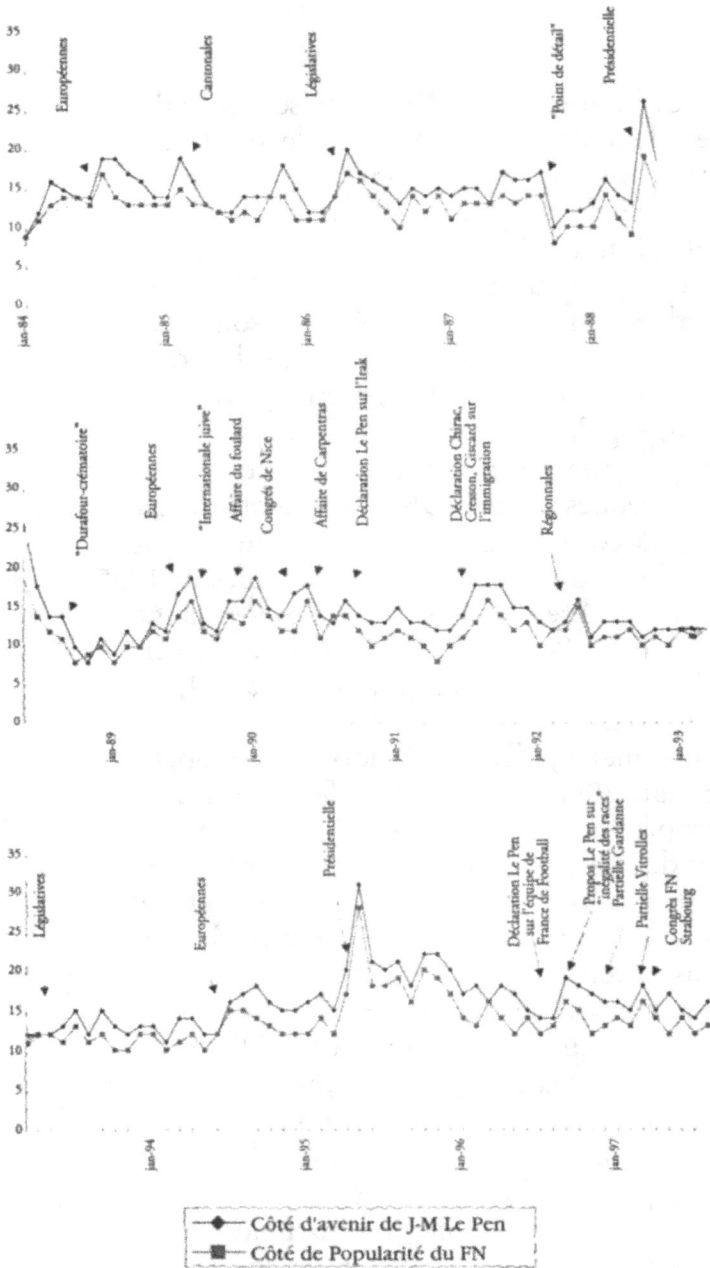

Source : Baromètres mensuels Figaro-Magazine/SOFRES

**Graphique 4 : L'évolution de la popularité du Front national
et de Jean-Marie Le Pen de janvier 1984 à août 1997.**

bonne performance électorale frontiste (14,9 % s.e.). Ainsi, sauf rares exceptions, les échéances électorales et la visibilité qu'elles accordent au tribun politique qu'est Jean-Marie Le Pen semblent servir la popularité du FN et de son chef. En revanche, en conjoncture plate, la popularité retombe ou du moins est plus étale. Cependant, certains événements politiques (l'affaire du « foulard » à la fin de l'année 1989, la victoire électorale de Marie-France Stirbois dans l'élection législative partielle de Dreux au début du mois de décembre 1989, le congrès du FN à Nice du 30 mars au 1er avril 1990, la série de déclarations imprudentes de leaders importants de droite et de gauche sur l'immigration au cours de l'été 1991, la victoire de la liste Mégret à l'élection municipale partielle de Vitrolles au début de février 1997) peuvent contribuer à remettre le parti et son leader en selle. Une série d'événements participent également à l'érosion du capital de sympathie dont bénéficient Jean-Marie Le Pen et son parti. Les « dérapages verbaux » du président du FN comme l'affaire des chambres à gaz, considérées comme « un point de détail de l'histoire de la Seconde Guerre mondiale » le 13 septembre 1987, le douteux jeu de mots sur « Monsieur Durafour-crématoire », le 2 septembre 1988, la dénonciation de « l'internationale juive » jouant un rôle non négligeable dans la création de « l'esprit antinational », le 11 août 1989, se sont traduits chaque fois par une baisse sensible de la popularité (*cf.* tableau 17).

Cette érosion est en général rapide (dans le mois qui suit le « dérapage ») et coûte 4 à 6 points au parti et 6 à 7 points à l'auteur de ces propos. L'effet négatif dure de un à trois mois pour ensuite s'atténuer et disparaître. Cet effet de chute de popularité liée aux « dérapages verbaux » de Jean-Marie Le Pen semble avoir disparu dans les années 90 comme si leur répétition régulière, particulièrement en

Tableau 17 : Le coût politique des « dérapages » de Jean-Marie Le Pen.

	L'évolution de la cote d'avenir de J-M Le Pen	L'évolution de la cote de popularité du Front national	Délai de retour aux cotes de popularité de départ
L'affaire du « point de détail » ..	−7 (Sept. à oct. 1987)	−6 (Sept. à oct. 1987)	5 mois
Les propos sur « Durafour crématoire »	−6 (Sept. à nov. 1988)	−2 (Sept. à nov. 1988)	7 mois
Les propos sur « l'Internationale juive »	−6 (Juillet à oct. 1989)	−5 (Juillet à oct. 1989)	6 mois
Les propos sur « l'équipe de France de football »	−1 (Juin à août 1996)	−1 (Juin à août 1996)	2 mois
Les propos sur « l'inégalité des races »	−1 (Sept. à oct. 1996)	−1 (Sept. à oct. 1996)	6 mois

Source : Baromètres mensuels FIGARO MAGAZINE/SOFRES.

période de « rentrée politique » (fin août-début septembre), avait peu à peu banalisé leur contenu scandaleux. Par exemple, les propos de Jean-Marie Le Pen, le 24 juin 1996, sur les joueurs de l'équipe de France de football, « joueurs de l'étranger » qui pour la plupart « ne chantent pas la *Marseillaise*, ou visiblement ne la savent pas », ou encore ceux du 30 août de la même année sur « l'inégalité des races » n'ont plus d'effets majeurs sur l'opinion. Indépendamment des « dérapages verbaux », certains événements ou processus peuvent participer à une érosion, le plus souvent passagère, de l'enracinement frontiste. Par exemple, après l'affaire de Carpentras (mai 1990) et la mobilisation anti-FN qui lui est liée, après la prise de position de Jean-Marie Le Pen contre l'engagement de la France dans la guerre du Koweït (août 1990), pendant et après le mouvement de grèves et de protestation de novembre-décembre 1995 ou encore lors de la mobilisation antifrontiste de février-mars 1997 qui accompagne la discussion sur la loi Debré relative à l'immigration et la préparation du congrès de fin mars à Strasbourg, le FN et son leader enregistrent des baisses de popularité en général assez faibles et de courte durée. L'effet de mobilisation une fois passé, on retrouve en général l'enracinement frontiste à son niveau antérieur. Mais, au-delà de cet enracinement partisan, électoral et d'opinion du FN, il faut prendre la mesure de l'influence idéologique du Front et de son président qui définit les limites de l'influence maximale du FN et celles de son électorat potentiel.

L'influence frontiste

La potentialité c'est celle des électeurs qui, sans avoir « franchi le pas », ne se refusent pas à l'idée de voter un jour pour le FN, c'est aussi celle des « cercles concentriques » de ceux qui affichent une sympathie avec les idées de Jean-Marie Le Pen ou avec tel ou tel thème d'élection de son parti (*cf.* graphique 5 sur les cercles concentriques de l'influence frontiste).

Ceux qui expriment un accord global « avec les idées défendues par Jean-Marie Le Pen » sont, en mars 1997, 20 %, et, depuis 1984, ce pourcentage a évolué dans une fourchette allant de 16 % en décembre 1988 à 32 % en octobre 1991. L'accord idéologique avec certains thèmes développés par le leader du FN (défense des valeurs traditionnelles, sécurité et justice, immigrés) est plus important et oscille, en mars 1997, entre 25 et 30 %. Le maximum de pénétration idéologique dans la population française d'un thème lepéniste a été enregistré en octobre 1991 avec 38 % de personnes interrogées exprimant leur accord avec les prises de position de Jean-Marie Le Pen sur l'immigration.

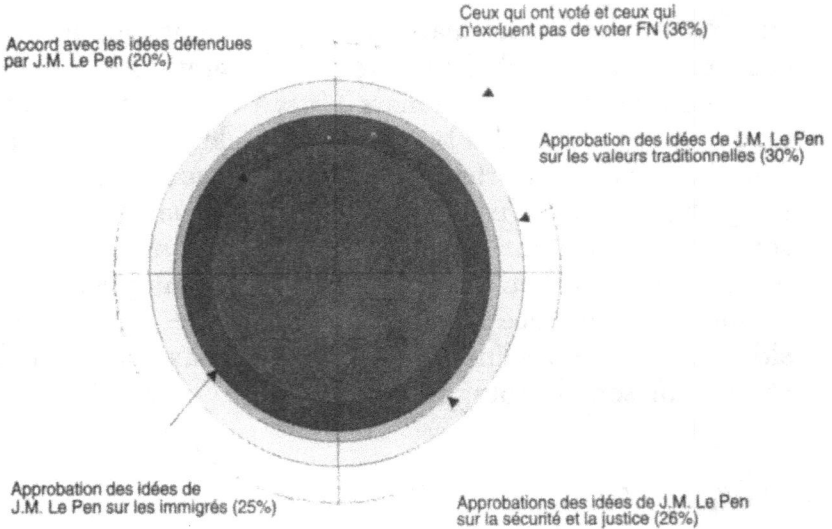

Ceux qui ont voté et ceux qui n'excluent pas de voter FN (36%)

Accord avec les idées défendues par J.M. Le Pen (20%)

Approbation des idées de J.M. Le Pen sur les valeurs traditionnelles (30%)

Approbation des idées de J.M. Le Pen sur les immigrés (25%)

Approbations des idées de J.M. Le Pen sur la sécurité et la justice (26%)

Sources : Sondage SOFRES 1988
Sondage SOFRES mars 1997

Graphique 5 : Les différents cercles concentriques de l'influence « lepéno-frontiste ».

En quinze années, c'est le pic maximum atteint par le lepénisme. Mesurée dans une enquête postélectorale SOFRES de mai 1988, la population de ceux qui n'ont pas encore voté en faveur du FN mais qui ne l'excluent pas à l'avenir est de 26 %. Ajoutée à la population de ceux qui disent avoir déjà voté pour le FN (10 %), on arrive à une population électorale potentielle, à la fin des années 80, de 36 %.

C'est donc entre un cinquième et un gros tiers de la population qui est « sous influence lepéno-frontiste ». C'est certainement pour certains de ces cercles que l'on peut parler, comme l'a fait Robert Badinter en 1997, de « lepénisation des esprits ». Un examen attentif de ces différents cercles et de leur évolution dans le temps devrait permettre de mieux

192

prendre la mesure de cette « lepénisation des esprits » mais aussi des limites qu'elle rencontre dans la société française.

La pénétration idéologique

Sur la longue période 1984-1997, après une phase de six ans (1984-1990) où la pénétration idéologique du lepénisme est à la baisse (*cf.* graphique 6 sur l'adhésion aux idées défendues par Jean-Marie Le Pen), on assiste à une forte poussée, de 1990 à 1991, puis à un processus de détente jusqu'en 1994 avant que le lepénisme reprenne son emprise dans les années 1995-1996.

Depuis lors, la pénétration idéologique connaît une détente sensible. Les aléas de cette pénétration ne semblent avoir que très peu de relation avec les mouvements de l'électorat. L'accord idéologique ne mène pas forcément au vote et celui-ci peut aller de pair avec une certaine dose de désaccord idéologique avec le président du FN.

En 1997, un Français sur cinq approuve les idées de Jean-Marie Le Pen. L'influence des idées de celui-ci dépasse très sensiblement l'influence électorale de son parti. Les milieux les plus réceptifs au message lepéniste sont les hommes, les 50-64 ans, les commerçants, artisans et chefs d'entreprise, les ouvriers et les employés, ainsi que les sympathisants de la droite classique et particulièrement ceux du RPR. Ce profil se maintient à peu près sur l'ensemble de la période avec cependant une tendance au rajeunissement des soutiens à la fin des années 80 et une poussée sensible dans les milieux populaires au cours des années 90. Les années 80 sont marquées par une érosion idéologique ; de novembre 1984 à septembre 1990, l'accord avec les idées de Jean-Marie Le Pen perd 8 points dans l'opinion, le désaccord en gagne dix-neuf alors que les

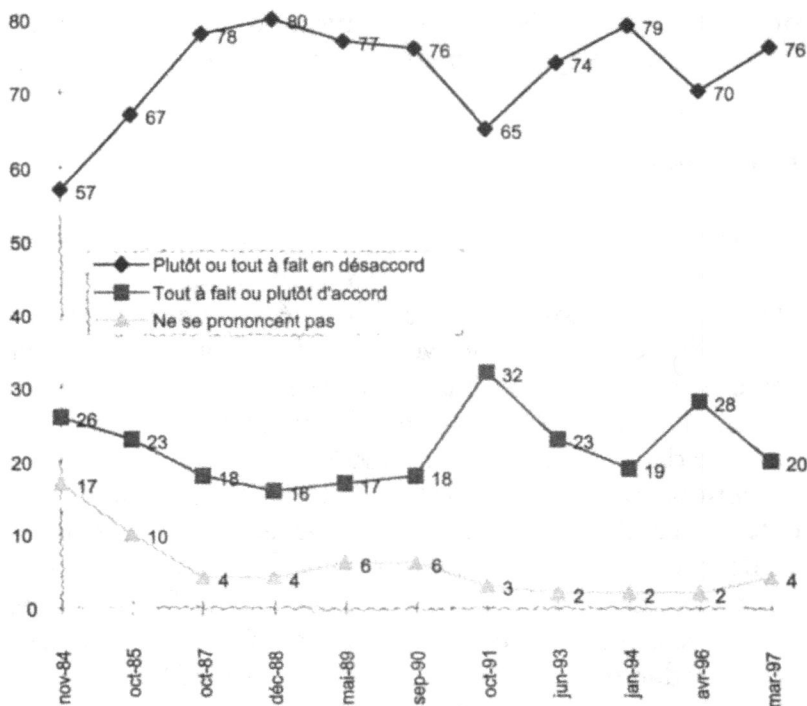

Source : SOFRES

Graphique 6 : L'adhésion aux idées défendues par Jean-Marie Le Pen à travers les enquêtes de la SOFRES.

sans opinion fondent de 11 points (*cf.* graphique 6). Cette érosion semble principalement due à la reprise en main des milieux indépendants (agriculteurs, commerçants, artisans, chefs d'entreprise) et des cadres supérieurs par les formations de la droite classique : de novembre 1984 à septembre 1990, l'influence des idées de Jean-Marie Le Pen perd 14 points chez les commerçants, artisans et chefs d'entreprise, 13 points chez les cadres supérieurs, 12 points chez les sympathisants de l'UDF et 26 points chez ceux du RPR (*cf.* tableau 18).

194

Tableau 18 : Les structures du soutien idéologique à Jean-Marie Le Pen (1984-1997)

Se déclarent d'accord avec les idées défendues par J-M Le Pen (en %)	Nov. 1984	Oct. 1985	Oct. 1987	Déc. 1988	Mai 1989	Sept. 1990	Évolut. 90/84
Ensemble des Français	26	23	18	16	17	18	− 8
Sexe							
Homme	29	26	21	16	18	17	−12
Femme	24	20	15	15	17	19	− 5
Âge							
18-24 ans	20	27	17	21	17	23	+ 3
25-34 ans	23	25	17	13	16	18	− 5
35-49 ans	28	23	21	16	20	19	− 9
50-64 ans	33	23	20	16	16	17	− 16
65 ans et plus	24	16	13	16	17	17	− 7
Profession du chef de ménage							
Agriculteur	32	16	22	16	26	22	− 10
Commerçant, artisan, chef d'entreprise	38	32	28	22	24	24	− 14
Cadre, profession intellectuelle supérieure	23	22	11	17	14	10	− 13
Profession intermédiaire	20	23	12	10	13	9	− 11
Employé	22	27	19	12	21	21	− 1
Ouvrier	30	23	24	18	18	23	− 7
Inactif, retraité	26	20	15	16	15	18	− 8
Préférence partisane							
Parti communiste	18	9	11	10	8	11	− 7
Parti socialiste	13	9	8	7	10	10	− 3
Écologiste	14	14	9	15	9	6	− 8
UDF	37	30	21	21	20	25	− 12
RPR	46	34	27	25	28	20	− 26
Front national	96	98	92	100	97	98	+2

Se déclarent d'accord avec les idées défendues par J-M Le Pen (en %)	Oct. 1991	Juin 1993	Janv. 1994	Avril 1996	Mars 1997	Évolut. 97/90
Ensemble des Français	32	23	19	28	20	+2
Sexe						
Homme	33	27	20	27	23	+ 6
Femme	31	19	17	27	18	− 1
Âge						
18-24 ans	36	21	18	20	16	− 7
25-34 ans	33	21	17	24	22	+ 4
35-49 ans	33	23	21	29	22	+ 3
50-64 ans	32	30	20	34	23	+ 6
65 ans et plus	26	18	17	28	15	− 2
Profession du chef de ménage						
Agriculteur	26	20	21	25	18	− 4
Commerçant, artisan, chef d'entreprise	37	34	21	35	41	+ 17
Cadre, profession intellectuelle supérieure	25	13	10	13	14	+ 4
Profession intermédiaire	21	20	10	20	14	+ 5
Employé	37	24	28	24	25	+ 4
Ouvrier	38	30	24	30	23	=
Inactif, retraité	31	20	18	32	17	− 1
Préférence partisane						
Parti communiste	16	4	10	16	14	+ 3
Parti socialiste	14	11	8	14	11	+ 1
Écologiste	22	(V) 20 (GE)17	(V) 17 (GE)18	22	22	+ 16
UDF	38	22	12	30	20	− 5
RPR	50	36	27	41	27	+ 7
Front national	96	97	95	96	98	=

Source : Enquêtes SOFRES sur « l'image du Front national auprès des Français ».

Deuxième dimension de l'érosion : une partie de l'opinion qui, faute d'information, ne se prononçait pas sur les idées de Jean-Marie Le Pen, a appris à les connaître et vient plutôt renforcer le camp de ceux qui lui sont hostiles. Dès octobre 1987, il n'y a plus que 4 % de sans opinion, et c'est à partir de ce moment que le pourcentage de ceux qui expriment un désaccord avec les idées du président du FN représente environ trois Français sur quatre. Les années 90, tout en maintenant un très haut niveau de désaccord, sont marquées par deux fortes poussées en octobre 1991 et en avril 1996. Ce sont toutes deux des années de morosité profonde où les forces politiques semblent épuisées politiquement et idéologiquement, sans capacité d'offrir d'alternative crédible et où le FN s'érige en « force d'alternative ». En 1991, la classe politique avait accéléré le processus en « parlant comme Jean-Marie Le Pen » pendant tout l'été et cela au travers du discours de ses dirigeants les plus prestigieux (Édith Cresson, Valéry Giscard d'Estaing, Jacques Chirac). En avril 1996, la France se réveille sonnée après un long et populaire mouvement de grèves très défensif et qui n'a été porteur d'aucun projet de changement. La déception vis-à-vis du chiraquisme, jointe à l'absence d'alternative du côté de la gauche et du mouvement social, ouvrent à nouveau un espace aux idées de Jean-Marie Le Pen. Cependant, un an plus tard, en mars 1997, dans une enquête réalisée en pleine mobilisation antifrontiste, l'influence idéologique frontiste se desserre. Il est difficile de peser, dans cette détente idéologique, la part conjoncturelle de la difficulté à dire son accord avec les idées de Jean-Marie Le Pen dans un contexte où il fait l'objet d'une forte réprobation médiatique et intellectuelle, et la part plus structurelle de déclin ou d'usure du corps d'idées véhiculées par le chef du FN. Sur l'ensemble de la période 1990-1997 le renforcement de la pénétration idéologique (modeste dans son ensemble : + 2 points) est sensible chez les hommes, les 50-64 ans, les professions indépendantes, les sympathisants écologistes et RPR. Des milieux de droite, déçus par les alternances de 1993 et 1995, mais aussi des milieux comme les sympathisants écologistes où l'on compte nombre de « déçus du socialisme », sont soumis à la séduction idéologique du lepénisme.

Cette pénétration idéologique du lepénisme se fait essentiellement autour de trois thèmes : l'immigration, la sécurité et la défense des valeurs traditionnelles (cf. tableau 19).

Sur l'ensemble de la période 1984-1997, les prises de position de Jean-Marie Le Pen rencontrent l'approbation d'un quart à un gros tiers de Français. C'est le thème de l'immigration qui arrive le plus souvent en tête de l'approbation devant celui de la sécurité et celui de la défense des valeurs traditionnelles. Cependant, après une très forte poussée de l'accord avec les idées lepénistes sur l'immigration dans la première moitié des années 90, on assiste en 1997 à une légère détente qui voit non seulement le thème de la sécurité mais celui des valeurs traditionnelles passer devant le thème de l'immigration. De 1990 à 1997, l'approbation des idées lepénistes sur l'immigration baisse de 6 points (particulièrement chez les femmes, les personnes âgées et les électeurs proches de l'UDF), celle relative aux idées sur la sécurité reste stable alors que le soutien aux idées sur la « défense des valeurs traditionnelles » augmente de 6 points (surtout chez les professions indépendantes, les employés et les électeurs proches de l'écologie et de l'UDF), et celui concernant les prises de position sur les critiques contre la classe politique croît de 3 points (essentiellement chez les professions indépendantes et les sympathisants de l'écologie). On voit bien comment, dans les années 90, l'écho idéologique du lepénisme dépasse les seuls enjeux de l'immigration et de la sécurité pour inclure

197

Tableau 19 : L'évolution par grands thèmes
du soutien à Jean-Marie Le Pen.

Plus précisément, approuvez-vous ou désapprouvez-vous les prises
de Jean-Marie Le Pen sur :

Taux d'approbation des positions de Jean-Marie Le Pen sur :	Mai 1984	Oct. 1985	Mai 1987	Oct. 1987	Déc. 1988	Mai 1989
Les immigrés	28	31	31	26	24	25
La sécurité et la justice	26	29	32	26	25	27
La défense des valeurs traditionnelles	–	24	28	25	24	26
Les critiques contre la classe politique	–	12	12	15	11	13
La lutte contre le communisme	25	20	15	16	11	11
Le SIDA	–	–	–	–	13	13
La politique étrangère de la France	–	–	–	–	–	–
Les critiques contre le RPR et l'UDF	9	8	10	11	7	8
La construction de l'Europe	–	–	–	–	–	–
La critique de l'influence excessive des États-Unis	–	–	–	–	–	–
La dénonciation de l'influence des juifs sur la vie politique en France	–	–	–	–	–	–

Taux d'approbation des positions de Jean-Marie Le Pen sur :	Sept. 1990	Oct. 1991	Juin 1993	Janv. 1994	Avril 1996	Mars 1997
Les immigrés	31	38	35	35	33	25
La sécurité et la justice	26	31	30	29	35	26
La défense des valeurs traditionnelles	24	30	25	28	31	30
Les critiques contre la classe politique	16	24	14	14	19	19
La lutte contre le communisme	13	19	12	–	–	–
Le SIDA	14	18	16	–	–	–
La politique étrangère de la France	10	18	11	–	–	–
Les critiques contre le RPR et l'UDF	10	12	8	8	13	14
La construction de l'Europe	–	–	–	9	16	15
La critique de l'influence excessive des États-Unis	–	–	–	–	–	20
La dénonciation de l'influence des juifs sur la vie politique en France	–	–	–	–	–	4

Source : Enquêtes SOFRES.

celui des « valeurs » et, de manière plus faible, celui de la
critique de la classe politique. Au-delà de la crise économique et sociale qui avait ouvert un espace aux thèmes de
la dénonciation de l'immigration et de l'insécurité, c'est

aussi la crise culturelle et politique qui offre un espace à la pénétration des idées frontistes.

Cette France sous influence idéologique frontiste dépasse sur l'ensemble de la période 1984-1997 l'électorat du FN et participe à l'ensemble plus large de ce que l'on pourrait appeler « l'armée de réserve » du frontisme constituée par ceux qui sont séduits par les idées de Jean-Marie Le Pen sans « passer à l'acte électoral » ou ceux qui, sans partager les idées frontistes, n'excluent pas un jour d'utiliser le vote en faveur du FN comme un vote-sanction. Dans une enquête postélectorale, conduite par une équipe de chercheurs du CEVIPOF, à l'issue du second tour de l'élection présidentielle de 1988, une estimation de cet « électorat potentiel » a été tentée. Trois sous-populations ont été distinguées : celle qui exclut de voter pour le FN (64 % de l'ensemble de l'échantillon national), celle qui n'a pas encore voté en faveur du FN mais ne l'exclut pas pour l'avenir (26 %) et celle qui a voté en 1986 et/ou en 1988 (10 %). L'analyse comparée de ces trois sous-populations permet de mettre au jour les spécificités de l'électorat frontiste fidèle, celles de son électorat potentiel et celles de la population qui se refuse à toute séduction.

Les fidèles, les convertibles et les hostiles

La France du vote frontiste est, comme nous l'avons déjà vu, massivement masculine, active, présente dans toutes les tranches d'âge et les couches sociales (cf. tableau 20).

Marqué au coin d'un certain dynamisme démographique et social, cet électorat est pessimiste sur le fonctionnement de la démocratie et se positionne majoritairement à droite de l'échiquier politique tout en ayant une aile minoritaire choisissant le centre ou la gauche (41 %) ou les partis de la

Tableau 20 : Le profil social et politique des hostiles, des convertibles et des fidèles au vote en faveur du FN.

	Excluent de voter F.N.	N'excluent pas mais n'ont pas voté F.N.	Ont voté F.N.	Ensemble de l'échantillon
(Nbre de personnes interrogées)	(2 591)	(1 061)	(380)	(4 032)
	(100)	(100)	(100)	(100)
SEXE				
Homme	48	42	57	47
Femme	52	58	43	53
ÂGE				
18-29 ans	26	24	24	25
30-39 ans	22	20	21	21
40-49 ans	15	14	16	15
50-64 ans	20	24	21	21
65 ans et plus	18	17	18	18
C.S.P.				
Agriculteur exploitant	6	7	4	6
Artisan, commerçant	6	9	10	7
Industriel, prof. lib., cadre et prof. intel. sup.	8	6	6	7
Profession intermédiaire	14	7	12	12
Employé	24	22	23	23
Contremaître, ouvrier qual.	16	19	22	17
Ouvrier spécial. ouv. agric.	6	11	7	7
Personnel de service	5	7	4	6
Autres	15	12	12	15
NIVEAU DE REVENUS				
- 7 500 F	40	54	38	43
7 500 F à 15 000 F	43	35	49	42
+ 15 000 F	17	11	13	15
ACTIVITÉ PROFESSIONNELLE				
Actif	49	44	53	48
Chômeur	7	7	8	7
Retraité	23	22	22	22
Femme au foyer	13	22	13	16
Autre, inactif	8	5	4	7
NIVEAU D'ÉTUDES				
Sans précision	1	2	0	1
Sans diplôme, C.E.P.	34	48	39	39
B.E.P.C., C.A.P., B.E.P.	35	34	43	35
Bac	12	7	8	10
Bac + 2	9	5	6	8
Diplôme enseig. sup.	9	4	4	7
RELIGION				
Catho. prat. dominicaux	9	10	8	9
Catho. prat. mensuels	5	7	5	5
Catho. prat. occasionnels	16	20	16	17
Catho. non pratiquants	50	49	58	50
Autres religions	5	4	4	5
Sans religion	15	9	8	13
Sans réponse	-	1	1	1

(Nbre de personnes interrogées)	Excluent de voter F.N. (2 591)	N'excluent pas mais n'ont pas voté F.N. (1 061)	Ont voté F.N. (380)	Ensemble de l'échantillon (4 032)
INTÉRÊT POUR LA POLITIQUE				
Beaucoup	12	6	11	10
Assez	36	22	27	31
Un peu	37	38	41	38
Pas du tout	15	34	20	21
Sans opinion	-	-	1	-
FONCTIONNEMENT DÉMO.				
Très/assez bien	58	40	37	51
Pas très/pas bien du tout	37	49	58	43
Sans opinion	5	11	5	6
AXE GAUCHE-DROITE				
(Gauche)				
1, 2	17	8	2	13
3	36	16	9	28
4	27	31	30	28
5	14	22	21	17
6, 7	5	16	36	11
(Droite)				
Sans réponse	1	7	2	3
PROXIMITÉ PARTISANE				
Ext. gauche	1	1	-	1
P.C.	6	3	1	5
P.S., M.R.G.	52	24	17	41
Écolo.	5	3	2	4
U.D.F.	11	11	8	11
R.P.R.	14	26	22	18
F.N.	-	2	34	4
Aucun, sans rép.	11	30	16	16
ONT VOTÉ AU 1er TOUR DE L'ÉLECTION PRÉSIDENTIELLE (1988)				
Ext. gauche	6	2	-	4
Lajoinie	7	3	-	5
Mitterrand	46	28	1	37
Waechter	6	3	-	4
Barre	15	17	1	14
Chirac	16	31	1	18
Le Pen	-	-	95	10
Abst., blanc ou nul, refus de vote	4	16	2	8
ONT VOTÉ AU 2e TOUR DE L'ÉLECTION PRÉSIDENTIELLE (1988)				
Mitterrand	65	36	30	55
Chirac	28	49	60	36
Abst., blanc ou nul, refus de vote	7	15	10	9

Source : Sondage postélectoral SOFRES-CEVIPOF, 9-20 mai 1988.

gauche et de l'écologie (20 %). Au-delà de ce noyau dur électoral bien connu, se profile la France qui hésite et qui, sans « avoir franchi le pas », envisage de le faire éventuellement. Plus d'un électeur sur quatre est dans cet état d'esprit en 1988. Cette « armée de réserve » frontiste est plutôt féminine, ouvrière, relativement démunie économiquement, critique à l'égard du système politique et de la politique en général. Ce groupe comprend environ un quart d'électeurs de gauche (24 % se positionnent à gauche sur l'axe gauche-droite, 31 % ont une proximité partisane de gauche ou écologique), un petit tiers d'électeurs du centre (31 % se positionnent au centre) et un gros tiers à droite (38 % se positionnent à droite, 37 % expriment une proximité avec le RPR et l'UDF). On voit bien ici comment, à la fin des années 80, la tentation frontiste taraude certains électorats de gauche (particulièrement l'électorat socialiste) et de droite (particulièrement celui du RPR) ainsi que nombre de « déçus de la politique » sans proximité partisane précise ou mal à l'aise dans le clivage gauche-droite.

Face à cela, une France plutôt cultivée, politisée, satisfaite du fonctionnement de la démocratie et plutôt de gauche exclut de voter pour le FN. Cependant, même dans ces bastions de l'antifrontisme, la tentation est présente : 15 % des diplômés de l'enseignement supérieur, 15 % de ceux qui s'intéressent beaucoup à la politique, 14 % de ceux qui considèrent que notre démocratie fonctionne très bien et 15 % ce ceux qui se situent à gauche, n'excluent pas de voter pour le FN dans l'avenir. Aucune catégorie de l'électorat ne semble à l'abri d'une extension possible du vote en faveur du FN.

Mais, dans le domaine de la politique comme ailleurs, entre la tentation et le passage à l'acte, le chemin est long et parsemé d'obstacles.

Les obstacles[83]

Le premier de ceux-ci est le manque de crédibilité du FN et de son leader. La formation de Jean-Marie Le Pen n'a pas l'image d'un parti de pouvoir, même parmi ses fidèles (*cf.* tableau 21).

Entre 10 et 14 % seulement des personnes interrogées jugent le FN apte à gouverner. En 1994, seule une minorité

Tableau 21 : La perception du FN comme parti de pouvoir.

Diriez-vous que le FN est capable de gouverner, pas capable de gouverner ?

	1990			1991			1994		
	Capable	Pas capable	Sans opinion	Capable	Pas capable	Sans opinion	Capable	Pas capable	Sans opinion
Ensemble de l'échantillon	12	76	12	14	76	10	10	86	4
• Proches du FN ...	36	45	19	–	–	–	–	–	–
• Vote Le Pen à la présidentielle 1988	–	–	–	56	32	12	–	–	–
•Vote FN aux législatives de 1993	–	–	–	–	–	–	36	53	11

Source : Sondages SOFRES.

En pensant aux prochaines élections législatives, dites-moi pour chacun des partis politiques suivants s'il a, selon vous, une politique à proposer aux Français pour améliorer la situation économique et sociale de la France.

	Oui			Non			Sans opinion		
	Mars 1997	Avril 1997	Mai 1997	Mars 1997	Avril 1997	Mai 1997	Mars 1997	Avril 1997	Mai 1997
• Le Front national	14	13	21	80	78	71	6	9	8

Source : Sondages BVA.

---

83. *Cf.* Nonna MAYER, Pascal PERRINEAU, « La puissance et le rejet ou le lepénisme dans l'opinion », pp. 63-78 dans Olivier DUHAMEL, Jérôme JAFFRÉ, dir., *SOFRES. L'état de l'opinion 1993*, Paris, Le Seuil, 1993.

des électeurs du FN (36 %) l'en croient capable, 53 % pensent le contraire et 11 % sont sans opinion. Ce manque de capacité gouvernante va de pair avec la perception d'un défaut de politique économique et sociale. Sur ce terrain, en 1997, la crédibilité du FN est faible : interrogés en mai 1997 par l'institut BVA, 71 % des électeurs (contre 21 %) considèrent que le FN « n'a pas une politique à proposer aux Français pour améliorer la situation économique et sociale de la France ». Cette absence de crédibilité est renforcée par l'image de sectarisme, de racisme et même d'éloignement des préoccupations de la base qui est liée au FN (*cf.* tableau 22).

L'image gestionnaire du leader n'est pas meilleure que celle de son parti. Interrogés régulièrement depuis 1985, une très faible minorité de Français (12 à 19 %) souhaitent que Jean-Marie Le Pen devienne ministre (*cf.* tableau 23).

Dans son électorat même, ils ne sont, en 1993, que 68 % à le souhaiter, 32 % ne le souhaitant pas. Quant à la « capa-

Tableau 22 : L'image du FN dans l'opinion publique.

Diriez-vous que le Front national est :

	Rappel enquête Figaro/ SOFRES mars 1990	Rappel enquête *Le Monde/RTL/* SOFRES octobre 1991	Janvier 1994
	(100 %)	(100 %)	(100 %)
Sectaire	78	78	85
Tolérant	8	11	9
Sans opinion	14	11	6
Proche des préoccupations des gens	32	33	26
Éloigné	51	49	60
Sans opinion	17	18	14
Raciste	81	81	87
Pas raciste	10	11	8
Sans opinion	9	8	5

Source : Sondages SOFRES.

Tableau 23 : L'avenir ministériel de Jean-Marie Le Pen.

Si la droite revient au pouvoir, souhaitez-vous que Jean-Marie le Pen devienne ministre ?

	Octobre 1985	Octobre 1987	Mars 1990	Octobre 1991	Juin 1993
Ne souhaite pas que J-M Le Pen devienne ministre	75	82	79	76	84
Le souhaite	12	12	14	19	12
Sans opinion	13	6	7	5	4
	100 %	100 %	100 %	100 %	100 %

Source : Enquêtes SOFRES.

cité présidentielle », elle est encore bien plus chichement comptée au chef du FN. À quelques semaines de l'élection présidentielle de 1995, 9 % seulement de l'électorat, interrogé en mars par la SOFRES, considéraient que Jean-Marie Le Pen ferait un « bon président de la République », 87 % pensant le contraire.

Le second obstacle majeur à une pénétration électorale plus profonde du FN est la crainte qu'il inspire au regard du fonctionnement normal de la démocratie (*cf.* graphique 7).

La phase de « banalisation » du FN n'a duré que deux ans (1983-84), et dès 1985 une majorité absolue (50 % contre 34 %) considère que ce parti « représente un danger pour la démocratie ». Depuis lors, cette majorité n'a cessé de se renforcer pour atteindre aujourd'hui 75 % qui partagent un tel avis contre seulement 19 % qui sont d'une opinion contraire. Ce sentiment de « danger » est partagé par 69 % des sympathisants de l'UDF et 71 % de ceux du RPR. On ne peut s'étonner, dans un tel contexte, qu'une majorité de Français et d'électeurs de la droite classique rejette une alliance entre celle-ci et le FN (*cf.* tableau 24).

De manière constante depuis 1983, entre 52 et 71 % des Français interrogés refusent un tel type d'alliance. Ils sont

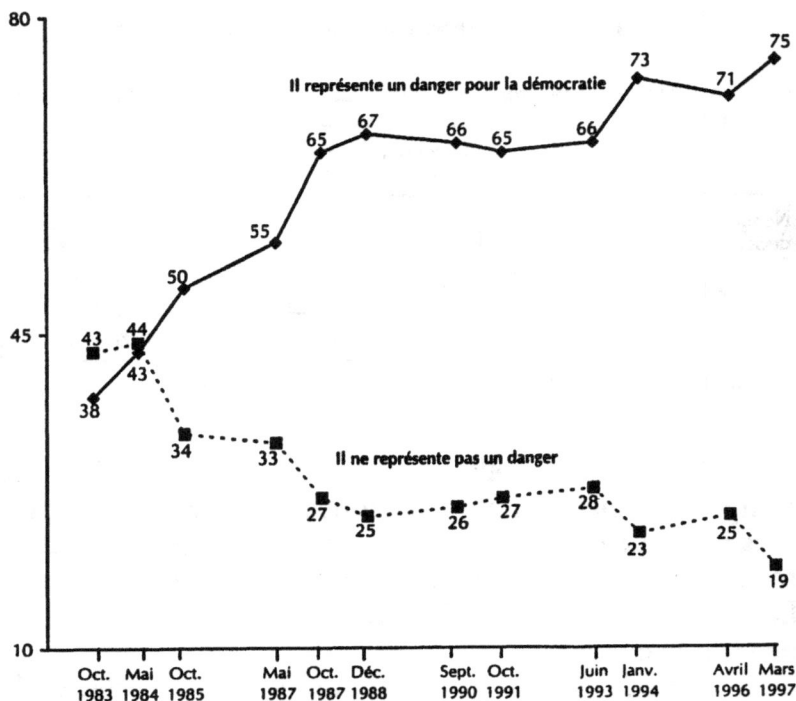

Graphique 7 : Le danger du Front national à travers les enquêtes de la SOFRES (1983-1997).

entre 49 et 77 % parmi les sympathisants de l'UDF, 43 et 66 % parmi ceux du RPR. Cette constance du refus de l'alliance entre RPR, UDF et FN montre les difficultés auxquelles serait confrontée toute tentative de rapprochement entre ces familles perçues dans l'électorat comme profondément hétérogènes. En juillet 1997, le refus de toute alliance (qu'elle soit locale ou nationale) n'a jamais été aussi fort : 77 % des sympathisants de l'UDF refusent tout accord (8 % acceptent un accord national et 11 % un accord local), 66 % des sympathisants du RPR font de même (16 % approuvant la perspective d'un accord natio-

206

**Tableau 24 : Le refus d'une alliance électorale de la droite modérée
avec le Front national.**

	Oct. 1983	Sept. 1984	Oct. 1987	Mai 1988	Déc. 1988	Mars 1990	Sept. 1990	Oct. 1991	Juillet 1997
Ensemble des Français ..	52 %	56 %	57 %	65 %	67 %	65 %	67 %	63 %	71 %
Sympathisants UDF	52 %	49 %	52 %	63 %	62 %	57 %	65 %	58 %	77 %
Sympathisants RPR	43 %	45 %	55 %	52 %	55 %	52 %	59 %	53 %	66 %

N.B. : En octobre 1983 et septembre 1984, l'intitulé de la question était : « Souhaitez-vous qu'il y ait entre l'opposition (RPR-UDF) et l'extrême droite (le Front national) une entente en vue des prochaines élections législatives (des investitures communes de candidats par exemple) ? »
En octobre 1987, l'intitulé était : « Souhaitez-vous ou non que le RPR et l'UDF concluent un accord de désistement avec le Front national de J.-M. Le Pen pour le second tour de l'élection présidentielle ? »
En mai 1988, l'intitulé était : « Souhaitez-vous que l'UDF et le RPR concluent avec le Front national un accord de désistement pour le second tour ou ne fassent aucun accord avec le Front national ? »
En décembre 1988, l'intitulé était : « Estimez-vous que dans une commune le RPR et l'UDF doivent s'allier avec le Front national si cela peut faire battre la gauche et ne doivent pas s'allier avec le Front national même si cela augmente les chances de victoire de la gauche ? »
Enfin, en 1990, « dans une commune » est remplacé par « en cas d'élection ».
En octobre 1991, l'intitulé était : « Au lendemain des élections régionales de mars prochain, estimez-vous que dans votre région les élus UDF et RPR doivent faire un accord avec le Front national, si c'est nécessaire pour obtenir la présidence de la région ou ne doivent pas faire d'accord avec le Front national même si cela peut faire élire un socialiste ? »
En juillet 1997, l'intitulé était : « Vous personnellement, dans la perspective des prochaines élections régionales, que souhaitez-vous ? que l'UDF et le RPR refusent tout accord avec le FN/que l'UDF et le RPR fassent un accord national avec le FN/ que l'UDF et le RPR fassent des accords locaux avec le FN, mais pas d'accord national. »
Source : Enquêtes SOFRES et IFOP.

nal, 14 % d'un accord local). Entre deux tiers et trois quarts des sympathisants des deux grands partis de l'opposition sont opposés à un accord avec le FN. Interrogés en juin 1993 par la Sofres, 79 % des électeurs de l'UDF et 77 % de ceux du RPR pensaient que « le RPR et l'UDF défendaient des idées assez ou très différentes des idées proches du Front national ». Ils n'étaient que 16 et 17 % à penser le contraire. C'est à ces réalités d'opinions et d'attitudes que se heurteraient les entreprises d'alliance entre la droite modérée et la droite extrême.

DIVERSITÉ DES ÉLECTORATS FRONTISTES

L'électorat du FN est souvent perçu et interprété comme un électorat très homogène, lié intimement à son leader et au message qu'il véhicule. Cette vision est caricaturale à plus d'un titre.

Tout d'abord, l'électorat du FN, en dépit de la relative permanence de ses scores électoraux sur plus d'une décennie, s'est profondément renouvelé et a connu des mutations socio-démographiques importantes.

Renouvellement et mutations de l'électorat du FN

Comme tous les électorats, mais encore davantage pour un électorat nouveau, en voie de construction et de structuration, l'électorat du FN n'est, d'une élection à l'autre, jamais constitué des mêmes personnes. Des flux et des allées et venues entre les divers électorats et entre ceux-ci et l'abstention, sans compter les effets du renouvellement démographique constant, sont à l'œuvre. Cependant, pour une force relativement neuve, le FN fidélise son électorat de manière forte (*cf.* tableau 25).

Cette fidélisation s'est renforcée en presque quinze ans : en 1986, sur 100 électeurs qui avaient choisi la liste Le Pen aux européennes de 1984, 66 restaient fidèles au FN mais

Tableau 25 : La fidélité électorale des électeurs du FN.

	Vote aux législatives de 1997									
	EXG	PC	PS	DVG	Écolo.	RPR UDF	DVD	LDI	FN	Ind.
Sur 100 électeurs FN des législatives de 1993	0	3	2	0	2	1	0	2	89	1
Sur 100 électeurs Le Pen de la présidentielle de 1995 ..	0	3	3	1	3	4	1	1	84	0

Source : Sondage SOFRES-CEVIPOF, 26-31 mai 1997.

34 votaient pour une autre formation ; en 1997, sur 100 électeurs qui avaient choisi un candidat du FN en 1993, 89 restaient fidèles au FN, et, sur 100 électeurs qui avaient choisi Jean-Marie Le Pen en 1995, 84 choisissaient à nouveau un candidat du FN. Avec le temps, l'électorat du FN est devenu autre chose qu'un « électorat-passoire ». La redistribution d'une élection à l'autre est cependant suffisante pour amener des modifications, parfois importantes, du profil sociologique et politique des électeurs du FN (*cf.* tableau 26).

De 1984 à 1997, l'électorat du FN s'est, on l'a vu, profondément prolétarisé (16 % des électeurs de 1984 étaient de milieu ouvrier, en 1997 ils sont 30 %) et partiellement « dédroitisé » (en 1984, 62 % des électeurs se positionnaient à droite, 6 % à gauche et 32 % au centre ou refusaient de répondre ; en 1997, ils sont 50 % à choisir la droite, 16 % la gauche et 34 % le « ni gauche ni droite »). Ces électeurs évoluent aussi dans leurs motivations affichées. À cet égard, après une phase initiale où la personnalité du chef du FN, Jean-Marie Le Pen, semble avoir joué un rôle déclencheur important, le vote en faveur du FN s'est assez vite « dépersonnalisé » pour se charger en contenu programmatique et politique. En 1984, interrogés le jour du vote par l'IFOP, 49 % des électeurs de la liste du

Tableau 26 : L'évolution de la composition de l'électorat du FN de 1984 à 1997.

	Euro. 1984	Lég. 1986	Prés. 1988	Lég. 1988	Euro. 1989	Rég. 1992	Lég. 1993	Euro. 1994	Prés. 1995	Lég. 1997
	(100)	(100)	(100)	(100)	(100)	(100)	(100)	(100)	(100)	(100)
Sexe										
Homme	68	53	61	61	57	53	50	58	60	60
Femme	32	47	39	39	43	47	50	42	40	40
Âge										
18-24 ans	11	18	15	18	9	16	16	11	16	12
25-34 ans	20	21	24	18	12	18	14	24	23	21
35-49 ans	26	27	30	21	26	19	28	26	27	28
50-64 ans	26	23	17	24	33	25	23	25	23	22
65 ans et plus	17	11	14	19	20	22	19	14	11	17
Profession du chef de ménage										
Agriculteur	4	12	6	3	2	5	6	2	4	0
Petit commerçant et artisan (puis à partir de 1986 : commerçant, artisan, chef d'entreprise)	9	10	12	5	9	4	9	6	5	8
Industriel, gros commerçant, cadre supérieur et profession libérale (puis à partir de 1986 : cadre, profession intellectuelle)	15	7	12	10	11	7	4	6	3	5
Profession intermédiaire, employé	28	24	29	23	29	22	23	23	31	23
dont prof. intermédiaire	–	9	9	13	14	11	11	6	14	11
employé	–	15	10	10	5	11	12	17	17	12
Ouvrier	16	26	29	27	22	23	25	33	33	30
Inactif, retraité	28	21	22	32	37	39	33	30	24	34

Source : Sondages postélectoraux SOFRES.

FN (contre 29 % dans l'ensemble de l'électorat) disent qu'ils ont voté en fonction de la personnalité de la tête de liste ; dix ans plus tard, c'est dans l'électorat lepéniste qu'on dit le moins avoir voté pour la personnalité du candidat et le plus pour le programme (*cf.* tableau 27).

Même si Jean-Marie Le Pen continue à jouer un rôle essentiel dans l'unité du FN, le frontisme électoral s'en est

Tableau 27 : Les motivations du vote des électeurs au premier tour de l'élection présidentielle de 1995.

« Pour votre vote au premier tour de l'élection présidentielle, vous êtes-vous décidé... »

	Ens. des votants	Vote au premier tour de la présidentielle							
		Robert Hue	Arlette Laguiller	Lionel Jospin	Dominique Voynet	Jacques Chirac	Édouard Balladur	Philippe de Villiers	Jean-Marie Le Pen
En fonction de la personnalité des candidats	26	15	35	9	17	38	46	31	18
En fonction de leur programme	45	49	44	47	49	39	34	58	60
En fonction de leur étiquette politique	25	34	14	43	28	21	20	10	19
Sans opinion	4	2	7	1	6	2	0	1	3
	100 %	100 %	100 %	100 %	100 %	100 %	100 %	100 %	100 %

Source : SOFRES, sondage postélectoral, 20-23 mai 1995.

en partie émancipé. Les thèmes de la lutte contre l'immigration et contre l'insécurité, de la préférence nationale, de la dénonciation des turpitudes de la classe politique ou encore du rejet de l'Europe et du mondialisme dépassent l'homme qui les a portés haut et fort. À la séduction personnelle du tribun démagogue s'est substitué un attrait pour un ensemble de formules porteuses d'une alternative radicale. Ainsi a-t-on vu se développer dans le temps une diversité du profil des électeurs frontistes, de leurs motivations et de leurs attentes. Cette hétérogénéité dans le temps cacherait-elle une forte homogénéité des électeurs frontistes saisis dans l'instant d'une élection particulière ? Cette hypothèse mérite d'être fortement nuancée.

Derrière le stéréotype d'un électorat frontiste très homogène, lié à son leader, rassemblé autour d'un nationalisme intransigeant et d'un racisme avéré, se cache en fait une réalité beaucoup plus complexe.

Les cinq principales constellations d'électeurs du FN[84]

Une typologie établie à partir d'une analyse de « cluster » construite à partir de 17 variables issues de l'enquête CEVIPOF-*Libération*-SOFRES effectuée entre les deux tours des législatives de 1997 permet de dégager cinq types d'électorats du FN dont les profils socio-démographiques, politiques et idéologiques sont diversifiés.

Parmi ces cinq types principaux d'électeurs du FN, dont l'homogénéité interne est forte quant à leur profil social, culturel, politique et idéologique, on peut en distinguer deux bien arrimés au FN (les nationaux-populistes : 21 % de l'électorat total du FN, les droito-frontistes : 20 %), un type en processus de fixation (les gaucho-frontistes : 25 %) et deux types plus hésitants et labiles (les frontistes mous : 18 %, les apprentis-frontistes : 16 %). Les deux types les plus fidèles au FN ont des profils opposés : d'un côté on rencontre un groupe d'électeurs jeunes, populaires, aux choix socio-économiques plutôt de gauche (les nationaux-frontistes), de l'autre il s'agit essentiellement d'un groupe d'électeurs âgés, bourgeois et aux tropismes de droite avérés (les droito-frontistes). Pour ce dernier type, on a affaire à un groupe qui se situe clairement à l'extrême de la

---

84. Je tiens ici à remercier vivement Étienne Schweisguth, directeur de recherches au CNRS et chercheur au CEVIPOF, qui a bien voulu me faire part de son expertise technique pour établir cette typologie des électeurs du FN. La méthode utilisée est une classification hiérarchique réalisée sur ordinateur (méthode de Ward). Cinq groupes ont été définis parmi les personnes interrogées à partir de leurs réponses à 17 questions concernant leurs systèmes de valeurs et de représentations. Comme dans toute construction de typologie, le principe du programme informatique utilisé a consisté à constituer des groupes ayant chacun à la fois la plus grande homogénéité interne possible et la plus grande hétérogénéité par rapport aux autres groupes.

droite en mêlant choix socio-économiques libéraux, rigorisme accentué et xénophobie affirmée (*cf.* tableau 28).

– Les nationaux-populistes (21 %)

C'est le groupe qui se sent le plus proche du FN (71 %) bien qu'il ait un très faible intérêt pour la politique. On voit bien ici comment le parti de Jean-Marie Le Pen a su cristalliser électoralement le rejet de la politique et une certaine désespérance qui touchent plusieurs segments des milieux populaires. En effet, ces électeurs nationaux-populistes se caractérisent par leur origine sociale modeste (72 % sont ouvriers ou employés), leur jeunesse (54 % ont moins de quarante ans), leur faible niveau d'études (90 % ont un niveau inférieur au baccalauréat), leur très vif rejet de la politique (61 % considèrent que les hommes politiques ne se préoccupent pas du tout des « gens comme nous ») et leur profonde inquiétude (88 % sont inquiets quant à leur avenir personnel et professionnel).

Ces électeurs ne se retrouvent que très faiblement sur des choix sociaux ou économiques de droite : ils ne sont que 22 % à donner la priorité, entre la compétitivité de l'économie et la défense de la situation des salariés, à la première ; 37 % à considérer le profit ou les privatisations comme positifs ; 39 % à juger l'école privée comme étant positive. En revanche, ils sont une majorité (54 %) à se sentir solidaires du mouvement de grèves de novembre-décembre 1995. Enfin, ils ne sont que 32 % à se sentir de droite ou encore 10 % à se sentir proches de partis de la droite classique.

Ce qui semble arrimer ces électeurs au vote en faveur du FN est une très forte pulsion répressive (83 % sont tout à fait d'accord avec la proposition qui consisterait à rétablir la peine de mort) et une xénophobie prononcée qui débouche sur un racisme sans ambages (76 % déclarent

Tableau 28 : Les différents types d'électeurs du Front national

	Ensemble électorat du FN 100 %	Les nationaux-populistes 21 %	Les gaucho-frontistes 25 %	Les apprentis frontistes 16 %	Les frontistes mous 18 %	Les droito-frontistes 20 %
Le profil socio-démographique et culturel						
Hommes	60	56	47	58	74	68
Moins de 40 ans	44	54	53	35	43	29
Ouvriers + employés	53	72	65	40	41	39
Se sentent appartenir aux classes populaires et aux défavorisés	26	46	38	10	14	13
Baccalauréat et plus	22	10	10	35	43	21
Pratiquants catholiques	22	7	12	42	37	21
Le profil politique						
Beaucoup ou assez d'intérêt pour la politique	46	32	33	45	54	71
Se sentent proches du FN	49	71	43	35	31	60
Se sentent proches de la droite modérée	27	10	22	42	43	24
Se disent plutôt de droite	50	32	33	68	69	60
Père plutôt de gauche	30	34	35	32	20	26
Ont voté Chirac au 2ᵉ tour de la présidentielle de 1995	61	51	51	64	71	74
Estiment que la démocratie ne fonctionne pas bien du tout en France	35	51	33	32	23	34
Considèrent que les hommes politiques ne se préoccupent pas du tout des gens comme nous	58	61	69	45	46	60
Ont hésité à voter pour le candidat FN jusqu'au dernier moment au 1ᵉʳ tour des législatives de 1997	21	19	18	32	29	10
Ont sérieusement envisagé de voter pour la droite modérée en 1997	24	10	12	36	43	29
Souhaitent des ministres PC dans un gouvernement de gauche	40	46	53	32	37	26
Souhaitent voir jouer à L. Jospin un rôle important dans l'avenir	27	17	43	6	37	24

LES ÉLECTORATS FRONTISTES

	Ensemble électorat du FN 100 %	Les nationaux-populistes 21 %	Les gaucho-frontistes 25 %	Les apprentis frontistes 16 %	Les frontistes mous 18 %	Les droito-frontistes 20 %
La perception de l'avenir						
Plutôt inquiets sur leur avenir personnel et professionnel ...	81	88	92	68	63	87
Ont le sentiment que la situation économique du pays va se dégrader	34	41	35	35	29	29
Les valeurs						
Considèrent le « profit » comme positif	56	37	47	58	74	68
« Syndicat » positif	33	19	51	13	46	31
« École privée » positif	66	39	65	71	86	76
« Privatisation » positif	59	37	29	77	86	82
Solidaires avec le mouvement de grève de nov.-déc. 1995 ...	41	54	51	29	37	26
Il faudrait rétablir la peine de mort (% tout à fait d'accord)	58	83	61	48	34	55
Priorité à la compétitivité de l'économie (% accord)	34	22	16	45	40	55
La xénophobie						
Il y a trop d'immigrés en France (% tout à fait d'accord)	70	71	84	64	40	84
Il y a des races moins douées que d'autres (% accord)	30	76	0	10	6	58
Les maghrébins qui vivent en France seront un jour des Français comme les autres (% accord)	35	27	35	39	51	24
Maintenant on ne se sent plus chez soi comme avant (% tout à fait d'accord)	55	78	67	48	6	66
L'Europe						
Se sentent seulement français	37	44	47	16	23	45
Se sentent autant européens que français	17	12	10	32	34	5
Éprouveraient de grands regrets si l'union européenne était abandonnée	21	5	6	42	46	16
Tout à fait contre l'Euro	37	56	43	16	9	50

215

leur accord avec la proposition selon laquelle « il y a des races moins douées que d'autres »). Leurs sentiments anti-européens sont très forts (56 % sont tout à fait contre l'Euro et 5 % seulement éprouveraient de grands regrets si l'Union européenne était abandonnée).

Chez ce type d'électeurs du FN, on voit comment le parti de Jean-Marie Le Pen, parti « anti-système », a su articuler politiquement un vote de malaise et de protestation.

– Les droito-frontistes (20 %)

Très proches également du FN (60 %), ce sont les élec-teurs qui ont le moins hésité à voter pour le candidat fron-tiste jusqu'au dernier moment. Faisant, comme les natio-naux-populistes, partie du « carré des fidèles », les droito-frontistes divergent en revanche sur de nombreux points des premiers. En effet, ils appartiennent sociologi-quement et politiquement à l'univers de la droite. Âgés (71 % ont plus de quarante ans), d'extraction sociale bour-geoise (13 % seulement se sentent appartenir aux classes populaires ou aux défavorisés), ils sont 60 % à se dire « plutôt de droite » ; 74 % ont voté pour Jacques Chirac au second tour de l'élection présidentielle de 1995. Ces élec-teurs ont un très fort intérêt pour la politique (71 % décla-rent avoir beaucoup ou assez d'intérêt pour la politique). Politisés, ils sont à la recherche d'un parti qui soit l'exutoire à la fois de leur libéralisme économique et social prononcé, de leur xénophobie et de leur nationalisme vigoureux. Libéraux sur le plan économique et social, ils le sont sans retenue : 82 % considèrent les privatisations comme posi-tives, 76 % l'école privée comme positive, 68 % le profit comme positif, 55 % jugent que la priorité doit être donnée à la compétitivité de l'économie sur la défense de la situa-tion des salariés ; ils ne sont, enfin, qu'une toute petite minorité (26 %) à se sentir solidaires du mouvement de grèves de novembre-décembre 1995.

On est ici dans un univers de valeurs aux antipodes de celui des nationaux-frontistes. En revanche, c'est sur le terrain de la xénophobie et de l'hostilité à l'Europe que les droito-frontistes rejoignent les nationaux-frontistes : 84 % sont tout à fait d'accord avec la proposition selon laquelle « il y a trop d'immigrés en France », 58 % avec celle selon laquelle « il y a des races moins douées que d'autres ». Enfin, 50 % sont tout à fait contre l'Euro et ils ne sont que 5 % à se « sentir autant européens que français ».

Le vote de ces droito-frontistes n'est pas ici le fruit d'une instrumentalisation politique de citoyens défavorisés, éloignés de la politique, mais constitue au contraire le débouché d'une radicalisation d'une droite conservatrice dure et politisée. Ce vote droito-frontiste est bien un vote de droite extrême.

Comme l'attestent ces deux premiers types d'électeurs frontistes, les plus fidèles et les plus proches du FN, ce parti est, du point de vue électoral, un parti « attrape-tout » puisqu'il attire des groupes à la sociologie et aux valeurs plurielles et même parfois opposées. Cependant, contrairement à la définition que donnait Otto Kircheimer du parti « attrape-tout », où il associait désidéologisation et succès de ce nouveau type de parti, le FN est un parti « attrape-tout » à fort contenu idéologique[85]. Ce caractère « attrape-tout » s'accentue lorsqu'on s'intéresse aux types d'électeurs qui votent pour le FN tout en s'en sentant relativement éloignés.

---

85. *Cf.* Otto Kircheimer, « Le parti de rassemblement, *"The catch-all party"* », pp. 213-217 dans Jean CHARLOT, *Les Partis politiques*, Paris, Armand Colin, Dossiers U2, 1971.

– Les gaucho-frontistes (25 %)

C'est le premier des types d'électeurs du FN par la taille. De milieu populaire, ne se sentant pas appartenir à la droite, ils partagent nombre de valeurs et d'attitudes avec les électeurs de gauche mais semblent se fixer sur le FN à partir des thèmes de rejet de la classe politique, de la xénophobie, de la déception sociale et de l'hostilité à la construction européenne. Des trois types les plus détachés du parti de Jean-Marie Le Pen, c'est cependant celui qui semble le plus en voie d'être fixé par le FN : 43 % se sentent cependant plutôt proches du FN (contre 49 % dans l'ensemble de l'électorat du FN), 18 % seulement ont hésité jusqu'au dernier moment à voter pour le candidat du FN aux législatives de 1997 (contre 32 % et 29 % pour les deux autres types d'électeurs relativement détachés du FN que nous analyserons plus loin).

C'est le seul type d'électeurs frontistes à majorité féminine (53 %), c'est un groupe jeune (53 % ont moins de quarante ans), nettement populaire (65 % sont ouvriers ou employés), de faible niveau d'études (10 % seulement ont le baccalauréat ou plus). Très peu intéressés par la politique (33 % seulement ont beaucoup ou assez d'intérêt pour la politique), ils portent un jugement très sévère sur la classe politique (69 % considèrent que les hommes politiques ne se préoccupent pas du tout des « gens comme nous »). Ils battent des records d'inquiétude quant à leur avenir : 92 % sont plutôt inquiets sur leur avenir personnel et professionnel. Ils sont hostiles aux privatisations et considèrent clairement qu'il faut donner la priorité à l'amélioration de la situation des salariés sur la compétitivité de l'économie (16 % seulement sont sensibles à celle-ci). Ce sont les seuls électeurs frontistes à considérer en majorité (51 %) le mot « syndicat » comme positif et, tout comme les nationaux-frontistes, qui, à bien des égards, sont leurs

« frères sociaux » mais sont allés beaucoup plus loin dans l'arrimage au FN, ils expriment majoritairement (51 %) une solidarité avec le mouvement de grèves de novembre-décembre 1995. En revanche, contrairement aux nationaux-populistes, leur tropisme de gauche reste sensible au point qu'ils sont 43 % (contre 27 % dans l'ensemble de l'électorat du FN et 17 % chez les nationaux-populistes) à souhaiter voir Lionel Jospin « jouer un rôle important dans l'avenir ». On voit bien ici comment une part sensible de ces gaucho-frontistes peut être récupérée par une gauche qui parviendrait à reprendre langue avec eux. Reste que leur malaise identitaire est profond (67 % sont d'accord avec la proposition selon laquelle « maintenant, on ne se sent plus chez soi comme avant ») et que, s'ils ne sont pas racistes (aucun gaucho-frontiste n'exprime d'accord avec la proposition « il y a des races moins douées que d'autres »), leur rejet de l'immigration est très fort (84 % sont tout à fait d'accord avec la proposition « il y a trop d'immigrés en France ») et ils sont sceptiques quant à la capacité des Maghrébins à s'intégrer dans la communauté nationale (35 % seulement sont d'accord avec la proposition « les Maghrébins qui vivent en France seront un jour des Français comme les autres »). Enfin, c'est le groupe d'électeurs frontistes qui se définit le plus par sa seule qualité de « Français » et qui rejette massivement la construction européenne.

À côté de ce type d'électeurs non encore totalement captés par le FN, on distingue deux autres groupes très différents des gaucho-frontistes, plus autonomes par rapport au parti et semblant flotter entre droite classique et extrême droite.

– Les apprentis-frontistes (16 %)
Ceux-ci se sentent davantage proches des partis de la droite modérée (42 %) que du FN (35 %). Ils se définis-

sent massivement (68 %) comme de droite et appartiennent, par nombre de leurs attributs socio-démographiques, à son univers. Âgés (35 % seulement ont moins de quarante ans), aisés (10 % seulement se sentent appartenir aux classes populaires ou aux défavorisés), très catholiques pratiquants (42 % contre seulement 22 % dans l'ensemble de l'électorat du FN), ils ont plutôt un bon niveau d'études (35 % ont le baccalauréat ou plus).

Ayant voté dans une proportion des deux tiers (64 %) pour Jacques Chirac au second tour de l'élection présidentielle de 1995, ils ont hésité pour à peu près un tiers d'entre eux (32 %) jusqu'au dernier moment à voter pour le candidat du FN aux législatives de 1997, et 36 % ont sérieusement envisagé de voter pour un candidat de la droite modérée. Ces électeurs de droite, partagés entre droite classique et extrême droite, sont libéraux sur le plan économique et social, hostiles aux syndicats et au mouvement de grèves de novembre-décembre 1995. Ce qui les rapproche du FN semble être le rejet de l'immigration et la xénophobie, deux domaines où ils se situent légèrement en dessous de la moyenne, dont il faut dire qu'elle est élevée, de l'ensemble de l'électorat du FN. En revanche, sur la question européenne, ils sont beaucoup plus proches des positions de la droite modérée que de celles du FN : ils ne sont que 16 % (contre 37 % dans l'ensemble de l'électorat du FN) à être tout à fait contre l'Euro et 42 % (contre 21 % dans l'ensemble de l'électorat) éprouveraient de grands regrets si l'Union européenne était abandonnée.

Ce groupe d'apprentis-frontistes est caractéristique d'une droite conservatrice se situant dans un entre-deux entre droite modérée et droite extrême. Tout comme les gaucho-frontistes pour la gauche, il y a là un groupe d'électeurs du FN qui peut être reconquis par une droite modérée qui ne mettrait pas le drapeau conservateur dans sa poche.

– Les frontistes mous (18 %)

Proche des apprentis-frontistes mais davantage détaché du FN, ce groupe est très masculin (74 % sont des hommes), plutôt jeune (43 % ont moins de quarante ans), peu populaire (14 % seulement se sentent appartenir aux classes populaires ou aux défavorisés), de haut niveau d'études (43 % ont le baccalauréat ou plus) et marqué par une forte pratique catholique (37 % sont pratiquants réguliers ou irréguliers). C'est un ensemble d'électeurs qui s'intéresse à la politique (54 % ont beaucoup ou assez d'intérêt pour la politique) et qui est beaucoup moins inquiet que les autres groupes du fonctionnement de la démocratie en France (23 % seulement estiment qu'elle ne fonctionne pas bien du tout). Ils se sentent massivement de droite (69 %) et sont sensiblement plus nombreux à se sentir proches d'un parti de la droite modérée (43 %) que du FN (31 %). Ils sont d'ailleurs 43 % à avoir envisagé sérieusement de voter pour un candidat de la droite modérée aux législatives de 1997. Ces électeurs de droite classique sont les moins inquiets de tous les électorats frontistes quant à leur avenir et celui de l'économie française. Très libéraux sur le plan économique, ils sont peu répressifs (34 % seulement sont tout à fait d'accord avec la proposition « il faudrait rétablir la peine de mort ») et sont les moins xénophobes de tous les électorats du FN : ils ne sont que 40 % a être tout à fait d'accord avec la proposition « il y a trop d'immigrés en France » et sont même une majorité (51 %) à considérer que « les Maghrébins qui vivent en France seront un jour des Français comme les autres ». Largement insensibles au malaise identitaire (ils ne sont que 6 % à être tout à fait d'accord avec l'idée que « maintenant, on ne se

221

sent plus chez soi comme avant »), ils sont les plus europhiles de tous les électeurs du FN : 46 % (contre 21 % dans l'ensemble de l'électorat du FN) éprouveraient de grands regrets si l'Union européenne était abandonnée, 34 % (contre 17 %) se sentent autant européens que français, 9 % seulement (contre 37 %) sont tout à fait contre l'Euro.

On peut avoir l'impression, en dressant le portrait de ces frontistes mous, qu'ils se sont trompés de vote lors des législatives de 1997. C'est ignorer que toute une partie de l'électorat de droite classique a utilisé dans le passé et utilise encore aujourd'hui le vote en faveur du FN comme un signal de mécontentement vis-à-vis du RPR et de l'UDF. C'est ainsi qu'en 1997 ces électeurs d'une droite classique sans complexe, libérale et européenne, ont pu manier le vote en faveur du FN comme un vote-sanction vis-à-vis de la majorité RPR-UDF élue triomphalement en 1993 et reconfirmée en 1995.

Comme tout électorat qui a grossi et qui rassemble maintenant régulièrement plusieurs millions d'électeurs, l'électorat du FN est hétérogène et agrège des types d'électeurs dont le profil social, les attitudes politiques et les valeurs sont différentes et même parfois divergentes. Cette analyse typologique nous a fait découvrir les grandes constellations d'électeurs qui constituent les principales composantes de l'électorat frontiste. Dans un espace défini par deux dimensions sociale (opposition bourgeois/populaire) et attitudinale (opposition fermeture à l'Autre/ouverture à l'Autre), trois des quatre quadrants sont occupés par un ou plusieurs électorats du FN (*cf.* graphique 8).

Seul l'espace défini par une appartenance aux couches populaires et une ouverture plus ou moins importante à l'Autre n'est pas soumis à une influence électorale du FN. Cette diversité typologique montre que les électeurs

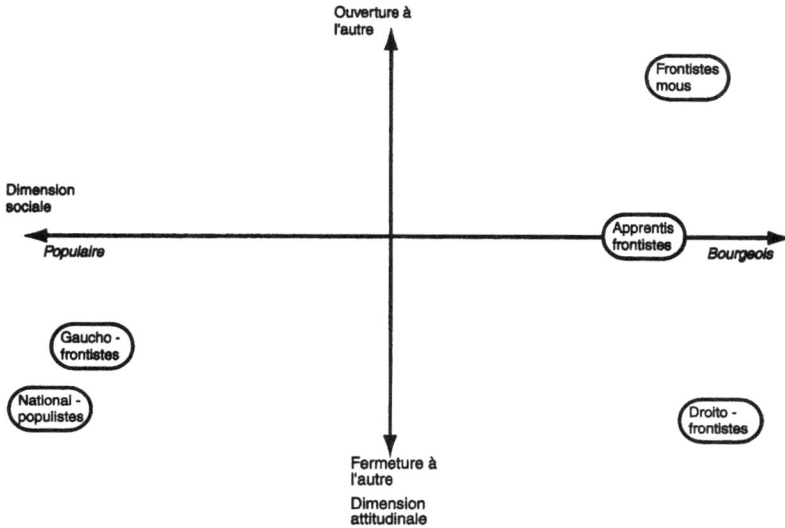

Graphique 8 : Les différents types d'électorats frontistes définis par leurs dimensions sociale et attitudinale.

viennent au FN à partir de préoccupations, de valeurs et d'attitudes diverses. Les distances à la fois sociales, culturelles, politiques mais aussi idéologiques qui séparent les différents segments de l'électorat du FN sont loin d'être négligeables (*cf.* graphique 9).

La gestion unifiante de ces clientèles diverses par le FN et par Jean-Marie Le Pen fait sa force. Même si les dimensions de xénophobie, de nationalisme de fermeture et d'autoritarisme sont fortes dans la plupart des électorats du FN, on ne peut rabattre toutes les dimensions plurielles du vote frontiste sur cette seule dimension. En cela l'électorat du FN n'est pas un électorat « à enjeu unique » même si la question de l'immigration a joué, au départ, un rôle essentiel dans le décollage électoral du FN et continue, aujourd'hui, de rassembler sur une attitude de rejet une majorité

223

Classe sociale (ouv.+empl.)	39% D.F	72% N.P
Niveau études (bac et +)	10% N.P G.F	43% F.M
Pratique catho.	7% N.P	42% A.F
Proches du FN	31% N.P	71% N.P
Se disent plutôt de droite	32% N.P	63% F.M
Ont sérieusement envisagé de voter pour la droite modéré	10% N.P	43% F.M
Souhaitent voir jouer à Lionel Jospin un rôle important à l'avenir	6% A.P	43% F.M
"Privatisation" positif	29% G.F	86% F.M
Solidarité avec mvt. de grèves du nov.-déc.95	26% D.F	54% N.P
Tout à fait d'accord pour rétablir la peine de mort	34% D.F	83% N.P
"Il y a trop d'immigrés en France" (Tout à fait d'accord)	40% F.M	84% G.F / D.F
"Il y a des races moins douées que d'autres" (d'accord)	0% G.F	76% N.P
"Maintenant on ne se sent pas chez soi comme avant" (Tout à fait ou assez d'accord)	6% F.M	78% N.P
Tout à fait contre l'Euro	9% F.M	56% N.F

0% | | | | | | | | | 86%

N.P. : nationaux-populistes ; G.F. : gaucho-frontistes ; A.F. : apprentis frontistes ; F.M. : frontistes mous ; D.F. : droito-frontistes

Graphique 9 : Les distances sociale, culturelle, politique et idéologique entre les différents types d'électorat frontiste.

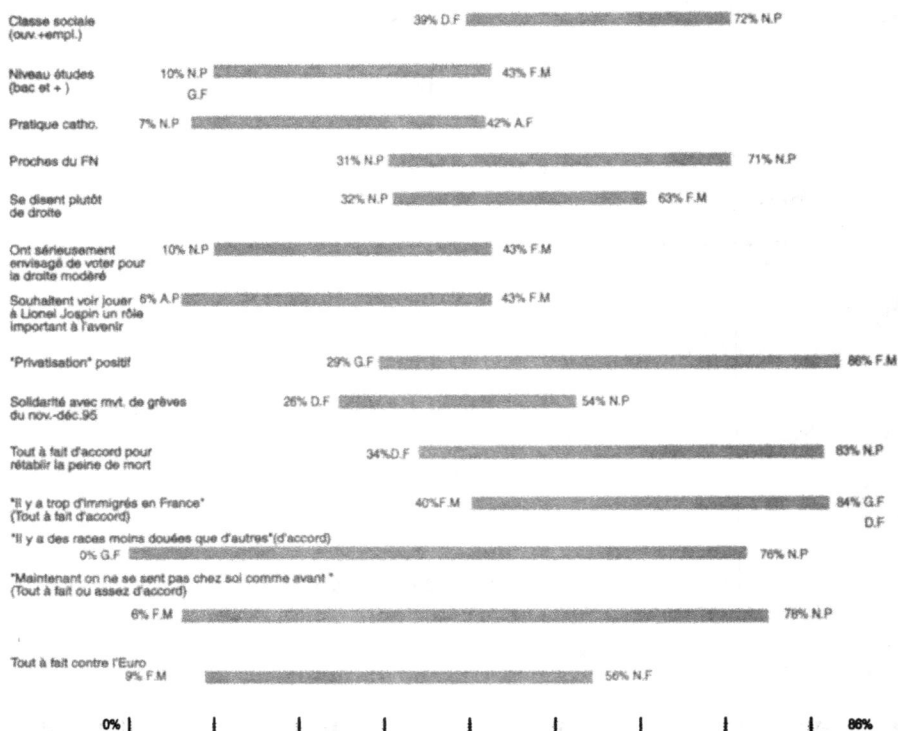

(sauf chez les frontistes mous) de tous les électorats du FN. Ce pluralisme de l'électorat du FN, qui fait sa force et dessine les lignes possibles de son éventuel développement (vote-sanction vis-à-vis de la droite classique, expression d'une certaine désespérance sociale d'électeurs d'origine populaire, manifestation d'une distance-rejet vis-à-vis de la classe politique, traduction d'inquiétudes identitaires...), laisse aussi deviner les difficultés auxquelles peuvent être confrontés le FN et son président dans la gestion politique de clientèles aussi diverses.

Sur le plan social et économique, les contradictions entre les clientèles plébéiennes et interventionnistes (nationaux-populistes, gaucho-frontistes) et les clientèles bourgeoises et libérales (droito-frontistes, frontistes mous, apprentis-frontistes) sont fortes. Même sur ce qui semble être le « cœur de cible » de l'électorat frontiste (attentes sécuritaires, rejet de l'immigration, malaise identitaire et hostilité à la construction européenne), les contradictions internes ne sont pas négligeables. L'homogénéité de l'appareil du FN, le poids de son leader charismatique qui sont autant de forces centripètes peuvent alors devenir des obstacles pour gérer les diverses tendances centrifuges de l'électorat.

Cependant, depuis le milieu des années 80, l'appareil du parti a su partiellement accompagner ce processus de diversification de son électorat. Le discours très néolibéral du début a peu à peu cédé la place à une plate-forme socio-économique mêlant néolibéralisme, interventionnisme étatique et mesures socialisantes. Sur le plan politique, à la toute-puissance et univocité du discours de Jean-Marie Le Pen, caractéristiques des années 80, a succédé une discrète mais réelle polyphonie sensible en particulier, dans la dernière période, sur le terrain des stratégies d'alliance. En revanche, sur le plan de l'immigration, de la sécurité, de l'Europe et de la mondialisation, le discours du parti reste très homogène et ne prend pas en charge les différentes sensibilités des électeurs du FN.

Néanmoins, le FN fait la preuve de sa capacité à manier avec assez d'habileté la dialectique de l'unité et de la différence qui est le propre de toutes les formations politiques gérant de grands électorats. Les trois principales masses (les droito-frontistes, les nationaux-populistes et, à un moindre degré, les gaucho-frontistes) semblent relativement bien « fixées » par le FN et par son message vigoureux et martial sur l'immigration et la sécurité. En revanche, pour le tiers restant (les apprentis-frontistes, les frontistes mous), la fixation électorale est beaucoup plus lâche. Leur proximité politique maintenue avec les partis de la droite modérée, leur hétérophobie plus mesurée et leur europhilie avérée laissent ouvert un espace de reconquête par les formations de la droite classique. Cependant, l'incrustation, depuis maintenant bientôt quinze ans, d'un parti important sur l'aile extrême de la droite a créé un espace refuge pour accueillir un vote-sanction plus ou moins conjoncturel pour des électeurs de droite déçus par les partis de la droite classique.

Cette dimension de vote-sanction est sensible dans la typologie politique des électorats frontistes établis en fonction des itinéraires de vote de 1993 à 1997.

Les différents itinéraires électoraux de l'électorat du FN

Quatre types d'itinéraires électoraux peuvent être recensés chez les électeurs du FN des législatives de 1997 (*cf.* tableau 29).

– Les fidèles

L'électorat des fidèles est composé de ceux qui ont déjà voté pour un candidat du FN en 1993. 42 % des électeurs du FN de 1997 avaient déjà fait un choix du même type aux législatives de 1993. Cet électorat fidèle est un électorat plutôt masculin, d'âge mûr, en majorité populaire mais ayant surtout un fort intérêt pour la politique, se sentant proches du FN (74 %), au vote déterminé (11 % seulement ont hésité à voter pour le candidat du FN), en majorité de droite (56 % se disent plutôt de droite) et très sen-

Tableau 29 : Les différents électorats du FN définis en fonction de leurs itinéraires politiques de 1993 à 1997.

	Ensemble électorat du FN 1997 → FN 1997 100 %	Les transfuges de la gauche Gauche 1993 → FN 1997 15 %	Les transfuges de la droite classique Droite mod. 1993 → FN 1997 25 %	Les fidèles FN 1993 → FN 1997 42 %	Les nouveaux électeurs Abn, n.i., sr 1993 → FN 1997 17 %
Le profil socio-démographique et culturel					
Hommes	60	64	60	60	57
Moins de 40 ans	44	32	37	38	74
Ouvriers + employés	53	64	47	54	53
Cadres sup. + moyens	29	21	40	31	15
Retraités	28	11	36	35	14
Salariés public	32	25	49	30	17
Se sentent appartenir aux classes populaires et aux défavorisés	26	54	15	25	26
Baccalauréat et plus	22	7	31	21	23
Pratiquants catholiques	23	11	25	22	32
Le profil politique					
Beaucoup ou assez d'intérêt pour la politique	45	21	52	58	26
Se sentent proches du FN	49	36	19	74	43
Se sentent proches de partis de la droite modérée	27	11	65	16	14
Se sentent proches de partis de la gauche + écolos	6	29	2	1	6
Se disent plutôt de droite	49	11	71	56	37
Se disent plutôt de gauche	16	43	4	15	14
Se disent ni de gauche, ni de droite	34	46	25	30	49
Père plutôt de gauche	30	43	27	31	23
Ont voté Chirac au 2ᵉ tour de la présidentielle de 1995	61	29	90	64	40
Ont hésité à voter pour le candidat FN jusqu'au dernier moment au 1ᵉʳ tour des législatives de 1997	21	25	31	11	29
Ont sérieusement envisagé de voter pour la droite modérée en 1997	24	4	50	18	23
Considèrent que les hommes politiques ne se préoccupent pas du tout des gens comme eux	58	75	40	67	51
Souhaitent voir jouer à L. Jospin un rôle important dans l'avenir	27	50	17	20	37
Souhaitent des ministres PC dans un gouvernement de gauche	40	68	33	27	57

227

Tableau 29 : Les différents électorats du FN définis en fonction de leurs itinéraires politiques de 1993 à 1997 (suite).

	Les transfuges de la gauche	Les transfuges de la droite classique	Les fidèles	Les nouveaux électeurs
	Ensemble électoral du FN 1997 100 %	Gauche 1993 → FN 1997 15 %	Droite mod. 1993 → FN 1997 25 %	FN 1993 → FN 1997 42 %	Abn, n.i., sr 1993 → FN 1997 17 %
La perception de l'avenir					
Plutôt inquiet sur leur avenir personnel et professionnel	81	89	71	85	77
Ont le sentiment que la situation économique du pays va se dégrader	34	50	23	42	20
Les valeurs					
Considèrent le « profit » comme positif	56	36	60	57	63
« École privée » positif	67	54	73	75	49
« Privatisation » positif	59	32	77	63	46
Solidaires avec le mouvement de grève de nov.-déc. 1995	40	71	21	41	40
Tout à fait pour le maintien des lois Pasqua-Debré	58	36	60	70	43
Il faudrait rétablir la peine de mort (% tout à fait d'accord)	58	57	44	67	57
Priorité à la compétitivité de l'économie (% accord)	34	18	40	37	34
La xénophobie					
Il y a trop d'immigrés en France (% tout à fait d'accord)	70	61	56	83	69
Il y a des races moins douées que d'autres (% accord)	30	32	25	37	20
Les maghrébins qui vivent en France seront un jour des Français comme les autres (% accord)	34	25	42	33	34
Maintenant on ne se sent plus chez soi comme avant (% tout à fait d'accord)	56	46	50	67	46
L'Europe					
Se sentent seulement français	37	46	17	42	46
Se sentent autant européens que français ...	18	18	31	15	6
Éprouveraient de grands regrets si l'Union européenne était abandonnée	21	11	44	12	17
Tout à fait contre l'Euro	37	29	33	42	37
Considèrent que la France n'a pas bénéficié de son appartenance à l'UE	62	71	58	62	63

sibles à la crise de la représentation politique (67 % considèrent que les hommes politiques ne se préoccupent pas du tout des « gens comme nous »). Cet électorat de fidèles est très répressif (67 % sont tout à fait d'accord avec l'idée qu'il faut rétablir la peine de mort), très xénophobe (83 % estiment qu'il y a « trop d'immigrés en France », 37 % approuvent la proposition « il y a des races moins douées que d'autres ») et très anti-européen (42 % sont tout à fait contre l'Euro, 62 % considèrent que la France n'a pas bénéficié de son appartenance à l'Union européenne). La fidélité de cet électorat s'ancre dans un soutien au noyau dur des convictions sécuritaires, xénophobes et anti-européennes du FN.

– Les transfuges de la droite classique

C'est le deuxième électorat par ordre d'importance de l'apport d'électeurs : 25 % des électeurs du FN de 1997 disent avoir voté pour un candidat de la droite modérée en 1993. On prend ici conscience de l'impact quantitatif du vote-sanction vis-à-vis des partis de la droite classique dans la dynamique électorale du FN. Alors qu'en 1995, la dynamique électorale de Jean-Marie Le Pen s'était nourrie essentiellement d'une déception d'électeurs populaires traditionnellement encadrés par la gauche, en 1997 les « déçus du balladurisme et du chiraquisme » ont contribué à alimenter la poussée électorale du FN. Ces « déçus de la droite classique » sont plutôt masculins, davantage d'origine bourgeoise que les électeurs fidèles, de bon niveau d'études et, dans la proportion d'un sur deux (49 %), sont salariés du secteur public. Se sentant très clairement de droite (71 %), gardant une forte proximité avec les partis de la droite modérée (65 %), peu séduits par l'appareil frontiste (19 % seulement se sentent proches du FN), ils ont massivement voté (90 %) en faveur de Jacques Chirac au second tour de l'élection présidentielle de 1995. Très libéraux sur le plan économique et social, moins répressifs et xénophobes que les autres électorats du FN et sensiblement plus européens, ils ont utilisé le vote en faveur du FN pour faire entendre leur déception vis-à-vis des alternances de 1993 et de 1995. Cette attitude touche beaucoup plus les anciens électeurs du RPR que ceux de l'UDF. En effet, 60 % de ces transfuges déclarent avoir voté pour le RPR en 1993, 35 % pour l'UDF et 4 % pour les « divers-droite ». 35 % avaient choisi Jacques Chirac au premier tour de l'élection présidentielle de 1995, 31 % Édouard Balladur, 4 % Philippe de Villiers et 19 % déjà Jean-Marie Le Pen. 35 % se sentent proches du RPR, 15 % de l'UDF, 15 % du MPF de Philippe de Villiers et 19 % du FN. On voit bien comment, en 1997, l'électorat du RPR reste le plus sensible à la séduction frontiste et à l'utilisation du vote frontiste pour faire passer son malaise, ses inquiétudes ou ses impatiences. Dans l'espace de la droite, même si la question du FN s'adresse à toutes les formations, elle reste une question de première importance pour le RPR.

– Les transfuges de gauche
Au-delà de la droite, la question du FN reste aussi une question posée à la gauche. En effet, 15 % des électeurs du FN de 1997 avaient choisi un candidat de gauche ou de l'écologie en 1993. Ce gaucho-frontisme, même s'il semble quantitativement plus modeste que le gaucho-lepénisme de 1995, est une réalité d'autant plus remarquable que l'électorat de gauche était, en 1993, à son niveau d'étiage historique et qu'il était composé d'un noyau d'irréductibles fidèles à des partis de gauche alors largement discrédités. Ces transfuges de la gauche sont en général très masculins, plutôt d'âge mûr, d'origine très populaire, très actifs et, dans leur majorité, salariés du secteur privé. Contrairement

230

aux transfuges de la droite classique, ils ont un très faible intérêt pour la politique et leur positionnement à gauche (43 %) est relativement moins important que le positionnement à droite (71 %) des transfuges de droite. Comme si ces transfuges de gauche avaient pris davantage de distance avec leur camp d'origine que les transfuges de droite vis-à-vis du leur. Il faut noter cependant que ces transfuges de gauche, du fait de leur origine sociale modeste et de leur faible niveau culturel, ont un éloignement vis-à-vis de la politique et de ses catégories beaucoup plus sensible que les transfuges de droite d'origine sociale plus aisée et mieux dotés en capital culturel.

D'une certaine manière, dans sa fonction tribunitienne d'articulation des demandes d'une plèbe qui se sent plus ou moins exclue du « système », le FN a pris, à une échelle plus modeste, la suite d'un Parti communiste qui gérait dans les années 50 et 60 les revendications et le désir de reconnaissance des couches populaires campant aux marges du système politique et social[86]. Issus souvent de familles de gauche (43 % déclarent avoir eu un père de gauche contre 55 % dans l'électorat socialiste et seulement 16 % dans l'électorat RPR-UDF), continuant dans une proportion importante à se référer à la gauche (43 % disent qu'ils sont plutôt de gauche), ils ne sont que 29 % à avoir voté pour Jacques Chirac au second tour de l'élection présidentielle de 1995 et sont, en 1997, 50 % à souhaiter voir Lionel Jospin jouer un rôle important à l'avenir. Réticents vis-à-vis du libéralisme économique, ils se sentent massivement (71 %) solidaires avec le mouvement de grèves de novembre-décembre 1995. Très inquiets sur leur propre avenir ou sur celui de la situation économique de la France,

---

86. *Cf.* sur ce point Georges LAVAU, *À quoi sert le Parti communiste français ?*, Paris, Fayard, 1981, particulièrement pp. 34-44.

ils partagent, davantage que les transfuges de la droite classique, le credo répressif, xénophobe et anti-européen du FN. Comme si, dans ces milieux populaires à faible niveau culturel, la logique du « bouc émissaire », manipulée à satiété par le FN, rencontrait un écho profond où se soulageaient angoisses et inquiétudes sociales et économiques. Le vote en faveur du FN sert ici de « marqueur » politique pour dire son ressentiment. La fixation électorale par le FN de ce ressentiment populaire semble parfois plus avancée que la sanction des transfuges de la droite classique : 36 % des transfuges de gauche se sentent proches du FN contre seulement 19 % des transfuges de droite ; 29 % seulement des transfuges de gauche expriment une proximité avec des partis de gauche ou de l'écologie contre 65 % des transfuges de droite qui font de même avec les partis de la droite classique.

– Les nouveaux électeurs provenant de l'abstention et du renouvellement démographique de l'électorat

17 % des électeurs du FN de 1997 s'étaient abstenus, avaient voté blanc ou nul ou encore étaient trop jeunes pour voter en 1993. Cet électorat de néophytes est largement issu du renouvellement démographique. Il est donc très jeune (74 % ont moins de quarante ans). On y compte un pourcentage élevé de catholiques pratiquants (32 %), signe peut-être de jeunes à la recherche de repères spirituels mais aussi politiques. Ces électeurs sont les plus nombreux (49 %) à se définir idéologiquement par la référence au « ni gauche ni droite », autre signe d'un vote frontiste pouvant apparaître dans les jeunes générations comme la recherche d'un « ailleurs » politique prenant ses distances avec une vie politique dominante considérée comme usée ou inadaptée (ils ne sont que 26 % à exprimer beaucoup ou assez d'intérêt pour la politique). C'est également dans

cet électorat que l'on a le plus tendance à se définir par sa seule qualité de Français et le moins par la dimension européenne, ce qui est étonnant dans des tranches d'âge jeunes où l'europhilie est plutôt la règle. Il y a là aussi la manifestation, dans une partie de la jeunesse, d'une recherche de repères forts par le biais de l'identité nationale.

On voit ainsi, au travers de l'analyse de ces quatre itinéraires politiques qui ont mené de 1993 à 1997 au vote FN, que ce vote peut être l'expression d'une fidélité, d'une sanction, d'une protestation ou encore d'une recherche. Les chemins qui mènent au vote frontiste sont pluriels. La voie de la fidélité électorale étant de plus en plus explorée (*cf.* tableau 25, p. 209), il faut être très attentif à l'avenir à la capacité du FN à capter ensemble le vote routinisé des fidèles, le mouvement d'humeur électorale caractéristique du vote-sanction, le malaise du vote de la protestation sociale ou encore le souci d'identité propre au vote de recherche.

AVENIR DE L'ÉLECTORAT FRONTISTE

À court terme, la prochaine échéance importante pour le FN est celle des élections régionales et cantonales de mars 1998. Face à une gauche « aux affaires », empêtrée dans les contradictions entre convictions idéologiques et responsabilités gestionnaires, et à une droite classique abasourdie par sa défaite de juin 1997, à la recherche des voies de la reconstruction, le FN est dans la position plus aisée de seule opposition au système de la cohabitation et de détentrice des clefs de la redécouverte d'une vocation majoritaire pour la droite en France. Le parti de Jean-Marie Le Pen peut profiter de cette position avantageuse pour tenter de créer un courant électoral porteur dans le cadre de ces « élections intermédiaires » que sont les élections locales et acquérir dans les régions des positions de pouvoir davantage assurées que celles qu'il avait conquises lors des premières élections régionales au suffrage universel direct de mars 1986. Cela semble d'autant plus possible que le niveau moyen du FN a augmenté en une décennie, que la droite offensive et conquérante de 1986 a cédé la place à une droite qui doute d'elle-même et que celle-ci est traversée d'interrogations sur l'attitude à adopter face à un FN qui l'a privée de victoire en 1997.

Le débat sur le type de dialogue à mener avec le FN n'a fait que commencer : alliance au sommet, alliance à la base, adresse aux électeurs, débats et confrontations programmatiques comme celles que l'hebdomadaire *Minute* a tenté d'initier pendant l'été 1997[87]... Toutes les voies sont explorées. Cependant, le dialogue entre droite et extrême droite est moins facile que celui que la gauche socialiste et l'extrême gauche communiste avaient mené dans les années 60 et 70. Pour plusieurs raisons : les deux tendances de la droite n'ont pas de passé en commun, la pratique d'alliance entre elles est quasi inexistante, le contentieux historique, particulièrement autour de la guerre d'Algérie, est lourd, le rejet dans l'opinion de l'extrême droite frontiste est plus important que celui qui existait vis-à-vis de l'extrême gauche communiste, enfin la puissance communiste s'était davantage insérée dans le système social et politique que ne l'a fait le Front national. Pour toutes ces raisons, le rapprochement avec le FN est une stratégie risquée. À moins que

---

87. Durant tout l'été 1997, l'hebdomadaire *Minute* a accueilli dans ses pages des débats sur différents thèmes (famille, immigration, préférence nationale, éducation, culture) entre responsables du FN et responsables de l'UDF et du RPR.

le FN ne bouge et abandonne son côté sulfureux, extrémiste et violent pour devenir une aile droite du bloc
conservateur. C'est ce type de stratégie que l'extrême
droite italienne a menée dans les années 1992-1997. Cependant, l'Alliance nationale n'est pas le Front national, Gianfranco Fini n'est pas Jean-Marie Le Pen et l'Italie n'est pas
la France. Vieux parti, représenté depuis 1948 au Parlement italien, le MSI, en dépit de son caractère fasciste
affiché, a eu le temps d'acquérir des éléments de culture
démocratique parlementaire. Ceux-ci sont particulièrement sensibles dans la phase d'insertion (*inserimento*) et de
modération qu'il connut de 1951 à 1960 (soutien aux gouvernements modérés de Pela en 1953, de Zoli en 1957 et de
Segni en 1959). En tant que leader du MSI, Gianfranco
Fini n'a pas hésité à engager un vigoureux aggiornamento
qui a mené à l'éclatement du parti, à sa mutation organisa-
tionnelle et à son insertion dans une alliance classique de
droite. Enfin, le délitement accéléré du système politique
dans l'Italie des années 90 a été une « fenêtre d'opportu-
nité » décisive pour que la stratégie du leader du MSI se
développe et rencontre le succès. Toutes ces conditions ne
sont pas aujourd'hui réunies en France. L'extrême droite
est absente du Parlement (sauf l'unique siège de député
occupé depuis juin 1997 par Jean-Marie Le Chevallier,
maire de Toulon) et elle n'a pas de tradition parlementaire.
Jean-Marie Le Pen ne semble pas pressé de donner des
gages de respectabilité et de modération. Enfin, le système
politique français, même s'il est malade, n'est pas du tout
dans l'état de déliquescence du système politique italien au
début des années 90. Indépendamment de cette « voie italienne » hypothétique où un FN assagi s'insérerait dans une
droite classique sur les décombres d'appareils partisans
anciens et discrédités, quelles sont les autres voies possibles
de l'avenir du FN ? Cinq scénarios sont envisageables.

Le premier serait la brutale accélération du cours séditieux et révolutionnaire décelable dans le propos de certains responsables du FN depuis quelques années. Profitant et jouant d'une brusque aggravation de la crise économique, sociale et politique, le FN accéderait au pouvoir dans le cadre d'un collapsus quasi révolutionnaire. Ce scénario, que Jean-Marie Le Pen présente régulièrement en sourdine dans ces propos, est hautement improbable, car il s'inspire trop de la situation de l'entre-deux-guerres et d'un état de crise économique, sociale et politique beaucoup plus accentuée qu'aujourd'hui où les capacités, même érodées, de régulation économique et sociale de la crise et la culture démocratique des pays d'Europe de l'Ouest sont beaucoup plus importantes que dans les années 20 et 30.

Deuxième scénario, le succès électoral d'une stratégie de « front populiste ». Caressé par certains stratèges du FN, ce scénario exigerait un bouleversement profond des clivages politiques français. Depuis la fin des années 80, particulièrement autour de la question européenne, sont apparus de forts clivages entre une « France ouverte », considérant que le pays a tout à gagner à l'ouverture de l'économie et de la société et au mouvement d'internationalisation, et une « France fermée », inquiète devant ce remue-ménage et préconisant un recentrage national. Très sensible lors du référendum sur l'approbation du traité de Maastricht en 1992, ce clivage qui sépara alors la France du *oui* et la France du *non* hante la vie politique française et brouille le vieux clivage gauche-droite puisque, dans le rejet de l'Europe, l'immense majorité des électeurs communistes, une grosse minorité d'électeurs du RPR se retrouvent aux côtés des électeurs frontistes. Sentant la force de ce clivage, certains leaders du FN, comme Samuel Maréchal, rêvent d'un FN qui sortirait du vieux clivage gauche-droite pour se porter aux avant-postes d'une coalition majoritaire fédérant les refus du mondialisme, de l'internationalisation et de la « France ouverte » qualifiée alors de « cosmopolite » : « Issu du peuple, en incarnant son essence la plus authentique, le Front national représente le mouvement national, social et populaire qui seul est à même d'assurer le redressement de notre pays. Le mouvement de Jean-Marie Le Pen n'est pas un parti politique, mais bien une force de rassemblement. Notre action ne vise pas à défendre les intérêts du peuple de gauche ou du peuple de droite, mais du peuple français. Les clivages à venir ne se feront pas sur ceux que nous connaissons aujourd'hui. La gauche et la droite sont à présent unies dans la même résignation, la même impuissance face aux problèmes du jour. [...] Un nouveau clivage est né. Les forces contestataires du débat politicien sont devenues majoritaires. Ces électeurs ont ainsi démontré leur rejet de l'établissement. Fort de ce constat et déclarant que notre action n'a pas de sens si elle est celle d'une chapelle ou d'une tour d'ivoire, Jean-Marie Le Pen, lors de l'université d'été, a lancé aux cadres du FNJ : Pourquoi ne pas faire le Front populiste si celui-ci devait sauver la France[88] ? » Un tel type de stratégie supposerait une disparition du biséculaire clivage gauche-droite, un autre type d'environnement politique et institutionnel que celui de la Vᵉ République qui pousse inéluctablement à la bipolarisation gauche-droite, et un parti d'extrême droite qui se libère des pesanteurs de droite. Une telle convergence de conditions est plutôt improbable.

Troisième scénario : l'union de toutes les droites sur le modèle de ce que la gauche a réussi à construire patiem-

---

88. Samuel MARÉCHAL, « Populiste : le débat », *Présent*, 17 septembre 1994.

ment dans les années 60 et 70. C'est la voie que le FN a explorée dans les années de sa percée électorale. L'alliance de Dreux, qui s'était traduite en septembre 1983 par une fusion de listes entre la liste RPR-UDF et la liste du FN, avait été le premier pas de cette démarche. Mais il ne s'agissait que d'une élection municipale partielle. Aux régionales de 1986, la représentation proportionnelle ne poussait pas aux alliances. Cependant, dans sept régions, la droite parlementaire, étant devancée par la gauche en termes de sièges ou faisant jeu égal avec elle ou encore le FN étant très puissant, a passé des accords ou fait des concessions au FN afin d'arracher la présidence de ces régions. Ce fut le cas en Provence-Alpes-Côte d'Azur où le FN obtint deux vice-présidences, en Haute-Normandie, en Picardie et en Languedoc-Roussillon où il en obtint une, en Aquitaine et en Midi-Pyrénées où il grapilla un poste de secrétaire ainsi qu'en Franche-Comté où il dut se contenter d'un simple poste de membre du bureau. Aux législatives de juin 1988, Jean-Claude Gaudin, patron de la droite classique dans les Bouches-du-Rhône, mit en place un accord de désistement pour « sauver les meubles de la droite » dans son département. Dans les années qui suivirent, la droite requinquée des années 1992-97 ne pratiqua plus l'alliance locale ou régionale. Le Front national fut peu à peu rejeté dans l'isolement et, en mars 1993, Jean Madiran analysait la rupture profonde entre le FN et la droite modérée comme « réitérant quelque chose d'analogue à ce que fut l'excommunication de l'Action Française de 1926 à 1939[89] ». Les premières années de la décennie 90 n'ont pas été les années d'une possible union de toutes les droites. Tout au contraire, comme le remarque Jean Madiran, la rupture

89. Jean MADIRAN, « Comment fonctionne le brouillage pour occulter et décourager le mouvement national », *Présent*, 26 mars 1993.

entre les deux familles est allée en s'élargissant. Jusqu'au point où, dans les élections de ces années, le FN maintient systématiquement ses candidats au second tour quitte à faire élire la gauche et à se réjouir officiellement de la défaite du RPR et de l'UDF. Par exemple, le 18 mars 1996, à l'issue d'un bureau politique, le FN indique « qu'il entend à l'avenir sanctionner systématiquement les élus du RPR et de l'UDF si le pouvoir en place maintient l'ostracisme et les attaques antidémocratiques dont il se rend coupable à l'égard du FN, de ses représentants et de sa presse nationale ». À cette occasion, il constate « avec satisfaction » la défaite de la majorité RPR-UDF dans une élection législative partielle du Var et appelle les électeurs du FN « à faire battre » la liste du maire sortant de Sète, en ballottage difficile dans une élection partielle, sachant que la liste de gauche est emmenée par un candidat communiste qui deviendra maire dans les jours qui suivent. Quelques jours plus tard, à Bordeaux, Jean-Marie Le Pen appelle à « faire battre les candidats de la majorité RPR-UDF » dans « toutes les élections partielles ». Cette tonalité fut maintenue tout au long de la campagne des élections législatives de 1997. Le 12 mai, il déclara qu'il préférait « une Assemblée de gauche à une Assemblée de droite », car la première « paralyserait le projet de Jacques Chirac de dissoudre la France dans l'Europe de Maastricht ». Le 13 mai, il réitérait sa préférence, sur France 2, en déclarant que « monsieur Jospin est moins hystériquement européiste que monsieur Juppé ». Ces déclarations, même revues et corrigées par nombre de leaders du FN, débouchèrent sur un maintien massif du FN dans 132 des 133 circonscriptions dans lesquelles il avait la possibilité de se maintenir à l'issue du premier tour. Le 29 mai, au Palais des sports de Paris, il annonça, devant un parterre de sympathisants hilares, la « liste » des candidats proscrits par son parti –

239

c'est-à-dire ceux contre lesquels les électeurs du FN étaient appelés à voter – et ceux qui, au contraire, bénéficiaient de son « indulgence ». Sur les quinze « proscrits », on pouvait compter douze candidats du RPR (parmi lesquels Alain Juppé et Jacques Toubon) et de l'UDF et trois candidats de la gauche. Sur la liste des « indulgences » figuraient six candidats RPR-UDF et deux de la Droite indépendante. Comme on peut le voir, le FN n'est pas sur un axe d'union des droites. Cependant, ce cours politique, initié essentiellement par Jean-Marie Le Pen, n'est pas partagé par tous les dirigeants du FN, en particulier par Bruno Mégret qui, dès le 11 juin, a déclaré dans *Le Monde* qu'une nouvelle progression du FN est lié à « une stratégie de rassemblement national » qui ne se traduirait pas par « un accord de gouvernement » avec le RPR et l'UDF mais par un accord électoral baptisé « discipline nationale de respect mutuel ».

La porte est ainsi entrouverte du côté du FN, elle s'entrouve également au sein du RPR et de l'UDF où toute une série de voix plus ou moins autorisées appellent au dialogue ou à la réflexion sur les rapports entre droite classique et extrême droite. À la tête des partis de la droite modérée, le ton n'est pas, cependant, à la conciliation avec le FN. Dans son premier discours de président du RPR, Philippe Séguin, le 6 juillet, précise qu'il n'est « pas prêt à des alliances électorales avec des états-majors de partis qui, eux, n'ont cessé [...] de bafouer les valeurs gaullistes [...]. Là est la frontière. C'est une question de morale ». Il poursuit en écartant trois manières de considérer le problème du FN : l'ignorer ainsi que ses électeurs ; le diaboliser, ce qui aurait pour conséquence de « le renforcer, puisque nous le désignerions nous-mêmes comme le meilleur vecteur des inquiétudes et des doutes » ; conclure, plus ou moins ouvertement, des « alliances tactiques » où la droite perdrait « sinon son âme », du moins sa « crédibilité ». Le

4 septembre 1997, le président de l'UDF, François Léotard, déclare une même hostilité à la logique des alliances :
« L'extrême droite n'est absolument pas le prolongement
de la droite. Il faut éviter tout rapprochement et toute
complaisance. » Le chemin d'une union, même simplement électorale, de toutes les droites sera long et difficile,
car les leaders des principaux partis concernés (Philippe
Séguin, François Léotard et Jean-Marie Le Pen) y sont
opposés, le FN et son leader n'ont entrepris aucun aggiornamento les rendant plus « fréquentables » et la droite,
étant donné l'image très négative du FN dans l'opinion, ris-
querait de perdre au centre ce qu'elle gagnerait sur son aile
extrême.

Quatrième scénario : celui du déclin du FN. Toutes les
élections des années 90 montrent plutôt une poussée électorale du FN et un renforcement de son implantation dans
la société et le système politique français. Le déclin viendrait contrarier toutes ces tendances dont on ne voit pas
très bien ce qui pourrait les infléchir à l'horizon de l'an
2000. Les effets déstructurants de la crise économique et
sociale, les inquiétudes identitaires liées au mouvement de
globalisation et le malaise de la représentation politique,
qui sont autant de facteurs lourds de l'enracinement du
FN, sont encore à l'œuvre et ne devraient pas, à court et
moyen terme, disparaître. Certes, la retraite ou la disparition de Jean-Marie Le Pen pourraient se traduire par une
déstabilisation du mouvement, la résurgence de luttes fra-
tricides, l'éclatement éventuel d'un parti ne parvenant pas à
dominer la « guerre de succession ». Cependant, le FN a
fait la preuve, depuis quelques années, de sa capacité à
engranger de bons résultats électoraux en dehors de l'intervention de la personnalité de son chef. Le parti semble
avoir acquis une autonomie relative par rapport à celui-ci et

241

une espérance de vie supérieure à celle de son leader historique.

Enfin, cinquième et dernier scénario : le *statu quo*, un FN aux alentours de 15 % s'érige en « minorité de blocage » au sein du système politique, capable non pas de prétendre au pouvoir national mais susceptible de peser sur l'agenda politique et la confection des majorités gouvernantes. C'est l'un des scénarios les plus probables, avec le secret espoir, pour Jean-Marie Le Pen, que les élections locales de 1998 et européennes de 1999 enclenchent une dynamique du FN qui contribue encore davantage à perturber la droite classique et éventuellement à la casser. En 1949, au moment de la montée en puissance du RPF, André Malraux s'était exclamé : « Qu'est-ce qu'il y a en ce moment dans le pays ? Il y a nous, les communistes et rien. » Le diagnostic était inexact. Le 28 septembre 1997, à la fête des Bleu-Blanc-Rouge, Jean-Marie Le Pen s'est écrié : « Entre nous et les socialo-communistes, il n'y a plus rien qu'un marigot qu'il suffira d'assécher. » Pour que la prophétie lepéniste soit démentie, il reste aux héritiers du RPF à démontrer qu'ils sont autre chose qu'un courant en voie d'assèchement.

CONCLUSION

> « Le passage de la société close à la société ouverte est une des plus grandes révolutions que l'humanité ait connues. »
> Karl POPPER (*La Société ouverte et ses ennemis,* t. I ; *L'Ascendant de Platon,* Paris, Le Seuil, 1979, p. 143).

Jusqu'à présent, dans les démocraties occidentales, la fédération de mécontentements hétéroclites et de rejets en tous genres n'a jamais suffi pour acquérir une vocation gouvernementale. Mais une telle fédération peut épisodiquement perturber le climat politique et social. La poussée, à la fin de l'été 1992, des intentions de vote négatives au référendum de ratification du traité sur l'Union européenne, la montée régulière des forces hors système dans les élections nationales des années 80 et 90, la valse des alternances à répétition ou encore l'irruption de grands mouvements protestataires arc-boutés sur le refus et non porteurs d'alternatives attestent de ce mouvement de « politisation négative » qui secoue nombre de pays occidentaux et renforce les forces protestataires et populistes. Les Ligues et l'Alliance nationale en Italie, le parti « libéral » de Jorg

Haider en Autriche, le parti du Progrès de Carl Hagen en Norvège, le Vlaams Blook en pays flamand, l'extrême droite et les poussées racistes en Allemagne, le Front national en France en sont les principaux témoins en Europe occidentale. La fin de siècle nous laisse découvrir dans les démocraties occidentales un paysage politique inédit.

Alors qu'au tournant des années 60 et 70, toute une série de mouvements sociaux avaient remis en cause la hiérarchie sociale, revendiqué plus d'égalité, cherché à dépasser les frontières, défendu les droits des minorités et réclamé une redistribution du pouvoir, les années 80 et 90 sont celles de forces porteuses d'une vision inégalitaire de la société, d'un repli national, d'une volonté d'exclusion des minorités et d'un pouvoir fort. Nombre d'observateurs considéraient que les sociétés postindustrielles étaient soumises à un processus de « révolution silencieuse » qui accouchait peu à peu d'une « nouvelle politique » faite de nouvelles modalités de participation fondées sur la démocratie et l'intervention directes, de nouveaux enjeux tels l'égalité des sexes, la qualité de la vie, la défense de l'environnement, le respect des périphéries régionales ou encore l'autonomie politique[90]. Les nouvelles générations, élevées dans l'abondance et la sécurité de l'après-guerre, porteuses de valeurs postmatérialistes (liberté d'expression, indépendance vis-à-vis des appareils, importance du qualitatif...), faisaient leur entrée en politique en soutenant les nouveaux mouvements sociaux : mobilisations étudiantes, mouve-

---

90. Russel J. DALTON, *Citizen politics*, Chatham, Chatham House Publishers, 1996 (2nd ed.) ; Ronald INGLEHART, *The Silent Revolution, Changing values and political styles among western publics*, Princeton, Princeton University Press, 1977 ; Ronald INGLEHART, *La Transition culturelle dans les sociétés industrielles avancées*, Paris, Economica, 1993 ; Thomas POGUNTKE, *Alternative politics : The German Green Party*, Edinburgh, Edinburgh University Press, 1993.

ments de défense des droits civiques, courants féministes, mouvements pour le désarmement et organisations écologistes. La naissance des mouvements écologistes, l'émergence d'une nouvelle gauche, la crise des grands partis traditionnels ont constitué autant de symptômes de cette « nouvelle politique postmatérialiste ».

Cependant, très sensibles aux évolutions culturelles à l'œuvre chez les « gagnants » du passage à la société post-industrielle, les auteurs qui ont mis au jour l'avènement de cette « nouvelle politique » liée à la « révolution silencieuse postmatérialiste » ont par trop négligé les aspects socio-économiques et la réaction provoquée par cette entrée dans l'ère postindustrielle. La montée ou la résurgence de courants autoritaires et nationalistes ont montré la « part d'ombre » de la révolution postmatérialiste des dernières décennies. Des auteurs comme Ronald Inglehart ou Michael Minkenberg ont ainsi interprété la poussée de l'extrême droite comme une réponse autoritaire et matérialiste à la révolution postmatérialiste[91]. Il y aurait ainsi, dans les années 80 et 90, une véritable version populiste-extrémiste d'une réaction néoconservatrice à la poussée du libéralisme culturel des nouveaux mouvements sociaux et de la nouvelle gauche libertaire des années 70. Ronald Inglehart considère que la poussée de national-populisme n'est qu'une réaction de certaines couches populaires à la montée en puissance des enjeux postmatérialistes : « Quand les enjeux postmatérialistes (tels que l'environnement, le mouvement des femmes, le désarmement unilatéral, l'opposition au nucléaire) deviennent centraux, ils peuvent stimuler

---

91. Michael MINKENBERG, « The new right in France and Germany. Nouvelle Droite, Neue Rechte, and the New Right Radical parties », pp. 65-90 *in* P. MERKL, éd., *The Revival of right-wing extremism in the nineties*, London-Portland, Frank Cass, 1997.

en contrepartie une réaction dans laquelle une partie de la classe ouvrière se rapproche de la droite pour réaffirmer l'insistance matérialiste traditionnelle sur la croissance économique, la sécurité militaire et l'ordre intérieur[92]. »

Herbert Kitschelt[93], dans une tentative globale d'interprétation de la poussée de l'extrême droite en Europe de l'Ouest, pousse l'analyse encore plus loin en considérant que le capitalisme postindustriel a entraîné une véritable redéfinition du clivage gauche/droite autour de deux pôles : à gauche, le pôle économiquement redistributeur et politiquement et culturellement « libertaire », à droite, le pôle économiquement très libéral et politiquement et culturellement autoritaire. Le succès des partis d'extrême droite tiendrait au fait qu'ils ont su adapter leurs programmes et leurs stratégies politiques aux demandes du second pôle. L'une des grandes limites de cette analyse est que la fibre ultra-libérale de nombre de partis d'extrême droite et de leurs soutiens électoraux (particulièrement le FN dans la décennie 90) n'est pas aussi évidente qu'Herbert Kitschelt le dit. Ce retour d'une « vieille politique » qui charrie les antiennes de l'ordre, de la hiérarchie, de l'intolérance et de l'exclusion peut être interprété différemment. Pour certains, tel Samuel Huntington, le passage de la société industrielle à la société postindustrielle engendre de multiples tensions : conflits entre forces sociales montantes et déclinantes, affrontement entre gouvernements et médias, développement d'une participation politique qui refuse les canaux classiques de la démocratie représenta-

---

92. Ronald INGLEHART, « Value change in industrial societies », *American Political Science Review*, vol. 81, 4, décembre 1987.

93. Herbert KITSCHELT (in collaboration with Anthony J. Mac Gann), *The Radical Right in Western Europe. A comparative analysis*, Ann Arbor, The University of Michigan Press, 1995.

tive, prévalence des valeurs politiques oppositionnelles, discordances entre les multiples demandes adressées au pouvoir central[94]... Cette accumulation de tensions sécrète une demande d'autorité et de hiérarchie qui peut donner une seconde jeunesse à de vieilles formules politiques. Samuel Huntington laisse même entendre que la politique peut être, à l'avenir, la « face sombre » des sociétés post-industrielles.

Certains autres analystes, comme Scott Flanagan[95] ou Piero Ignazi[96], considèrent que cette extrême droite de fin de siècle est l'enfant légitime quoique non désiré de la « nouvelle politique » des sociétés postindustrielles. La « révolution silencieuse » postmatérialiste a été accompagnée d'une « contre-révolution silencieuse » qui, face au pôle « libertaire » de la « nouvelle politique », a créé un pôle autoritaire. Les préoccupations de « la loi et de l'ordre », le respect rigide de l'autorité, l'intolérance pour les minorités, l'attachement aux coutumes et aux valeurs morales et religieuses traditionnelles ont fait retour. D'une certaine manière, à la « nouvelle gauche » et aux nouveaux mouvements sociaux des années 70 ont succédé la « nouvelle droite » et les mouvements identitaires des années 80 et 90. Si l'extrême droite française est résurgence d'un vieux courant historique assoupi, elle est aussi invention politique d'une société postindustrielle abandonnant les clivages matérialistes et séculaires de la société industrielle et découvrant le versant autoritaire des valeurs postmatérialistes.

---

94. Samuel HUNTINGTON, « Post-industrial politics : how benign will it be ? », *Comparative politics*, 6, January 1974.

95. Scott FLANAGAN, « Réponse à R. Inglehart », *American Political Science Review*, déjà cité.

96. Piero IGNAZI, « The silent counter-revolution », *European Journal of Political Research*, 22, juillet 1992.

Cependant, au-delà de cette explication largement culturaliste des succès de l'extrême droite dans nombre de pays européens, une explication plus globale en termes de réponse politique à un nouvel état économique et social des sociétés occidentales mérite d'être développée[97]. Le passage, au cours des dernières décennies, d'un capitalisme industriel d'assistance à un capitalisme postindustriel individualiste s'est accompagné d'un véritable bouleversement du monde marqué par la fragmentation sociale, la désaffiliation vis-à-vis des groupes d'appartenance traditionnels (classes, familles idéologiques, cultures locales), l'individualisation des risques, la mobilité et le double mouvement de diversification ethnique et culturelle à l'intérieur des sociétés et en même temps leur interdépendance croissante. L'émergence de l'extrême droite dans les années 80 et la confirmation de son implantation dans les années 90 sont une réponse directe à ces mutations. Cette réponse est double. Dans un premier temps, l'extrême droite a, avec un programme économique néolibéral, accepté cette mutation tout en développant une idéologie exclusionnaire destinée à gérer les angoisses et les inquiétudes engendrées par les nouvelles insécurités liées à la mise en place de ce capitalisme postindustriel. La xénophobie est alors devenue la réponse au défi d'un monde mobile, de plus en plus multiethnique et multi-culturel. Les immigrés ont joué le rôle de « boucs émissaires » des effets pervers du changement. Un rôle d'autant plus crédible qu'ils incarnent à la fois ce monde changeant et en voie de globalisation et marquent l'impuissance de l'État-nation à s'adapter à ce nouvel environnement. Puis, peu à peu, la xénophobie, présentée

---

97. Sur ce point, l'analyse la plus convaincante est présentée par Hans-Georg BETZ, *op. cit.* (particulièrement le chapitre 6, « Political conflict in the age of social fragmentation »).

comme véritable moyen de « protectionnisme culturel », s'est prolongée d'un ralliement au protectionnisme économique et d'une remise en cause du credo néolibéral des débuts. L'extrême droite a alors développé un véritable « chauvinisme d'État-providence » qui a fait recette auprès des milieux populaires directement menacés par l'avènement de la société postindustrielle. Ce mélange de « libéralisme de marché » et de « chauvinisme d'État-providence[98] » attire des clientèles diverses qui peuvent amener l'extrême droite à un haut niveau électoral. Le succès du FN aux élections législatives de 1997 est tout à fait symptomatique de cette évolution. Il montre comment, dans les sociétés occidentales de la fin de siècle, est en train de se mettre en place un nouveau clivage politique, social et culturel opposant les partisans d'une « société ouverte » à ceux d'une « société fermée ». L'étonnante dynamique électorale du Front national est, en France, l'expression politique directe de la vigueur de ce clivage et l'affirmation la plus évidente du pôle de la « société fermée ».

---

98. L'expression est de J. G. ANDERSEN et T. BJORKLUND, « Structural changes and new cleavages : the Progress parties in Denmark and the Norway », *Acta Sociologica*, 1990, 33 (3), pp. 195-217.

TABLE DES DOCUMENTS

251

TABLE DES DOCUMENTS

TABLE DES MATIÈRES

255

DEUXIÈME PARTIE
Le profil des électeurs frontistes

TROISIÈME PARTIE
Les électorats frontistes

www.ingramcontent.com/pod-product-compliance
Lightning Source LLC
Chambersburg PA
CBHW071853270326
41929CB00013B/2216